叶圣陶先生

（1894—1988）

“中国教材研究文库”

第一辑总目

叶圣陶论教材

戴伯韬论教材

辛安亭论教材

叶立群论教材

陈　侠论教材

蒋仲仁论教材

袁微子论教材

张志公论教材

刘国正论教材

陈尔寿论教材

雷树人论教材

王占春论教材

中国教材研究文库

叶圣陶论教材

叶圣陶 著

人民教育出版社
·北京·

图书在版编目（CIP）数据

叶圣陶论教材／叶圣陶著．—北京：人民教育出版社，2020.11
（中国教材研究文库）
ISBN 978-7-107-34403-9

Ⅰ．①叶…　Ⅱ．①叶…　Ⅲ．①中小学－教材－研究　Ⅳ．①G632.3

中国版本图书馆 CIP 数据核字（2020）第 218270 号

叶圣陶论教材
作　　者/叶圣陶
装帧设计/何安冉

出版发行　人民教育出版社
　　　　　（北京市海淀区中关村南大街 17 号院 1 号楼　邮编：100081）
网　　址　http://www.pep.com.cn
经　　销　全国新华书店
印　　刷　山东临沂新华印刷物流集团有限责任公司
版　　次　2020 年 11 月第 1 版
印　　次　2020 年 11 月第 1 次印刷
开　　本　787 毫米×1 092 毫米　1/16
印　　张　21.75
插　　页　1
字　　数　249 千字
印　　数　0 001～1 500 册
定　　价　68.00 元

“中国教材研究文库”总序

郭戈

古人说得好：“以铜为镜，可以正衣冠；以史为镜，可以知兴替；以人为镜，可以明得失。”对于教材工作而言，以史为镜、以人为镜也是至关重要的。我国古代常用的教材主要是“三百千千”“四书五经”。新式教材起步于清末，活跃于民初，先学日本，后仿美国。1897 年上海南洋公学外院效法外国，编了国文、算术、历史、舆地、格致等课本，这便是打破老传统，把各门知识较有系统地编为学科教材的开始。随后出现的各种课本和教育著作大都是模拟日本或直接译自日本。清末以来，特别是民国建立后，教材自由编写，实行审定制，民间掀起了一股编撰出版教科书的热潮，一批出版机构如商务印书馆、文明书局、中华书局等，与一批出版家、教育家，为此做出了奠基性、开创性的重要贡献。

五四新文化运动以降，教育理念和课程教材发生了新变革，特别是全国教育会联合会在主要借鉴美国教育的基础上而研制的新学制以及课程标准纲要，影响巨大。一时间，欧美新教育思潮、实用主义教育思想引入中国，教材也从过去主要效仿日本一变而为仿效美国。当时，许多教材在内容编写上都强调以儿童生活经验为中心，甚至一些中学理科教学更直接采用美国的课本。新中国成立之前，民国政府虽然曾几次颁布课程标准，教材的内容和形式却基本上没有大的改观，只不过是更多地借鉴和学习美国的经验罢了。并且，清末及民国历届政府都有统一教科书的意愿和行动，但由于旧中国持续不断的内忧外患和政府的腐败无能，加上课本编写质量不佳等原因，所谓“国定教科书”或“统一教科书”最终都以失败而告终。

新中国的成立开创了中华民族历史的新纪元，也掀开了我国教材事业发展的新篇章。新中国成立伊始的教材，文科主要借鉴了解放区的经验，理科主要选取了国统区的本子，还有一部分选取了编译的苏联教材。接着，便在全面学习苏联教育经验的基础上开始了教材自编或重编的历程，并逐步走出了一条具有中国特色的以统为主、统分结合的教材道路。总的来说，与旧中国相比，新中国成立 70 多年来，全国中小学实施的是统一的教学大纲或课程标准，使用的基本上是由国家统一供应、教育部组织编写、人民教育出版社编辑出版的通用教材或统编教材，并做到了所有地方、每所学校、全部学生都使用上了这样的教材。为此，中央确立了集中统一教材制度的大政方针，制定了统一的教学大纲或课程标准，组建了专门的教材编写和审查机构，配备了强有力、专业化的编审人员，还建立了保证“课前到书，人手一册”的教材出版发行渠道和机制。当前，党中央、国务院高度重视教材工作，把教材建设作为一项战略工程、基础工程，成立了国家教材委员会，教育部组建了教材局，并先后颁布了一系列有关规章制度，在义务教育和高中阶段全面实施政治、语文、历史三科教材统编、统审、统用政策，标志着我国教材建设进入了新时代。

“江山代有才人出，各领风骚数百年。”社会发展史也是个体发展史。历史由人民创造，又有杰出历史人物的巨大作用。讲述历史离不开历史人物，回顾教育不能回避教育家，同样，总结和借鉴教材的历史经验，也不能回避曾经为教材事业创造出重大业绩的历史人物。在我国新式教材100多年的发展过程中，不仅编辑出版了不计其数、数以万计的各个学科、多种形式的教材，而且也涌现出了一大批教材编辑家、出版家、研究者，他们都为我国的教材建设事业做出了奠基性、开创性的重要贡献。归纳起来，这些大家在清末及民国时期主要有：张元济、陆费逵、范源廉、蒋维乔、马君武、戴克敦、沈恩孚、高梦旦、王云五、舒新城、徐特立、李廉方、庄俞、沈颐、张相、杜亚泉、吕思勉、陈宝泉、范祥善、金兆梓、周建人、黎锦熙、顾树森、俞子夷、吴研因、叶圣陶、丰子恺、朱经农、朱文叔、刘薰宇、宋云彬、丁晓先（韦息予）、赵欲仁、艾伟、沈百英、吕伯攸、陆殿扬、陈鹤琴、辛安亭等。在新中国成立后的主要代表是：叶圣陶、周建人、胡绳、辛安亭、戴伯韬、朱文叔、刘薰宇、金灿然、吉少甫、朱智贤、陈元晖、叶立群、张志公、吴伯箫、张毕来、蒋仲仁、袁微子、刘国正、张中行、邱汉生、苏寿桐、陈尔寿、方宗熙、雷树人、梁英豪、张玺恩、张孝达、王占春、陈侠、熊承涤等。他们都是对一定历史时期的教材建设，特别是一些学科教材领域做出过重要贡献并产生了广泛影响的人物，并大都在编辑出版教材的过程中发表过论述教材的著述，提出了关于教材问题的看法和认识，内容涉及教材的政策管理、编写审查、出版发行、使用教学或教材本体等诸多领域，其中一些人还形成了较为系统和全面的思想观点。这些思想观点成为我国教材建设和教材学术研究史上的一笔笔宝贵的财富。有鉴于此，在人民教育出版社成立70周年之际，我们启动了“中国教材研究文库”这个大型丛书项目，旨在通过挖掘、收集、辑录、整理百年以来教材领域众多大家的研究成果，分期分批出版，比较系统地展示中国近现代以来教材研究的主要成果，从一个侧面呈现中国近现代以来教材发展的基本脉络，为新时代教材建设和研究事业提供参考和借鉴。这套大型丛书的编辑出版也是我们缅怀和纪念老一辈教材大家的最好方式。

改革开放以来，国内出版了不少教育名家的著作、文集甚至全集，其中涉及一些教材编辑家、出版家的论著，这是我们选编工作的基础。对有的教材大家已出版的文集，我们进行了重新编排、补充和校核，以体现新的特色。对于尚未有文集出版的一些教材大家，其教材文集的收集、整理、选编任务则比较繁重。好在现代信息技术很发达，网络文献查阅很方便，我们将传统方法与现代手段相结合，大大提高了工作效率。本文库入选的人物全都是我国百年以来教材建设，特别是教材研究开发和编辑出版事业的主要参与者、贡献者、引领者。本文库秉持按人设卷、一人一卷的原则，但对于教材史上的一些重要人物，我们也不排斥两人或多人合为一册的情况。我们对每卷文集的篇目都大致进行了分类，并基本按照时间先后顺序或一定专题加以排列，但鉴于作者的经历和作品情况的差异，也为了突出某些重要作品，以满足读者现实需要，每卷目录的编排方式也各具特色。无论哪种编排方式，对每篇文章的出处和时间我们都尽量说明清楚，必要时增加注释。读者阅读之后可以感受到，这些教材文集见证和记录了中国近现代课程教材的成长史、演进史，也是教材大家们辛勤耕耘、笔耕不辍的学术思想的集中体现。可以说，每一卷的文字都曾经为教材建设史的推进铺下过坚实的一砖一瓦，也都曾经拨动过教材人的心弦。我们希望，通过重温教材大家精到的论断、深邃的思考、严密的逻辑、优美的文字，以及字里行间蕴含的学术风范、治学之道和人格魅力，可以为后来者提供学习和传承的典范。

“中国教材研究文库”是一套开放性的丛书，第一辑入选了 12 位人物，主要是新中国教材建设和研究的奠基者和开拓者。接着，我们还将陆续推出第二辑、第三辑。“众人拾柴火焰高。”热诚欢迎国内教育学者特别是课程教材研究者积极参与到这套文库的编辑出版中来。

“闻道有先后，术业有专攻。”教材建设是个专业，也是门学问，教材工作有其自身的特点和规律。当前，教材问题越来越受到重视，从事教材研究开发和编辑出版工作的人也越来越多，如果说有所谓捷径可循的话，那恐怕就是直接阅读和学习以往这些教材大家的有关论著了。了解教材历史，知晓教材大家，汲取和借鉴以往的智慧和经验，继承和发扬他们的思想和观点，可以使我们明理启智、审时度势、推陈出新，对于做好当下教材改革发展工作、提升教材科学化水平大有裨益，对于教材研究和学术创新更是必不可少。

“中国教材研究文库”作为中国近现代教材成长史、演进史的记录和见证，实为百年中国教材研究的缩影和写照，具有较高的文献史料价值，能为教材建设者和教育学者的编辑出版工作和研究工作提供较为完整的基础性材料。我们相信，本文库的出版对于推动教材事业建设、促进教材理论的创新发展会有一份积极的贡献。我们也希望在新时代，教材事业蒸蒸日上、人才辈出，创作出更多扎根中国大地、师生喜爱的各科教材，不断提升教材研究水平，加快构建中国特色、世界一流的教材建设体系和教材理论体系。

本文库由我忝任总主编。教育学界、课程教材界的专家学者以及社会各界人士对本文库给予了热情关注，我社黄强社长以及有关领导、员工和离退休老同志提出了宝贵意见和建议；丛书责任编辑和各分卷编者及责任编辑也付出了辛勤劳动。谨在此一并致谢！

限于水平，本文库的编辑出版工作或有不妥不足甚至错误之处，敬请读者不吝指正！

2020年9月10日

本卷前言

叶圣陶（1894—1988）是中国现代著名教育家、文学家、编辑出版家和社会活动家，现代教育的一代宗师，对我国现代教材改革和发展也作出了不可磨灭的贡献。他不仅有长达70余年丰富多彩的教材编辑生涯，也有博大精深的教材编辑思想，给我们留下了宝贵的精神财富。

叶圣陶于1911年冬毕业于苏州公立中学。1912年2月，任苏州言子庙小学教员，开始了教育生涯。1915年春到上海尚公小学任教，并开始为商务印书馆编写小学国语课本。1917年春，到江苏吴县县立第五高等小学任教，并自编国语课本，用语体文做教材。1921年7月，到上海吴淞中国公学中学部教授国文。同年11月，到杭州浙江第一师范学校任教。1922年2月，担任北京大学讲师。半年后，改任上海复旦大学和神州女学教师。本年，还担任全国教育会联合会新学制课程标准起草委员，拟订了《新学制初级中学国语科课程纲要》。根据这一纲要，他与顾颉刚合编了初级中学教科书《国语》（6册），由商务印书馆出版，发行全国。

1923年春，叶圣陶正式进入商务印书馆，从事中小学教材和有关书刊编辑工作。1925 年用自编教材在上海立达学园授课。1930 年底改任开明书店编辑。1932 年，编写了小学初级学生用《开明国语课本》（全 8 册，丰子恺绘画）。1934 年，编写了小学高级学生用《开明国语课本》（全 4 册，丰子恺绘画）。1934 年还与陈望道等合编了《开明国文讲义》。1935 年与夏丏尊合编了《国文百八课》。1937 年 6 月与夏丏尊合编了《初中国文教本》。

1938 年初，叶圣陶从上海辗转抵达重庆，先后到重庆巴蜀学校、四川省教育科学馆等单位任职。1939 年 5 月，《中学生》杂志复刊，叶圣陶任社长兼主编。1942 年 8 月，叶圣陶到成都主持开明书店编辑事务，编写了一系列中小学教材、学生课外读物及语文教学论著，创办并主编《国文杂志》。这一时期，叶圣陶编写的教材主要有《中学精读文选》、《国文精读文选》、《普益国语课本》（小学初级学生用，全 6 册，与叶至善合编）、《国语教本》（台湾临时教科书，分小学、初中两种，与丁晓先、叶至善合编）。他还与朱自清合写了《精读指导举隅》《略读指导举隅》和《国文教学》三本书。1946 年初，叶圣陶回到上海，和教育界有识之士投入爱国民主运动的洪流中。1946—1948 年，与郭绍虞等合编《开明新编国文读本》（分为甲种本 6 册和乙种本 3 册），与朱自清等合编《开明新编高级国文读本》（全 6 册）、《开明文言读本》（全 3 册），又独立撰著了《少年国语读本》（全 4 册，小学五、六年级用）等语文教材。

1948 年底，叶圣陶应中国共产党邀请赴解放区，准备参加新政协。1949 年 3 月，到达北平。4 月，出任华北人民政府教育部教科书编审委员会主任。他提出："解放军打到哪里，教科书送到哪里！"以此激励同人忘我工作，紧密配合人民解放战争。他负责筹备主编新中国第一套中小学各科教科书，主持中小学语文课程标准的起草工作，并亲笔拟订了《中学语文科课程标准》。8月，编写出版了《儿童国语读本》（全4册，小学三、四年级用）。1949年还编写出版了《幼童国语读本》（全4册，小学一、二年级用）。

新中国成立后，叶圣陶担任出版总署副署长兼编审局局长，主管大中小学教科书的编辑、出版、发行工作。1950年1月，出任由教育部与出版总署联合成立之全国教科书编审委员会主任。同年12月1日，人民教育出版社成立，叶圣陶担任社长兼总编辑，直接领导各科教学大纲与教材的编写和出版工作。1954年10月，任教育部副部长，兼人教社社长和总编辑。1963年12月，被推举为民进中央副主席。“文革”爆发后，被免去教育部副部长职务。“文革”以后，叶圣陶对人教社教材编辑出版工作仍一如既往地关怀备至，对人教社的改革和发展给予厚望。1977年他担任人教版全国统编中小学语文教材顾问。1978年当选为全国人大常委会委员和全国政协常务委员。1979年2月，任教育部顾问。1980年，任中央文史研究馆馆长。1983年1月，担任中华职业教育社副理事长；6月，当选为全国政协副主席。1984年底，当选为民进中央主席。

叶圣陶主张教材要与时俱进，“顺自然之趋势，而适应学生之地位”，切合时代要求以及学生的心理特点，并具备教育意义。他强调，编辑人员编写和编辑加工教材时要心中有教学、心中有老师、心中有学生，决不能故步自封、闭门造车。他常说的一句话就是：教材编辑不能取那种“拉在篮里就是菜”的办法。他向编辑人员提出：“要考虑教师怎样去教，还要为学生的学着想。编辑先生应该时刻假想教师面临的情况，设身处地于教学活动中，考虑怎样才能让学生心领神会。”“从效果上讲，要做到让老师便于教，让学生乐于学。”他还主张中小学教材的编排一定要图文并茂，插图和教材内容要相辅相成、相得益彰。

叶圣陶在教材编辑加工上精益求精、一丝不苟，为我们树立了光辉的典范。他不仅自律严，而且对编辑人员要求高。他认为，在教材编辑加工时要认真缜密、精雕细琢。总结自己一生的教材编辑活动，叶圣陶认为：“提高课本的质量，主要经验有三条：一是多调查多研究，要着重效果，分析原因；二是多向老师请教，因为他们是实践者；三是在工作中锻炼，不断地提高编写的能力。”

叶圣陶认为，编写教材与著述不同。编写教材必须体现国家意志、民族精神和一定的教育方针政策，具体说来，就是要严格遵循课程标准或教学大纲，按照一定的教育教学目的、任务来编写教材。教材编写者无论在内容上还是形式上“都不能过分强调个人的爱好与兴趣”。教材内容“必须符合国家的大政方针，要反映时代精神，要体现社会公德”。

综上所述，叶圣陶为我国的教材事业奋斗了一生，为教材改革和发展作出了重大贡献。他献身于教材编辑出版事业的崇高精神和事迹，永远值得我们学习；他关于教材编辑出版的远见卓识有待我们进一步系统总结、研究和发扬光大。

本书由郭戈、刘立德、曹周天选编。选编工作得到了叶圣陶研究会副会长商金林先生和叶圣陶先生孙女叶小沫女士等的关心，陆洋博士也付出了辛劳。谨在此一并致谢！

编者

2020 年 9 月

目　录

第一编

课程标准制订

新学制初级中学国语课程纲要（草案）*

一、目的

（1）使学生有自由发展思想的能力。

（2）使学生能看平易的古书。

（3）使学生能作文法通顺的文字。

（4）使学生发生研究中国文学的兴趣。

二、内容

本科要旨，在与小学国语课程衔接，借以较充分地练习运用文字的能力，并涵养文学趣味，由了解语体文，进而了解文体文，由浅及深，自成一圆周，并为高中国语国文的基础。

本科作业支配，分：

---

* 原载《教育杂志》第15卷第5期，1923年5月。与顾颉刚合作。

（一）读书

（1）精读选文，由教师拣定一种书本详细诵读研摩；大半在课内直接讨论。

（2）略读丛书专集等（由教师指定），参阅笔记，求得其大意；大半由学生自修，一部分在课内讨论。

（二）作文

（1）定期的作文。

（2）无定期的作文和笔记。

（3）定期的文法讨论。

（4）定期的演说辩论。

（三）习字

（1）名人书法的赏鉴。

（2）楷书或行书的练习。

本科学分分配：

（一）读书

（1）精读，占十四学分；

（2）略读，占六学分。

（二）作文

（1）作文和笔记，占四学分；

（2）文法讨论，占三学分；

（3）演说辩论，占三学分。

（三）写字，占二学分。

本科课程，如各科，以段落分配。（各科支配，不把学年为标准，而分为数段落，以便在三学年内活动。）但国语课程，除写字可在三学年中活动外，余如读书作文，仍以三学年平均支配为善；所以本课程分做三大段落，是便于三学年平均支配的缘故，三段落支配概要如后：

第一段落

1. 在下列范围内的选文精读：

（1）语体或与日报中记事议论小说相当的文体文。语体文占四分之三。

（2）传记、或小说、或诗歌、或古文译作、或杂文。以传记、小说、诗歌为主。

（3）包含勇敢、冒险等事实，关系个人修养或社会问题的。

（4）以现在和明清以来的名作为主。

2. 程度与本时期所读选文相当的丛书或专集等略读研究。如《胡适短篇小说》、梁启超《欧游心影录》、吴敬恒《上下古今谈》《西游记》《点滴》《三国演义》……

3. 命题或不命题的作文，和文体译作语体的译文及笔记等；并归纳的研究文法。作文以语体为主，兼习文体文；文法研究以句、标点、词和单句复句等的分析为主。

4. 清明元宋唐历代名人书法的赏鉴，和一种楷书或行书碑帖的临写。

第二段落

1. 在下列范围内的选文精读：

（1）语体或与《桃花源记》程度相当的文体文。语体约占四分之二。

（2）仍以传记、小说、诗歌为主。

（3）包含冒险、文雅等事实，关系个人修养或社会问题的。

（4）以元宋唐与六朝浅易的名作为主。

2. 程度与本时期所读选文相当的丛书或专集等略读研究。如《现代小说译丛》《镜花缘》《爱罗先珂童话集》《唐诗三百首》（律诗等）、唐宋八家文选……

3. 作文译文笔记和文法研究。作文语体文体约各半，文法研究以篇章章法为主。

4. 同第一段落，加宋唐六朝名人书法的赏鉴。

第三段落

1. 在下列范围内的选文精读：

（1）语体或与《史记·项羽本纪》程度相当的文体文。语体占四分之一。

（2）仍以传记、小说、诗歌为主，加语体文译作。

（3）包含文雅、贞静等事实，关系个人修养，或婚姻问题、家庭问题、社会问题的。

（4）以汉秦战国浅易的名作为主。

2. 程度与本时期所读选文相当的丛书或专集等略读研究。如《战国策》《古诗源》《域外小说集》《〈史记〉〈左传〉读本》……

3. 作文译文笔记和文法研究。作文以文体为主，兼及语体；文法研究注重修辞法。加论理学大意。

4. 行书练习，并六朝汉魏名人碑帖的赏鉴。

说明：

1. 选文注重传记、小说、诗歌，不但可以涵养文学趣味，文章法式也自然包括在内。

2. 参阅的书籍仍以兴趣为主，学术等文次之。因为少年期的学生，正在心性活动的时候，读有兴趣的文章，方可以引之入胜。

3. 参阅之书籍，上所举例，不过以示一般。如有更善于此的书籍，当然取而替代。

4. 文法研究，宜随机会，用比较归纳的方法，寻出文章的通则来，作文中最多研究文法的机会，所以系在作文项下，但仍须与精读的选文联络。

5. 演说辩论，最足以整理思想为作文之助，所以也系在作文项下。

三、毕业最低限度标准

（1）阅读普通参考书报能了解大意者。

（2）作普通应用文，能清楚达意，于文法上无重大错误者。

（3）能欣赏浅近文学作品者。

关于《初中国语教科书》的陈述*

《教育与人生》第28期有孟宪承先生一篇《初中国文教材平议》，中间有论及我们编辑的《初中国语教科书》的话。孟先生以公平的态度，精审的讨究，来议论这十分重大的问题，是教育界应当感佩的，尤其是曾经做过这工作的我们。我们编辑《国语教科书》，虽曾把要旨在“编辑大意”里边陈说，但因语取简要，未能详尽。现在孟先生既有所致疑，因将“编辑大意”里边不曾提及而为我们所怀蓄的叙说如后，以求教于孟先生和教育界同志；继续的批评或订正是我们切挚地盼望着的。

孟先生的意思，要达到《纲要》所提出的教学的三个目的，须分教材为二项：(1) 混合文典；(2) 文学读本和补充读物。前者目的在“训练学生运用文字发表思想和感情的能力”，后者在“涵养学生对于文学的欣赏，培植阅读古书的好尚和能力”。这样分别致力的计划是我们所信从的。现在着手编辑《初中文法教科书》，大旨与孟先生所谓“混合

* 原载《教育与人生》第29期，1924年5月，署名叶绍钧。

文典”相当，一俟出版，当请诸同志教正。前此的一套《国语教科书》，我们以为恰好当得孟先生所谓“文学读本”。

我们的意思，要能够看平易的古书，在乎认识古文的状貌和性习。既已认识，去看甲种平易的古书自能了然，去看乙种平易的古书也自能了然。所以我们选取教材，对于“看平易的古书”这个目标，只以具有古文的状貌和性习（不限定必出于古书）；又“具有真见解真感情及真艺术者，不违反现代精神者”为准绳。所谓真见解云云，同时就准对着“欣赏文学”这个目标。一个初中学生，精读了这些教材，去看平易的古书，总不致茫无所知；去欣赏情味普遍的文学作品，总不致了无所感：这当是经验上可以承认的。

至于我们采取翻译文的理由：(1) 外国文学抒写表达的质料和技能往往有与我国异致的，兼收并蓄，意在使学者扩充欣赏的范围；并非以为自国文学的遗传已淘汰到再没有可选的地步了。(2) 初中作文，包有译文一项。教材中采取翻译文可为这一项练习的模式。——选编一种书，自不能不有所取舍；若要把遗传下来的好文学十分满意地尽行纳入一部书中，事实上是不可能的。现在我们以自国文学为主；为着上述两个理由，参加一些翻译文学（第三册 6 篇，第四册 7 篇，约占全册篇数六分之一），当也是可邀谅解的。

复次讲到兼采语体文言的缘故，则因我们作以下的意想。梁启超先生说：“文言和语体，我认为是一贯的；因为文法所差有限得很。”这真是简单明白的名言。唯其一贯，所以语文混合教学无所谓混淆的弊病；取混合教本做教材，为文法上的说明比较和练习（即孟先生所谓“在语法文法上施行特殊的指导的训练”，得此方有所凭借），正可以收语文过渡的实效。我们虽以为自由发表思想和感情究竟偏重在使用语体，继续发展语体文技术是应当的，又所谓过渡到文言究竟偏重在阅读古书方面，写作文言止是随伴的结果；却并非“固执着继续发展语体文技术一语，而以为读物非多采语体文不可”。我们只因二者是一贯的，不是相反而是相成的，所以平等待遇，混合编在一起。若论文言的分量，则平均每星期得精读一篇以上，似乎也不嫌稀少了。

教材是学者的粮食。我们决不愿怙过饰非，使采用的人迷惑了，结果却吃了劣等的东西。不过含意未申，总得一度表白。又不敢自以为必是，所以愿得诸同志再与指教。

国文科的目的*

最近遇见好几位先生，他们叹息着说中学生国文程度低落，非赶紧设法挽救不可。中学生正是本杂志的读者，有人在那里为他们着急，为他们用心思，我们应该报告一声。

据多数的意见，似乎所谓国文程度低落就是写不通文言文，甚而至于连不通的文言文也写不来。他们也承认，有些中学生写语体文还可以；更有人说他们的儿女写回来的“白话信”，那种真率的风趣是他们所及不来的；但是（这个“但是”表示十二分的不满足），这不是个了局，总得写文言文才行呀。他们以为语体文只是便利初学的过渡，终极的目的却是文言文，语体文是卑浅的，唯文言文才是高深的东西。

他们把国文程度低落的原由归到读物的不良上去。课本里没有多少篇文言文，又不能选那最精粹的代表作，成绩不良是当然的了。于是商量国文教材应该怎样编选。各人的主张就有五花八门之观。有人说只消读《论语》就是，读《论语》可以识理；里边长篇短论都有，又可以作

* 原载《中学生》第29期，1932年11月。

行文的楷模。有人说宋元明的语录应该多读，对于青年修养，国文科必须顾及。有人说六朝文不宜忽略；那种修辞功夫是现代青年所缺乏的。有人说国文科的教材应该是中国文化的全体，所以如《太上感应篇》也得看看，因为这也是中国文化。有人说方今国难当头，应该多读岳飞、戚继光等人的传记，以期振起民族精神。此外意见还多，比较不重要，恕不报告了。

这好几位先生都是教育家，他们的意见直接影响到中学生。其他的教育家想来颇有抱同样意见的，他们也各各直接影响到中学生。所以，这并不是一件无关紧要的事。

在这里，颇有问一问国文科的目的到底是什么的必要。我们的回答是“整个的对于本国文字的阅读与写作的教养”。换一句话说，就是“养成阅读能力”“养成写作能力”两项。

要养成阅读能力，非课外多看书籍不可。课本只是举出些例子，以便指示、说明而已。这里重要在方法；本月比上月更善阅读，今年比去年更能了解，就是进步。修养云云那是身体力行的事，民族精神也得在行为上表现。违反修养，毁隳民族精神的书籍文字固然不必看，但是想靠国文科提倡修养，振起民族精神，却不免招致“文字国”的讥诮。

要养成写作能力，第一宜着眼于生活和发表的一致；说明白点，就是发表的必须是自己的意思或情感，同时又正是这意思或情感。花言巧语能写几篇文字有什么用处呢？必须与生活相一致，写作才有意义。至于文体，语体文和文言文原没有划然的界限。然而就亲切、便利等条件着想，语体文应该普遍地被应用是无疑的。学生就性之所好，兼作文言文，当然不必禁止。一定要作了文言文，才算国文程度不低落，这成什么话！何况揣摩主张者的口气，写作和生活一致与否倒并不在乎，但求每个学生能够铿铿锵锵写出一些文言文，而且篇篇都是“合作”，他们的国文教学就成功了。他们以为中学校只是“国文专修馆”和“文豪养成所”！

我们想，做学生的如果把各科的目的问一问清楚，对于他们自己是非常有益的。

新课程标准与中学生*

初高中课程标准已于去年年底颁布了。这新颁布的课程标准显然地带有一种新的倾向。这新的倾向给我们的印象就是“复古”。

“复古”的色彩最显露的，是高中国文科文言文的加重。高中学生，在目前，须有阅读文言文的能力，这是我们所赞同的；但写作文言文的技能，让中年以上的人去独擅好了。何必把练习这种技能的责任加在青年的两肩呢？然而新颁布的高中国文课程标准的“目标”项下却赫然规定“除继续使学生能自由运用语体文外，并养成其用文言文叙事说理表情达意之技能”，而“实施方法概要”项下又规定“译语体文为文言文”“译外国短篇文为中国文言文”等等花样。在起草或审查这课程标准的委员们或者以为国难当前，振兴民族的武器非文言文不行。然而我们要晓得，文字只是工具而不是符咒，在标榜“长期抵抗”而实际是“无抵抗”的今日，就是叫高中学生每天写作文天祥《正气歌》的续篇或诸葛亮《出师表》的书后，也是无济于事的。

* 原载《中学生》第 32 期，1933 年 2 月，署名叶同。

其次，是选科制的取消。选科制是“花旗货”，民国七八年间才由留美教育学者输入，这是无疑的事实。选科制在国内，实施方法上曾发生些微的流弊，这也不容讳言；然而选科制本身确自有它的教育上的价值。我们不用拿出什么青年心理学、差别心理学等等的大道理来拥护我们的主张，只消根据着常识问，这许许多多的中学生的资禀是一样的吗？现代学校班级制度的产生固然和资本主义相关联，然而学校究竟是教育机关而不是机器，学生究竟是人而不是原料。现在使不同的人物修习齐一的课程，希望把他们变成相似的货色，这种“有见于齐无见于畸”的办法，在理论上，在事实上，都是不可通的。况且，我们的疆域这么广大，我们的社会正在激变，课程呆板，怎么能普遍适应？所以取消选科制，使课程硬性化，只是表示思想的落后和复古而已。

把这课程标准和以前的比较，更有一点可以看出，就是实科的注重。在这个时代，“科学救国”之声洋洋盈耳，“鼓励生产”又被一部分人认为目前的出路，注重实科好像是很能适应时势的。但是我国的科学不能发达，自有它的社会的因由，说明这个道理的文篇，近来已见得不少。我国从创设学校到现在，几十年来，教者教科学，学者学科学，而科学还是像萎黄倒头的萌芽。难道从今一提倡，一注重，就会发育滋长，欣欣向荣吗？拆穿西洋镜来说，提倡科学、注重实科的本意就同前清的奖励朴学、词章差不多，总之要叫你心有所属，不再去究问那些“不相干的”事情。只要你真个不再去究问，他们就如愿以偿了。那些很好听的原来是门面话而已。

在新课程标准之下受教育的中学生，不可不知道以上说的几点。

中小学课程标准之修订*

日前教育部聘集专家，开中小学课程标准讨论会。自中小学课程标准颁行以来，迄今已及三年，实施者据其经验，观察者凭其识力，咸感觉有斟酌修订，期臻于至善之必要。教部召开斯会，动机正复相同，融众见于一炉，而唯善谋是从，其重视教育之至意，良可感佩；而斯会结果之不容忽视，自属当然之事。

查斯会议题，对于中小学均有拟订各科教授细目一项，此诚至要，足补前此之疏漏。前此标准中只有大纲要目，编辑教科书者各凭意会，难免互有出入。试取各家所出教科书观之，同言依据课程标准编辑，而同一科目之书，详略迥殊，取舍各异，实施者或不采用教科书，而自定教授细目，亦复与编辑教科书相同，以己意斟酌其间，不免与大纲要目多少违异。坐此之故，中小学生之所受者，视所用教科书所遇教师而异其质量，程度于是参差，知能因而悬殊。今后既订定各科教授细目，则编辑者与实施者咸有共守之准绳，将使中小学生之所受者，无论在何地

* 原载《申报·评论》1935 年 11 月 15 日，署名秉。

何校，质量无有不齐，程度参差知能悬殊之弊庶几可以免除。虽教授细目之妥善与否尚不可知，而今此拟订各科教授细目之决议，要为更进一步之措置，值得我人赞许者也。

斯会对于高中算学一科，决议于二年级分组，令性近理科者多习算学，性近文科者则减少算学时数而多习国文外国语等科。按高中算学之使学生不胜负担，久为一般人所称说，而算学成绩之不见优良，亦为共睹之事实。自陈衡哲女士在《大公报》发表《救救中学生》一文，文中所举事例，大多为算学功课之繁重影响及学生身体之健康，于是留心教育者尤注意于算学科之质量问题。我人之意，学生身体之健康与否，系于整个之教育设施，不能徒归咎于一二科目之繁重。即就算学功课之令学生头疼脑涨而言，教法之未尽完善当为至大之因素，亦不宜遽议及算学科本身之质与量。今此决议，不蔑视算学对于整个教育之重要性，只事增减其间，俾学生各就所近，为能力所及之发展，又无从前显分文科理科过于一偏之弊，其为明达者赞同，可以断言。唯分组以后，教法之改进仍属急不容缓，否则分组之效难见，非议之声将继起也。

又有一重要决议，为小学低年级中年级卫生自然社会学合并为常识科，其用意在使有系统，而我人尤赞许其深得综合教学之旨。夫儿童骤入学校，本其夙具之经验，唯知有一件件一桩桩之事物，初无分科之观念，而睹教师所指示之日课表，受教师所授予之教科书，乃名目繁多，难以遽忆；及习各科，则析一件件一桩桩之事物而为数部，一部遇之于甲科，又一部则遇之于乙科，其不适应儿童之素习，不待教育专家而始知之。今将卫生自然社会合并为常识科，向之得以如是者，今则改为一律如是。至高年级，始为分科以专儿童学习观念，盖先之以综合，斯适应儿童之素习，继之以分析，则启导研究之轨途，用意至为美善。唯我人犹有欲言者，常识科之目标在实际经验之获得，最好能废弃教科书而代之以亲身历练，实地观察。每见小学校中，卫生有书，自然有书，社会又有书，其于教学，不出解释语句、写作笔记之范围，是科名虽各殊，而实际俱为国语之附庸，纵有实益，为量亦仅矣。以出版为业之书局固利在有教科书，耽于疏懒之教师亦利在有教科书。教科书岂真教学上必要之工具耶？方在修订课程标准之际，此一点值得一考虑也。

对于中小学女生，又决议增加家事教育，若认为劳作之一项目，当然无可非议。其他决议似属次要，今姑不论。通体观之，斯会之结果，对于前此课程标准确有较善之补订，是可喜也。

课程标准又将修订*

现在应用的课程标准是民国二十一年颁布的。实际教育者积了几年的经验，觉得这个课程标准还有需要修订的地方，有的嫌授课的总时数太多，有的嫌某一科的分量多或是少。教育部为准备修订起见，曾经邀请专家开过会议。听说会议的结果：对于授课的总时数将比现制减少；对于高中数学一科，将在二年级分轨，把近于文科、近于理科的学生列为两组，数学的程度与时数各不相同；对于其他各科，也略有加减修订。并且听说这个修订后的课程标准在最近期内就要公布了。

最关心课程标准的当然是实际教育者。他们教各种功课，不能够漫无限制，自出心裁；必须将课程标准作为依据，严谨地遵守着。教科书的编辑者也不会忽视了课程标准。他们所编的课本要通过教育部的审查，得到发行的准许，最低限度总得不违背课程标准的规定。至于学生诸君，想来不大留心什么课程标准吧？但这个东西原是为学生而设的，它的完善与否直接影响到学生的身心，学生诸君实在应该加以严切

* 原载《中学生》第63期，1936年3月，署名编者。

注意。

不过有一层，大家都得知道的，就是课程标准之类无论定得怎样完善，总之是写在纸面的条文；要收到真实的效果，还在乎有关各方的努力。条文任你十分具体，譬如说，某科的目标一是什么，二是什么，某科的教授详目是什么什么，这似乎不可游移了。但是你若抱着敷衍主义、报销主义来对付，就会弄到毫无真实效果的地步。所以在主持教育行政的教育部，固然应该希望有一个完善的课程标准，可是尤其紧要的，却在怎样指导与督促，使得课程标准显出功效。教者与学者自然也应该希望有一个完善的课程标准，可是尤其重要的，却在怎样用力量，用心思，使课程标准发生作用。不然的话，唯有不完善的课程标准会引起坏影响；而完善的课程标准却不会引起什么好影响，徒然写在纸面好看而已。

六年一贯制中学国文课程标准*

一、目标

（一）使学生应用关于本国语言文字之训练，自外吸收其所需要，自内发表其所蕴蓄。

（二）养成阅读书籍之习惯，培植欣赏文学之能力。

（三）使学生从代表民族人物之传记及其作品中，了解固有文化，增强民族意识。

（四）完成应用语体写作之训练，并应用普通文言（非古文）叙事说理表情达意之能力。

（五）诱发文学上创作之能力。

注：以上五项，（一）为总纲，（二）（三）属于阅读方面，（四）（五）属于写作方面。

---

* 原载《中等教育季刊》第1卷第2期，1940年12月。第四部分有删节，署名叶绍钧。

二、时间支配

第一学年每周六小时，第二、三、四学年每周五小时，第五、六学年每周四小时，其分配如下：

第一学年，精读指导三小时，略读指导两小时，习作一小时；

第二、三、四学年，精读指导三小时，略读指导一小时，习作一小时；

第五、六学年，精读指导两小时，略读指导一小时，习作一小时。

三、教材大纲

（一）精读选材适用下列百分比：

第一、二学年，记叙文（包括白话描写文）占百分之三十，抒情文、说明文各占百分之二十，议论文、小说诗歌及戏剧、应用文各占百分之十；

第三、四学年，记叙文减至百分之二十，抒情文减至百分之十五，说明文增至百分之二十五，议论文、小说诗歌及戏剧各增至百分之十五，应用文仍旧。

第五、六学年，记叙文减至百分之十五，抒情文、小说诗歌及戏剧仍各占百分之十五，说明文仍占百分之二十五，议论文增至百分之二十，应用文仍旧。

注一：记叙文之根据在对外有所知识，说明文、议论文之根据在从中有所了解；在训练写作之程序上，应先注重前者，而后及于后者。故选材之分配，前者递减而后者递增。

注二：抒情文于记叙文为近，故亦取递减办法。

注三：小说诗歌及戏剧为纯文学，必渐有深造而后能欣赏，故取递增办法。

注四：应用文门类繁多，皆须熟习其体式而后可以言应用，故各学年均占百分之十。

注五：此项比例得酌量情形略为伸缩。

（二）选文排列之原则：内容方面，以背景之亲近者，需要之迫切者，头绪之简单者列前，否则列后；形式方面，以需要之迫切者，结构之普通者，规律之简单者列前，否则列后。若干篇之内容或形式共通者，类似者，相反相成者，集为一组，成一单元。

注：通常言浅深，漫无标准，今此一项之前半为浅深之标准。

（三）语体与文言并选，语体递减，文言递增。第一、二学年约为七与三，第三、四学年约为五与五，第五、六学年约为三与七之比例。

（四）第一、二学年之文言，但取应用文言语汇文言语调之作，不必为古文。第三、四、五、六学年，则取国人所必读之名篇，唯求精熟，不期齐备。

注：所谓“必读之名篇”，指足以了解固有文化，增强民族意识，及培植欣赏文学之能力者而言。所谓“不期齐备”，言不必取每一作家每一流派之作而遍读之。使中学生读每一作家每一流派之作，博而寡要，难得实益。至脱离作品而授文学史大纲，徒令记忆人名、书名、派别、流变，尤属无谓。

（五）选文不限于短什单篇，得从要籍名著之篇章中摘取之。

（六）文章法则于精读时间内讨论之，包括：①语法（句式、词位、词性）；②语体文言之语法的比较研究；③修辞；④文章体裁（即教材大纲所列各种文体之性质及结构等）。皆以精读文篇及略读书籍为实例，期其于习作时能斟酌应用。

（七）略读书籍除定期刊物外，每学期至少共同读毕两种。阅读于课外行之，课内则为读书方法、读书心得、书籍之内容与技术等项讨论之。

（八）书法之练习于课外行之；唯每周须作关于书法之指导与批评，其时间得酌量于规定钟点内划出之。

四、实施方法概要

（一）教材标准

1. 精读部分

①合乎体制及政策者

②足以表见固有文化发扬民族精神者。

③合于现代生活及学生身心发育之程序者。

④与各科相联络，足以增进各科读写之能力者。

⑤叙述明晰，说理透切，描写真实，抒情恳挚，句读确当，音节谐适，而无语法上论理上之错误者。

2. 略读部分

选用读物之标准，除适用精读部分所列举之五条外，并略举其范围如下：

①合乎体制及政策者；

②中外名人传记及自成系统之历史记载；

③有诠释之要籍名著节本；

④古人语录及近人演讲集；

⑤古今名家书牍、游记、日记及笔记；

⑥古今小品文及小说；

⑦有诠释之诗词选本；

⑧有价值之歌剧、话剧及民间文学；

⑨外国文学名著之译本；

⑩切实适用之关于文章法则之书籍；

⑪适合学生程度之定期刊物。

（二）教法要点

1. 精读部分

①为养成阅读之优良习惯起见，每授一篇，必先令学生预习。预习之工作为：㊀运用工具书、参考书，以解决词语、典实方面的疑难，获得作者及文体方面之认识；㊁从作者的意念发展之途径，观及表达方法；㊂通读全文，由了解而进于领会；㊃解答教师所提示，或自己发现之问题，预备于上课时间讨论之；等项。

②学生预习所得，必令书于笔记簿，以备参考。

注：一般笔记簿仅书教师板书之注释与表解等，非学生自力攻究之成绩，殊未得笔记之用。

③关于预习各篇之具体方法应由教师提示之。于初年级，提示务须

详尽。由中年级而至高年级，渐次减少，期学生之自为发现。

注：所谓具体方法，如疑难词句之摘出，参考书籍之搜取，作者身世之了知，时代背景之认识，文章组织与风格之分析等。

④上课时应取讨论方式，就学生预习所得而讨论之。其有不合，则为之订正；其有未尽，则为之补充；其有弗及，则为之阐发。整篇由教师讲解之方式，足以阻遏学生阅读能力之发展，以少用为宜。

⑤讨论之结果，亦必令学生书于笔记簿，以与预习所得相比照。

⑥所授文篇，教师必为范读（语体之读法，以运用国语之腔调为原则）。并令学生于不妨碍他人工作之范围内，按篇诵读，不求强记而自臻纯熟。

⑦精读文篇，应于相当时期予以复习，或取一组之文篇而复习之，或于各组中提出有关之若干篇，令为分析、综合、比较之研究。

⑧随时考查成绩，其方法为：㈠讲解；㈡问答；㈢测验；㈣默写或背诵；㈤轮流报告及讨论；㈥检查笔记等项。

2. 略读部分

①为养成读书之优良习惯起见，于㈠循览序文，㈡检阅目录，㈢搜集参考材料，㈣采访书籍批评，㈤随时写作读书笔记诸事，必令学生尽其所能，认真为之。

②关于阅读各书之具体方法，应由教师提示之。于初年级提示务须详尽。由中年级而至高年级渐次减少，期学生之自为发现。

注：所谓具体方法，因书而不同。或仅须摄取其内容，或兼当欣赏其文采，或质文俱美，宜识其真，或瑕瑜互见，宜知取舍，或涉猎一过即可了事，或涵濡再三方能释卷，或但观本书已无遗憾，或傍及他作始

克通晓，必各如所宜，乃为善读。

③就学生所读书籍，提出问题，令作有系统之研究。

④课内循次讨论阅读某一部分之实际经验；及全书读毕，则就全书之内容形式与学生研究之结果而为总讨论。

⑤讨论之结果，亦必令书于读书笔记，以与随读随书之笔记相比照。

⑥学生阅书之速度与正确度，应设法使其随时递增。

⑦应定期或临时考查成绩，其方法除与考查精读成绩之㈡㈢㈤㈥四项相同外，更可令作读书报告。

注："略读"者，并非但求知其大意不必精细阅读之谓。盖谓学生于"精读"方面养成阅读之优良习惯，更令"略读"期其应用此习惯于篇幅较多之书籍，不必待教师纤屑不遗之指导，而亦能如"精读"之领会无余。故"略读"之"略"，决非"简略"，尤非"忽略"之意。

3. 文章法则部分

①讨论语法修辞及文章体裁，应着眼于：㈠达意表情之实际经验；㈡修辞立诚之自然需求；㈢内容与形式之不可分离诸点。专门术语之运用，应减至最少限度。抽象而难以捉摸之用语，架空而不顾内容之法式，徒乱人意，尤宜避免。

注：抽象而难以捉摸之用语，如修辞方面之"豪迈""俊逸""富丽""闲适"等。架空而不顾内容之法式，如结构方面之"直起法""反起法""衬托法""抑扬法"等。

②文章法则之讨论，应与精读文篇及略读书籍密切联系，不必循语法、修辞、文章体裁之原有系统。但六学年之中，于此三方面切用之要

点，应求其遍及，且使学生由知识而进于习惯。

注一：语体语法之要点，应于一、二学年遍及。

注二：修辞为发言为文之必要功夫，非徒为藻饰之举，故于初学年即为讨论，亦不嫌难早。

③应注重语体语法与文言语法之比较。古书中之语法特例亦应分别讨论。

注：语体语法与文言语法之比较，初学年即应注重。古书中之语法特例，则于五、六学年讨论之。

④于文章之风格、体裁，应作分析之研究，使学生由分析而达到了解，由了解而进于欣赏。

⑤学生之习作，亦为本部分之讨论材料，务使学生于其所作无论全与不全，皆能心知其故。

4. 习作部分

①每两星期作文一次，于课内行之。动笔以前须加指导。作成之后须有个别或共同之批评。改笔以就原意，正其论理上语法上之错误为原则；凡遇错误，必使学生心知其故，以后勿蹈故辙。

注：动笔以前之指导，如材料之取舍与排列，体裁之抉择与运用等。

②应揣知学生之所蕴蓄，而后命题。非其所蕴蓄，不使强为。空浮虚廓之论说题绝对不宜出。

③命题之外，训练习作，可用下列各法：

㈠翻译：令译文言为语体，令译语体为文言，令译古韵文为语体散文，令译英国短篇文为本国语体或文言等。

㈡整理材料：供给零碎材料，令学生作一有系统之文字。

㈢变易文字之繁简：示以简约文字，令就原意演绎；或示以冗长文字，令节简之。

㈣写生：提示事物令实际描写。

㈤记录：令作日记、游记、参观记、听讲笔记、读书笔记等。

㈥实习报告：令作理科及劳作之实习报告。

㈦应用文件：令应其所需作应用文件。

㈧修改：示以不甚妥适通顺之文字，令修改之。

㈨专题研究：提出研究题目，令学生搜集材料，试作论文。

㈩文学作品：令试作小说诗歌戏剧等。

④书法训练，除于课内依字体分类逐类予以指导外，应注意课外楷书行书之练习；先求整洁，次及美观，作文本及笔记本亦可为考查书法成绩之资料。

注一：所谓依字体分类，指人旁水旁字等为一类，从辶从廴字等为一类，从支从欠字等为一类而言。

注二：行书于第三学年开始练习。

谈谈国文课程标准*

现在学校里的国文课程，像其他课程一样，不是教师自己规定的，它依据着教育部颁布的国文课程标准。在国文课程标准里，对于教学国文的目标是什么，教学时间的支配应该怎样，教材的形式与内容应该怎样，教学的实施方法应该怎样，都有条分缕析的规定。就大体说，那个国文课程标准是要得的。如果教师能够依照着标准认真教学，学生又能够遵从着教师的指导认真学习，学生的国文程度决不会差到不成话的地步的。（《初高级中学课程标准》，商务、中华、正中等几家都有发卖。读者如果有方便，不妨拿来看看。这虽是给教师看的，但学生也可以看。看了之后，可以知道修习某种课程的整个意义与情形，更可以知道教师的教学方法对不对，自己的学习方法有没有到家。这些对自己都是很有益处的。）

在初高中国文课程标准里，一贯地把修习国文的工作分为两项，就是阅读与写作。现在先说阅读。初中标准“目标”项下的第四目是“养

---

* 摘自叶圣陶：《国文随谈》。原载《中学生》战时半月刊第 37 期，1941 年 1 月。标题为编者所加。收入本书时略有删节。

成了解一般文言文之能力”，所以初中教材在语体文之外，要兼选文言文。高中标准“目标”项下的第三目是“培养学生读解古书，欣赏中国文学名著之能力”，所以高中的大部分教材要从“古书”与“文学名著”里去选。书局里的国文教本就是根据了这两条编辑起来的。

这里有值得注意的。初中方面，在文言文上头加上“一般”两字，可见这文言文决不是古书，也不一定是文学名著，只是与语体文相差不远的，使用文言字汇与文言调子的文字罢了。为什么要读这种“一般文言文”，课程标准里似乎没有表明。猜想起来，大概因为现在的报纸、公文与书信之类还有应用文言的，一般参考书也有应用文言的，学生如果不在国文课里作阅读的练习，就看不来那些东西了。这个猜想假如不错，那么，报纸、公文与书信之类以及一般参考书都用了语体文之后，初中自然不必读这种“一般文言文”了。高中方面，特别提出“读解古书”与“欣赏文学名著”两项，却可以在课程标准里看出它的来由，就是“目标”项下的第一目，“使学生能应用本国语言文字，深切了解固有文化，并增强其民族意识”。可是，说到深切了解，就可知重在内容而不重在表达内容的形式。古书在语言文字上与现代有很大的差异，读解很不容易。历代的经学家子学家费了一生的精力去研求，大半也只做了读解的功夫。现在如果有几部很好的历史教本，把我国的固有文化，不只是古代的，也连带中古与近代的，记述得扼要而且正确，而历史教师又善于利用教本，指导得明白而且精到，那么，学生虽不“读解古书”，也一样可以“深切了解固有文化”。这样说起来，古书的读解并非绝对必需的。唯有文学，内容与形式拆不开来，你要欣赏它，就得去阅读它本身。一个高中学生，他受普通教育到了最高阶段，无论他将来的专门是文是法是理是工是商是农，对于本国文学有一种欣赏的训练，实在是必需的。否则就与不能深切了解固有文化一样，他将不成其为受教育的中国人。

从上一节话看来，可见初中要读“一般文言文”，高中要读“古书”，都为适应当前的情形。如果当前的情形改变了，就是说，报纸、公文之类不用文言了，固有文化扼要而且正确地记述在历史教本里面了，初中就不必读“一般文言文”，高中就不必读“古书”。这里说不必读，并不含有看不起“一般文言文”与“古书”的意思。只因为阅读“一般文言文”，也得在语言文字上花相当功夫，而阅读“古书”，这方面的功夫更要加多不知多少倍，中学生时间精力都有限，把太多的功夫花在语言文字上，实在是不必而且不该的。初中既不必读“一般文言文”，那就只须读语体文。高中既不必读“古书”，那就只须读古今文学名著。这样的日子是会到来的。只要一般人对于语文学科有正当的认识，对于普及教育有热切的期望，而著书立说的人也有同样的认识与期望，肯替中学生多写些适应他们语文程度的读物。

现在再说写作。初中标准“目标”项下的第三目是“养成用语体文及语言叙事说理表情达意之技能”，所以初中只须练习语体文的写作，毫无问题。高中标准“目标”项下的第二目是“除继续使学生能自由运用语体文外，并养成其用文言文叙事说理表情达意之技能”，第四目是“培养学生创造国语新文学之能力”，这就应该注意想一想了。

其实初中方面也有值得注意的。为什么在“语体文”之下还有“及语言”三个字呢？语体文的根据原来是语言，可又不像留声片灌音那样，谁的嘴里怎么说，就一个字一个字照样记录下来。现在通行的语体文的根据是国语，如果不是国语区域里的人，要写语体文，先得有国语的训练。即使是国语区域里的人，他的说话如果是乱七八糟，又糊涂又啰唆的，就说不上叙事说理表情达意，他要能够叙事说理表情达意，他的国语也还得要训练。必须把口头的国语训练到能够叙事说理表情达意，写下来的语体文才能够叙事说理表情达意。这样说起来，“及语言”三个字放在“语体文”之下，还是颠倒的，如果改作“语言及语体文”，就更切合实际情形了。高中方面，说到“继续使学生能自由运用语体文”，可见语体文的写作还是要“继续”练习的。又说要“培养学生创造国语新文学之能力”，就字面看，好像每个学生必须成为“国语新文学”的作者，即使并不动手“创造”，至少要有“创造”的“能力”。可是一般的见解，文学创造是天才与努力的乘积，并不是人人能够着手的。说人人要能用本国文字叙事说理表情达意，是大家承认的。说人人要有文学创造的能力，就好比说人人要有图画创作音乐创作的能力一样，事实上必然办不到。其实推求起来，这里的“新文学”就是“语体文”。现在与十多年前并无两样，还有许多教师学生以及学校以外的人，不问文字的本质是不是文学，只要是语体文，他们一律把它叫作“新文学”。这里的“新文学”也是这样的用法。至于在上头加上“国语”两字，那是从胡适先生“文学的国语，国语的文学”的口号而来的。语体文不只是把平常说话写到纸面上去，还得先训练说话，使它带着点文学的意味，这是所谓文学的国语。用带着文学意味的语体文写文字，就成所谓国语的文学了。现在文学的国语还没有完成，逐渐“创造”，使它达到完成的地步：受普通教育到了最高阶段的人应该担负这种责任。以上的推求假如不错，那么，说须能“创造国语新文学”，就等于说须能写“文学的国语”的语体文。这与前一目并在一起看，就可以知道前一目里“自由运用”四个字所含的意义。怎样才是“自由运用”呢？要能创造文学的国语，驱遣文学的国语，来写语体文，那才是“自由运用”。再看高中“目标”第二目的后半句说“养成其用文言文叙事说理表情达意之技能”，可见高中是要练习文言的写作的。这种文言正是初中所要阅读的“一般文言文”，与语体文相差不远的，使用文言字汇与文言调子的文字。为什么要写这种文言，课程标准里也似乎没有表明。猜想起来，大概因为现在实际应用上还有需要文言的地方，高中学生如果不在国文课里作写作的练习，就写不来那些东西了。这个猜想假如不错，那么，到实际应用上再不需要文言的时候，高中自然不必写这种文言了。

从上一节话看来，可见初中高中要一贯地练习语体文的写作，在初中立下基础，到高中更求其精。至于高中要写文言，也只为适应当前的情形。而当前的情形不是不能改变的，据许多人的意见，语体文普遍地应用，这一个倾向现在已经越来越显著，只要大家再加努力，语体文便可整个儿取文言而代之。于是高中只须求语体文的“精”，再不必分许多心力去学写什么文言，正因心力不分，那个“精”也就不难达到。这是偏重语体文，撇开文言，并不存有什么成见。只因现代人要用文字表白情意，唯有写语体文最为贴切，最能畅达，文言写得无论如何到家，贴切与畅达的程度总要差一点的缘故。这一层且留在后面再谈。

以上就初高中国文课程标准的“目标”一项，对于阅读什么写作什么大概谈了一下。从所举的几条“目标”看，别的没有什么，只有为了适应当前的情形，使中学生在语言文字的学习方面加重了负担。这一层可以商量。教育虽不该完全脱离现实，也不能太过于迁就现实。如果教育当局深切明了使中学生把太多的功夫花在语言文字上有多大的害处，就该把初中读文言、高中读古书并且写文言这些条文一律取消，同时设法改变现实，使现实来适应教育。这当然不只是教育当局的事情，文化界都该起来倡导，倡导的结果也可以改变现实。到了一般人在事实上再不需要古书与文言的时候，课程标准不能不改了。

到那时候，古书由什么人去读呢？大学国文系是应该读的。专门研究的对象既是国文，不能不在古代的语言文字上下一番功夫，不然就不会明白国文的整个情形。此外大学文法科的各系，也该取有关的古书来读。如研究历史的读《尚书》，研究哲学的读诸子，研究政治的读《周礼》，研究社会民俗的读《仪礼》《礼记》，都有相当用处。到那时候，文言由什么人去作呢？世只有大学国文系去作。这只是一种习作。借此尝尝作文的甘苦，并不为着实际应用。在专门研究国文的人，这样也是应该的。至于非学生的各种人，他们读古书，写文言，无论动机是什么，总之是他们的自由，谁也不必且不能去管他们。

论中学国文课程的改订*

我国有课程标准，从民国十一年颁布《新学制课程标准》开始。以后历次修订，内容和间架都和第一次颁布的相差不远，没有全新的改造。普通人的习性原来如此；地面本没有路，有些人走过了就成了路，随后大家就依着那条路走了。

关于国文教学，我曾经发表了一些意见。那些意见大致都依据国文课程标准出发；就是说，在国文课程标准的范围之内，我以为国文该怎么教学。其实也不妨超出这个范围来想一想，超出这个范围，才可以发见某些部分还得修订，甚而至于整个须得改造。现在依据平时和朋友们商讨的，以及近来各杂志上关于这方面的文章所提出的，用我的意见来判断，从中提出值得斟酌的几点来，写成这篇文章，供参加中等教育会议的诸君作参考。这几点，对于国文课程标准，还是修订而并非改造。至于写这篇文章的期望，那是很明显的，无非要国文教学收到实效，中等学生得到实益。

---

* 原载《中等教育季刊》第 2 卷第 1 期，1942 年 1 月，署名叶绍钧。

第一点，是“了解固有文化”的问题。一个受教育的人，依理说，必须了解固有文化，才可以“继往开来”。否则像无根之草，长发不起来，也就说不上受教育。而且，这里的了解不只是通常所说的“知道”，它比“知道”深广得多，包含着“领会”“体验”“有在自己身上”等等意思。要使学生有这样深广的了解，不是国文一科单独办得了的，其他学科也得负责，如历史和地理。国文一科所担负的大概是这样：在固有文化的记录之中（文字的记录并不就等于固有文化），有一部分运用文学形式的，须由国文一科训练学生和它们接触，得到了解它们的能力。因为文学和其他艺术制作一样，内容和形式分不开来，要了解它就得面对它本身，涵泳得深，体味得切，才会有所得；如果不面对它本身，而只凭“提要”“释义”的方法来了解它，那就无论如何隔膜一层，得不到真正的了解。此外并不运用文学形式的固有文化的记录，只是一堆材料，一些实质，尽不妨摘取它的要旨，编进其他学科的课程里去；换一句说，它的内容和形式是分得开的，所以无须乎面对它本身，国文一科也就可以不管。

这样说来，《修正高级中学国文课程标准》“目标”项第二目“培养学生读解古书，欣赏中国文学名著之能力”中“古书”两字似乎应当去掉。广义的“古书”，国文科不必管；“古书”而是“文学名著”，是内容和形式分不开来的东西，国文科才管。如果去掉了“古书”两字，这一目就成“培养学生读解并欣赏中国文学名著之能力”；“中国文学名著”把“文学的”“古书”包括在内了。读解和欣赏是达到真正了解的途径，有了读解和欣赏的能力，才可以了解中国文学名著，也就是了解一部分固有文化。这种能力的培养，第一要有具体的凭借，就是必须面对某种文学名著。第二要讲求方法，就是怎样去读解它欣赏它；这种方法仅成为一种知识还不够，更须能自由运用，成为习惯才行。

《修正初级中学国文课程标准》“目标”第四项说，“使学生从本国语言文字上，了解固有文化”。这并不是国文一科独有的任务；如讨论史地方面的问题，阅读史地方面的书籍，也是“从本国语言文字上，了解固有文化”。国文科对于初中学生，要在“了解固有文化”方面尽它的专责，似乎也得特别提出“文学名著”来才对。查“目标”第三目有“养成欣赏文艺之兴趣”的话；“文艺”和“文学名著”，含义固然差不多，可是含混一些，不如像高中一样，特别提出“文学名著”来得显明。特别提出了，就表示“文学名著”是固有文化的一部分，为要“了解固有文化”，所以要使学生读解它，欣赏它。

“文学名著”很多，虽是博学的人，花了终身的功力，也未必能全读：何况中学生？中学生当然只能选读，依学生的程度选，依“文学名著”对于学生的“了解固有文化”切要与否选。选读的分量虽然少，只要真个能读解，能欣赏，成为习惯，就可以随时随地用这种能力和习惯，阅读没有选读的其他的“文学名著”，也就是终身在“了解固有文化”的进程之中。教育的本旨原来如此，养成能力，养成习惯，使学生终身以之。以为教育可以把学生所需要的一切全部给他们，学生出了学校再不用自己去研讨追求了，这种认识是根本不对的。因此，就国文教学说，对于选读的“文学名著”，必须使学生真个能读解它，能欣赏它；必须借此养成学生阅读其他“文学名著”的能力和习惯。这涉及教学方法方面，在以后说。

第二点，是“语体”的问题。语体成为国文的教材和习作的文体，是《新学制课程标准》开始规定的，到现在二十年间，一直承袭着。可是就实施情形看，语体始终没有好好教学过。喜新的教师专教一些“新文艺”和论制度论思想的语体，结果是谈论了“新文艺”的故事和制度思想的本身，而忽略了他们所担任的是属于语文教育的国文科。不喜新的教师就只阳奉阴违，对于教本中编列的语体，一一翻过不教，如果自选教材，就专选文言，不选语体；他们以为文言才有可教，值得教。两派教师的做法绝不相同；但是有共通之点，都没有好好地教学语体。就学生的写作成绩看，虽是高中毕业生，写语体还有很多毛病。也有少数学生能写像样的语体，不但没有毛病，而且有些文学的意趣；可是他们的成就大都从课外阅读和课外习作得来，并非国文科语体教学的效果。《修正国文课程标准》在初中的“目标”项说“养成用语体文及语言叙事说理表情达意之技能”，在高中的“目标”项说“除继续使学生自由运用语体文外，并……”，话都不错，问题就在以往的实施情形并没有养成这种技能，以后怎样切实教学才可以养成这种技能。

有一派心理学者说，思想是不出声的语言。我们运用内省的方法，可以证明这个话近于实际；一个思想在我们脑里通过，先想到某一层，次想到某一层，最后终结在某一层，这一层层如果用口说出来，就是一串的语言。有些时候，脑中只有朦胧一团的知觉，不成为思想，那就用口也说不出来，用笔也写不出来（往往有人说，我有一些思想，可是说不出来，写不出来；其实这所谓思想还只是没有化为“不出声的语言”的朦胧一团的知觉而已）。人不能虚空无凭地想，必须凭着语言来想。语体的依据既是语言，语言和思想又是二而一的东西，所以语体该和语言思想一贯训练；怎样想，怎样说，怎样写，是分不开的。不经训练的人也能思想，但是不免粗疏或错误。不经训练的人也能说话，但良好的语言习惯没有养成，说话如果欠精密，欠正确，就会影响到思想，使思想也不精密，不正确。不经训练的人也能写语体（只要他能识字能写字），但是语言习惯如果不良，写来就有很多毛病，够不上说已能叙事说理表情达意。训练思想，就学校课程方面说，是各科共同的任务；可是把思想语言文字三项一贯训练，却是国文的专责。

为申说前面一节话，请举一个例子（是王了一先生检出来的）。某报上说："马相伯先生百龄高寿，不但为国之大老，且在我国近代学术史上占重要地位。"这句话有一个小毛病，一个大毛病。小毛病是"国之大老"和"在我国近代学术史上占重要地位"并不对等，不对等就不宜并列，作者却拿来并列了。大毛病是"百龄高寿"下面接着就说"不但为……重要地位"，一口气念下去，竟像马老先生因为"百龄高寿"才"在我国近代学术史上占重要地位"似的。像这样的话，该说它文字不顺呢，语言不明呢，还是思想不清？就印在纸面的说，当然是文字不顺；但文字不顺的缘故，还在语言不明，思想不清；语言和思想又互为因果，也可以说因为思想不清，才使语言不明，也可以说因为语言不明，才使思想不清。所以单独训练语体是没有意义的，也是不可能的，要训练语体，就得和语言思想一贯训练。

训练文言文或外国文，情形也一样，不能和语言思想脱离关系。要能写文言，必须能说文言的语言，凭着文言的语言来思想；要能写外国文，必须能说外国的语言，凭着外国的语言来思想。文言或外国文并不是依据口头的语言，以及凭着口头语言来想的思想，经过一道翻译的功夫，才写成的。

我们平日都用现代语言说话，都凭现代语言思想；因此，依据现代语言的语体，无论在写作的人方面，在阅读的人方面，最具有亲切之感。这是普通教育必须教学语体的根本理由。教学语体的时候，语言思想的训练就有了具体的凭借；学习语体达到相当程度的时候，语言思想至少不致有粗疏或错误的毛病，同时就得到了人已交通（吸收和发表）的一种切要技能。语体必须切实教学，就是为此。

前面说过，现在虽是高中毕业生，写语体也还有很多毛病。其实岂但高中毕业生，就是评论家和文艺家，常常在报纸杂志上发表文章的，他们的文章也往往有或大或小的毛病。这种现象不仅表示大家的语体写作技能没有到家，同时也表示大家的语言和思想的训练还有问题。站在国文教学的立场上，对于这种现象不能不注意。要训练学生的语言和思想，使他们写出语体来不再有毛病，待到五年十年之后，报纸杂志上不再出现有毛病的语体，才算国文教学有了成效。就这点说，国文教学该把推进语体，使它达到完美的境界，作为“目标”项的一目。现在《课程标准》中并没有特别提出这一目，似乎应当补充进去。

第三点，是“文言写作”的问题。依理说假如真能运用语体“叙事说理表情达意”，已经足够了，不必再写文言。现在《高中国文课程标准》“目标”项下有“除继续使学生能自由运用语体文外，并养成其用文言文叙事说理表情达意之技能”一目。要高中学生写文言，这是迁就现状的办法；办法的订定又从一个假定出发，那假定就是初中毕业生已经有了相当的运用语体的技能。

所谓现状，指现在还有一些文章，如报纸公文和书信，用文言写作而言。那些文章原没有不能用语体写作的道理，但是其中一部分现在还用文言写作，却是事实。既然有这事实，为中学生将来出而应世起见，就教他们学写文言，这该是主张教学文言写作的最正当的理由。若说要学生写各体的古文，期望他们成为古文家，那是大学国文系都没有提出的目标，对于高中的文言写作显然不适合。至于莫名其妙地主张教学文言写作，说不出学生学写了文言为什么的，这里可以不谈。

如果承认前面所说，学生要学写的是报纸公文和书信的那种文言，那么作为范本的不该是唐宋的文学，六朝的文学，汉魏的文学，甚至先秦的文学，而该是应用文言字汇，文言调子，条理上情趣上和语体相差不远的近代文言，如梁启超先生蔡元培先生写的那些。现在学生学写文言，成绩比语体更差，我想，就坏在把唐宋以上的文学作为范本。他们读那些文学，没有受到好好的指导，没有经过好好的训练，只是生吞活剥，食而不化；他们不能说那种文言的语言，他们不能凭着那种文言的语言来思想，怎么能写成那种文言？我们翻开学生的作业本，看他们的文言写作，总觉得毛病百出，几乎无一是处；若问所以然，全可以用这个理由来解释。进一步说，即使受到好好的指导，经过好好的训练，但是因为那些范本是文学，也只能达到了解和欣赏的地步，而不能就写得和范本相类。凡是涉猎过艺术部门的人都知道，了解、欣赏和创作不是一回事，能了解、欣赏而不能创作的，世间尽多；文学也属于艺术部门，当然不是例外。再进一步说，即使能写得和范本相类，但是学生将来出而应世，需用的并不是那种文言。现在报纸的记载不需要《左传》或《史记》的笔法，公文不需要《谕巴蜀檄》或《陈政事疏》的派头，书信不需要韩愈或柳宗元的格调。因此，虽能写得和范本相类，还是没有达到国文科教学文言写作的目标。认清了教学文言写作的目标，知道学生要学写的是近代文言（也可以叫做普通文言或应用文言），不是古文言，尤其不是古文学；自会知道把古文学作为范本决不是办法。这是不能用“取法乎上，仅得其中”的说法来辩解的；古文学和近代文言是两回事，无所谓“上”“中”；古文学和古文学之间，近代文言和近代文言之间，才可以判别“上”“中”的等第。唯有选择上品的近代文言作为范本，使学生精读熟习，他们才能够写近代文言。这一点，向来不大注意，今后应当特别注意。为了教学文言写作，专选一些教材，分量要多，研读要勤。到学生能够说这种文言的语言，能够凭着这种文言的语言来思想的时候，他们也就能够写作这种文言了。

第四点，是“教材支配”的问题。按照前面所说，国文教材似乎应当这么支配：初中阶段，一部分是“文学名著”，着重在“了解固有文化”（“增强民族意识”和“发扬民族精神”也就包括在内）；一部分是“语体”，着重在文字语言思想三者一贯的训练。高中阶段除以上两部分外，又加上一部分“近代文言”，着重在文言写作的训练。这三部分教材中的每一部分，并不是在本身的目标之外，和其他目标全无关系。说明白些，从“语体”和“近代文言”之中，未尝不可以“了解固有文化”；从“文学名著”和“近代文言”之中，未尝不可以训练思想；从“文学名著”之中，未尝不可以得到些文言写作的训练，虽说要写得和“文学名著”相类，事实上很难办到。这里分开来支配，说“着重在”什么，只是表示某一部分教材该把某项目标作为主要目标的意思。这样点明之后，教材的选择才有明确的依据；当实际教学的时候，才有努力的明确趋向。

现在的精读教材全是单篇短章，各体各派，应有尽有。从好的方面说，可以使学生对于各种文体都窥见一斑，都尝到一点味道。但是从坏的方面说，将会使学生眼花缭乱，心志不专，仿佛走进热闹的都市，看见许多东西，可是一样也没有看清楚。现在的国文教学成绩不能算好，一部分的原因，大概就在选读单篇短章，没有收到好的方面的效果，却受到了坏的方面的影响。再说国文教学的目标之中，大家都知道应有“养成读书习惯”一目，而且是极重要的一目。但是就实际情形看，学生并不读整本的书，除了作为国文教材的一些单篇短章，以及各科的教本以外，很少和书本接触。《课程标准》的“实施方法概要”项下虽然列着“略读书籍”的门类，高中部分并且特别提出“专书精读”和“选文精读”并列；可是真个如此“实施”的，据我所知，绝无仅有。少数学生能和书本接触，那是为了自己的嗜好，或者遇到了偶然的机缘，并不是国文科训练出来的。试问，要养成读书习惯而不教他们读整本的书，那习惯怎么养得成？我们固然可以说，单篇短章和整本的书原不是性质各异的两种东西；单篇短章分量少，便于精密的剖析，能够了解单篇短章，也就能够了解整本的书，但是，平时教学单篇短章，每周至多两篇，以字数计，至多不过四五千字；像这样迟缓的进度，哪里是读书习惯所许可的？并且，读惯了单篇短章，老是局促在小规模的范围之中，魄力就不大了；等遇到规模较大的东西，就说是两百页的一本小书吧，将会感到不容易对付。这又哪里说得上养成读书习惯？

以上的话如果不错，那么，国文教材似乎该用整本的书，而不该用单篇短章，像以往和现在的办法。退一步说，也该把整本的书作主体，把单篇短章作辅佐。单篇短章的选择，分记叙、说明、抒情、议论几种文体；这几种文体在一些整本的书中一样的具备，而且往往就具备在一本之中；所以要讨究各体的理法，整本的书完全适用。就学生方面说，在某一时期专读某一本书，心志可以专一，讨究可以彻底。在中学阶段内虽然只能读有限的几本书，但是那几本书是真正专心去读的，这就养成了读书的能力；凭这能力，就可以随时随地读其他的书以及单篇短章。并且，经常拿在手里的是整本的书，不是几百言几千言的单篇短章，这么习惯了，遇见其他的书也就不至于望而却步。还有，读整部的书，不但可以练习精读，同时又可以练习速读。如此说来，改用整本的书作为教材，对于“养成读书习惯”，似乎切实有效得多。

把前面两层意思配合起来，就是初中的教材该分两部分，高中的教材该分三部分；那些教材该是整本的书，或者把整本的书作主体。

那些教材，我以为该召集一个专家会议，经过郑重精细的讨论之后，开出书目来（仅仅规定几项原则，说“合于什么者”“含有什么者”可以充教材，或“不合什么者”“不含什么者”不能充教材，那是不济事的）。参与这个会议的专家，不一定要是文学家或国故家，但必须是教育家兼语文学家。

第五点，是“教学方法”的问题。我以为要改进教学方法，必须废除现在通行的逐句讲解的办法。这是私塾时代的遗传；大家以为现在教国文和从前私塾里教书是一回事，就承袭了成规。这办法的最大毛病在乎学生太少运用心力的机会。一篇文章，一本书，学生本身不甚了解的，坐在教室里听教师逐句讲解之后，就大概了解了（听了一回二回讲解，实际上决不会彻底了解，只能说“大概”），这其间需要运用心力的，只有跟着教师的语言来记忆，来理会，此外没有别的。天天如此，年年如此，很够养成习惯了；可惜那习惯是要不得的。凡是文章书本，必须待教师讲解之后才大概了解，即使一辈子跟着教师过活，也还有脱不了依傍的弊病；何况学生决不能够一辈子跟着教师过活。国文教学明明悬着“养成读书习惯”的目标，这所谓“读书习惯”指自己能够读，自己欢喜读而言；但是逐句讲解的办法却不要学生自己能够读；既然自己不能读，又怎么会欢喜读？再就教师方面说，因为把上课时间花在逐句讲解上，其他应该指导的事情就少有工夫做了；应该做的不做，对不起学生，也对不起自己。所以，“不用逐句讲解的办法”一条，是应该在《课程标准》的“实施方法概要”项下大书特书的。

学生不甚了解的文章书本，要使他们运用自己的心力，尝试去了解。这才和“养成读书习惯”的目标相应合；因为我们遇到一篇文章或一本书，都不能预言必然能了解，总是准备着一副心力，尝试去了解。尝试的结果，假如果真了解了，这了解是自己的收获，印入必然较深，自己对于它的情感必然较浓。假如不能了解，也就发见了困惑所在，然后受教师的指导，就困惑所在加以解答，其时在内容的领悟上和方法的运用上，都将感到恍然有得的快感；对于以后的尝试，这是有力的帮助和鼓励。无论成功与否，尝试都比不尝试有益得多；其故就在运用了一番心力，那一番心力是一辈子要运用的，除非不要读书。为督促学生尝试起见，似乎该特别提示“预习”一项，规定为必须使学生实做的工作。指导“预习”不仅如《初中课程标准》“实施方法概要”项的“教法要点”目下所说，“令学生运用工具书籍，查考生字难句及关于人地时种种问题”；同时也应使学生“领悟文章之内容体裁作法及其背景”，“指导学生作分析综合比较之研究”。对于上面两层的前一层，《课程标准》定作教师讲述的时候应该注意之点；对于后一层，《课程标准》定作教师讲述后应该做的事：这还是把教师的“讲述”看作主体，还是贯彻不了督促尝试的宗旨。现在都移在指导“预习”的阶段中，假如学生能够“领悟”了，能够“研究”出来了，就无须乎教师的“讲述”；教师所“讲述”的，只是学生想要“领悟”而“领悟”不到，曾经“研究”而“研究”不出的部分：这才显出“讲述”的真作用，才真个贯彻了尝试的宗旨。

逐句讲解的办法废除了，指导预习的办法实施了，上课的情形就将和现在完全两样。上课做什么呢？在学生是报告讨论，不再是一味听讲，在教师是指导和订正，不再是一味讲解。报告是各自报告预习的成绩，讨论是彼此讨论预习的成绩，指导是指导预习的方法，提示预习的项目，订正是订正或补充预习的成绩。在这样的场合里，教师犹如一个讨论会的主席，提出问题由他，订补意见由他，结束讨论由他。当这样的教师当然比较麻烦些，“讨论要点”或“讨论大纲”都得在事前有充分的准备；学生在这样的教师的面前，却真个能够渐渐的“养成读书习惯”，为了学生，似乎不应该避免麻烦。

就前面举出的三部分教材说，指导该各有偏重之点。对于“文学名著”，似乎该偏重在涵泳和体味方面（通解文意当然是先决条件）。对于“语体”，似乎该偏重在语法和论理的训练方面（这并非说使学生作语法和论理学的专科修习，不过说使他们的思想语言和文字必须合着这两科的纲要而已）。对于“近代文言”，似乎该偏重在基本训练方面（一个“也”字，一个“者”字，一个“夫”字，一个“盖”字，诸如此类，必须从范文中提出“用例”，归纳它的意义，熟习它的语气）。这里说“偏重”，当然也只是在某方面多注意些的意思，并不是说读“语体”和

“近代文言”就不必涵泳和体味，读“文学名著”和“近代文言”就不必管语法和论理，读“文学名著”和“语体”就可以对词义和语气含糊过去。至于怎样的“偏重”，说来话长，只得在另外的文篇里再谈。

这里还有附带要说的。上课以前，学生要切实预习，讨论过后，又要切实复习：他们要多读书，在多读之中，不但练习精读，同时练习速读，这必须有充裕的时间才办得到。像现在的实际情形，学科这么多，各科都有课外作业，一个学生如果认真用功的话，非把每天休息睡眠的时间减少到不足以维持健康的程度不可（尤其是高中学生）；纵使这么拼命硬干，分配到学习国文方面的时间也不过半小时一小时，还是说不上充裕。时间不充裕，该做的作业没有工夫去做，那就一切全是白说，国文教学还是收不到实效，学生还是得不到实益。减少些学科，多分配些时间给国文学习方面，我以为是可能的，而且是应该的，必要的。这轶出了讨论国文课程的范围，也不想多说；这里只表示我的希望，希望大家就教育的观点，对这问题作一番通盘筹算。

修订中学课程标准*

去年十二月下旬，报载教育部举行修订中学课程标准会议，据称此次会议对中学课程标准修订的要点有三项：（1）减少每期的教学科目，初中从十二科十三科减到九科十科，高中从十科十二科减到八科九科。（2）减少每周的教学时数，初中、高中都从三十一小时减到二十七至三十小时。（3）各科教材内容，注重在培养实际生活知能，尽量删减艰深理论的教材。

修订中学课程标准的工作，已经经历了一年光景，开会，起草，征询意见，归纳整理，时时在报纸的教育栏透露些消息。这一次会议据说是最后的审查会了，只待将各项标准的文字内容略加修整，在今年春间就可以正式公布。

就三项要点看来，这一回的修订可以说是进步的。减少每期的教学科目，减少每周的教学时数，针对着以往不问消化与否只管硬塞下去的弊病。第三要点尤其值得注意。说要培养实际生活知能，不取艰深理论

---

* 原载《中学生》总第 196 期，1948 年 2 月。署名圣陶。

的教材，这显然可以看出其中含有一种希望：希望中等学生在校学习种种，当前就得到受用，不只作为将来生活的准备。

依理论说，中学原是为准备升学的青年设立的。准备升学，就不得不各方面都学一点，各学科也得自成系统。可是，学习什么最要紧的是消化，是把消化所得化为自身的习惯。与其不能消化，不能化为习惯，不如学习的方面少一些，系统上疏漏一些。以往就不曾注意这一层，所以升学的尽管有，成为专才的可不多。

依实际说，进中学的未必都是准备升学的青年，由于种种的原因，出了初中出了高中不再升学的，数量极多。对于这批不再升学的青年，中学不容不培养他们的实际生活知能，使他们当前得到受用。就这一点而言，分科教学不如不分科，而以生活为中心，问题为中心，着手教学来得见效，仅仅减少两三科目还是枝节的办法。不过这种教学实施起来并不容易，可以不谈。

就三项要点看来，虽说是进步的，将来是否有成效却还难说。所谓成效，指受教育的中学青年得到实益而言。教育成效须看环境，须看支配着它的精神，须看教材与教学方法的运用，不是课程标准的几项修订要点所能决定的。如果环境，精神等等还是与以往一样，没有什么改变，那么这一回的修订课程标准只是教育部办了一件不尽如人意的公事而已。

中学语文科课程标准草稿*

一、目标

中学语文科课程依照“中学课程标准总纲”的规定，根据本科的性质和范围，以下列两项为目标：

（一）通过语言文字的学习，从感性的认识出发，在学生的情操和意志方面，培养他们：

1. 对劳动跟劳动人民的热爱；

2. 对祖国的无限忠诚；

3. 随时准备去克服困难战胜敌人的决心和勇气；

4. 服从公共纪律爱护公共财物的集体主义精神。

（二）顺应学生身心的发育和生活经验的扩展，逐步地培养他们凭我国语言文字吸收经验表达情意的知能：

---

* 选自人民教育出版社中学语文编辑室编：《中学语文教材和教学》，人民教育出版社 1981 年版。这份草稿是作者 1948 年 8 月写的。当时华北人民政府教育部教科书编审委员会打算编辑新的语文课本，因此草拟了这个课程标准。这份草稿未成正式文件，只在内部传阅过。

1. 初中

①听人说话，能够了解对方的要旨，不发生误会。又能够加以评判，对或不对，妥当或不妥当，都说得出个所以然。

②对个人或公众能够说出自己的意思，能够作辩论，不虚浮，不夸张，老老实实，诚中形外。说话的时候又能够不违背论理和我国的语言习惯，明确，干净，不含糊，不啰唆。

③能够就语汇、语法、修辞格三方面区别方言和普通话，能够彼此转译，达到相对的准确。

④能够自由阅读适合程度的各种书籍、报章、杂志、文件，遇有疑难，凭自己的翻检和参考大部分能够解决。

⑤能够写出自己的意思，像第②条所说的。

2. 高中

①听话、说话、阅读、写作四项，承接着初中的第①②④⑤四条，更求其提高。

②能够通解普通文言。能够辨明口语和文言的区别，把文言转译成口语达到相对的准确。

说明：

1. 中学课程应该和小学课程衔接，凡是小学课程标准中已经说明了的，这一份里不再复述。

2. 高中的阅读包括文艺欣赏。

3. 所谓普通文言就是明白易晓的古文。为接受以前的文化，为参考需用的书籍，高中学生有通解普通文言的必要。

4. 普通话、方言、文言的区别在语汇、语法、修辞格三方面。中等学生固然不必像专门家似的研究这些，但是有一点辨别能力自有实际的益处。第一，听与读两方面可以排除障碍，深解内容。第二，表达的时候不致有混杂不纯的弊病。

二、教材

①中学语文教材，就精神说，要符合目标第一项所规定的各点；就内容说，必然地涉及各科，以各科的内容为内容；就品质说，要朴实、精确，足以为目标第二项②的模范；就体裁说，要包括一般人生活上所触及的各类文字（不列举），高中要选读若干明白易晓的古文，以能够通解普通文言为目标。

②中学语文教材除单篇的文字而外，兼采书本的一章一节，高中阶段兼采现代语的整本的书。

③教材的性质同于样品，熟悉了样品，也就可以理解同类的货色。可是阅读要养成习惯才有实用，所以课外阅读的鼓励和指导必须配合着教材随时进行。换句话说，课外书也该认作一项教材。

说明：

1. 教材的选择，第①条是原则。再配上学生的生活实际与学习程度，错综地加以编排。具体的篇目、书目要待编辑的时候决定，预定某种某类占多少的百分比恐怕没有多大用处，实际编辑的时候总不免要更动。编辑的成功与否自然要看选材的得当不得当，不能单看原则。

2. 中学语文教材不宜偏重文艺，虽然高中有文艺欣赏的项目。语文的范围广，文艺占其中的一部分。偏重了文艺，忽略了非文艺的各类文字，学生就减少了生活上的若干受用，这是语文教学的缺点。

3. 单篇教材后面要列出“提示”的项目，或者摘出要点，或者举列疑难，或者提出问题，或者指导参证，目的在引导学生依着一条线索，彻底了解教材的本身。阅读整本的书的时候，也要列出“纲要”，目的同上。

4. 语法、修辞法、作文法、思想方法都不作孤立的教学，孤立的教学徒然研讨一些死知识，劳而少功。必须就实际的听、说、阅读之中相机提出教材。

5. 一个人取教材来念，其余的人听他，这时候，教材在念的人就是说的教材，在听的人就是听的教材。这说与听要和日常的说与听联系，以求能力的逐渐提高。

三、教学要点

①要使学生尽量自求了解，在设法彻底了解的时候，教师才给他们说明，订正，补充。不作逐字逐句的机械讲解。

②要强调预习，预习是自求了解的重要步骤。课内多采用讨论会的方式，教师也是一个会员，至多处于主席的地位。

③除了课内的说话、听话，课外的演讲会、辩论会等也该是语文科的重要项目。乃至日常的说话与听话，语文教师也得多费一份心，随时帮助学生们求进步。

④要作课外阅读的指导。某种书该怎么阅读，参考些什么，可以与哪些实际联系起来，这些项目固然最好由学生自己解决，可是教师总得

给他们安排一条探索的道路。

⑤语法、修辞法、作文法、思想方法要从实际的听、说、阅读之中多多提出实例，让学生自己去发见种种的法则。

⑥普通话、方言、文言的语汇、语法、修辞格三方面，要随时从教材中提出实例，作彼此的比较研究。比较研究不必像专门家那么细密，只要使学生养成这么个习惯就成。

⑦不要把作文看作特殊的事项。要养成习惯，要写就写，像口头的要说就说一样。写的时候依据语言，逐渐地达到比语言更精练，可仍旧是语言。

⑧出题练习是诱导发表的途径，目的在达到自由发表。要就学生的实际生活出发，出各式各样的题（题虽然由教师出，仍是学生本身所固有的材料），不勉强学生写他们所没有的材料。

⑨出题练习之外，可以由学生自己命题，自己命题就是自由发表。他如写笔记，写日记，写信，写报告，给壁报写稿等项，也要随时鼓励学生们去做。

⑩改文以就原文修改，使内容表达得完足切当为主。教师给修改不如学生自己修改。学生个人修改不如共同修改。每一处修改一定要说得出个所以然。自己修改不限于课内作文，要使学生养成习惯，无论写什么都要修改，把修改看作一种思想过程。

说明：

1. 语文科目的之一，是使学生在阅读的时候能够自求了解。了解不了才给学生们帮助一下，困惑得解，事半功倍。逐字逐句的机械讲解刚刚与这个办法相反，是教学生们什么都依靠教师，自己不用花一点心思，所以要不得。

2. 课内讨论以“提示”或“纲要”所列的各项目为中心，最后由教师作总结。也可以由学生作总结，教师看情形予以承认或订正。

3. 第⑥条举例：四川人说“莫得钱”“没有来”，文言作“无钱”“未来”，普通话说“没有钱”“没有来”。这个现象可以提出来比较研究。比较的结果，知道四川话的“莫得”相当于文言的“无”，“没有”相当于文言的“未”，普通话的“没有”相当于四川话的“莫得”“没有”，文言的“无”“未”。这种比较研究的习惯养成了，读书，听话，谈话，各处来往，都有受用。

4. “把作文看作特殊的事项”是科举时代传下来的弊病，到今天还存留在学校教育里。反过来，要把作文看作日常生活中的事项，为有实际的需要才作文，没有需要就不必作。所谓“写的时候依据语言”，就是要上口，可以说，要顺耳，可以听。现代文字写口语，就在依靠口耳，说得来，听得懂。假如不顾到这一点，何不像从前一样写了文言？

5. 高中学生也不必写文言。学习文言的目的只在能够阅读普通文言的书籍。像《尚书》《楚辞》“骈文”之类，高中毕业程度的人也没有阅读的必要。

6. 教师要深入学生的生活，出题才能就学生的实际生活出发。这一点照理说该可以办到，尽职的教师哪有不深入学生的生活的？

7. 一个词儿用得合适不合适，一个虚字该补上还是该删掉，都是内容问题，不是“文字问题”。语言既然是表达内容的唯一的工具，只有把语言运用得得当，才能表达得到家。在选择推敲的时候，本来含混的内容渐渐地明确化具体化了。所以说文字的修改是一种思想过程。

第二编

教材编辑要旨

小学国文教材问题*

国文教授的问题太多了。教材纯用语体还是兼用文言，又从哪里去选择教材，是一个问题。

一、教材用语体抑文言的问题

无论什么事物，都要化而为文字，才与国文有关系。于是文字终为国文科的重要材料。在现时任教的常有一种疑问，语体文既已通用，而文言未能全废，此后小学国文教授，将全用语体文呢，还是兼用文言呢？要回答这个疑问，实在不必多所研虑。先问我们何以要学习文言，岂不因前人曾经以文言著书么？又问语体何以能通行，岂不因语体切合语言，更能通达今人的情思么？为今人的便利计，自然通用语体；为参观昔人书籍的便利计，于是兼治文言。小学生有参考昔人书籍的必要么？我想经子之部，乃专家所研究，非小学生所宜涉猎。史书文艺，或

* 摘自叶圣陶：《小学国文教授的诸问题》。原载《教育杂志》第 14 卷第 1 期，1922 年 1 月，署名叶绍钧。标题为编者所加。收入本书时略有删节。

有益于小学生，而浩繁者多；宜重加编次，或为之翻译——果能做这两件事，也不妨应用语体。于是更不能寻出小学生需用文言的地方了。所以我敢断言，小学国文教材宜纯用语体。

以文言为教材，也是以前国文教授失败的要因。尽教师的能力，做了一番翻译的功夫，竭学童的心思，做了一番记忆的功夫罢了。至于内容，因出于教师所选择，未必便为儿童所领悟。且一面翻译，一面记忆，更加上几重模糊的外幕。在初步的国文教授，更常有这等情形遇到。譬如训“观”为“看”，固已确切不移，而学者因记音记义，反把活泼的“看”的一个动作淡忘了，倘若竟教“看”字，则不费一语，而教授之效全收；因为平日早已说惯了“看”字，明知“看”是什么意义了。准此一例，即知教授文言所以不能收效之故。教材纯用了语体，于是教师无须有翻译讲解之劳，学童亦不必有勉强记忆之苦。国文教授所应有的事，将迥异昔时。唯事训练情思，使学童对于周围常常有欲了解、欲发表的冲动。更使练习语言，求发音和语调的正确；一面能正确地传达己的情思，一面能领解他人的言语。待感到有记录的必要时，便书成纸面的文字。以前所谓引起动机、提示、讲解、应用等等阶段，本是分析的，至此而浑成一气，只是学童全生活里的一件事实。小学教育的不论何科，必须能成为整个的一件事实时，而后学童感觉亲切有味。所以国文教材宜纯用语体。

二、教材的选择的问题

本于上述的见解，教者至少有一种觉悟，就是不可专恃坊间的教科书，以为所求教材，可以在里头取携无穷。现在语体教科书非常之少，而且所有的全由翻译以前文言本而来，其不适于用，已不必细说。进一步说，就是坊间能编出很好的语体教科书，教师也不得遽取应用，不复筹思。因为既以儿童为本位，则非儿童所自需，就不得强为授与。而坊间所编教科书，总希望通行于全国，全部的内容，决不会聚集于一个儿童的境遇里。倘若取以应用，一定有一部分非儿童所爱、所能领受的，那就要降低效率了。所以教科书止得供参考，止得备采用，教材还当在教科书以外去选择或搜集。

为欲从事选择或搜集，须先定一个教科内容的普遍的标准。教师既为儿童特设境遇，所希望的，就是在这境遇里可以得到适当的教材。所谓适当的教材，无非是儿童所曾接触的事物。然则将儿童所曾接触的事物，尽行记录或说明，就可算最好的教材么？那又未必。因为儿童的生活，差不多浸渍于感情之中；冷静的理解，旁观的述说，在儿童殊觉无味。要使儿童感觉无味，就不是最好的教材。所以国文教材普遍的标准，当为儿童所曾接触的事物，而表出的方法，又能引起儿童的感情的。换一句说，就是具有文学趣味的。儿童的一句随意的话，往往比成人更为文学的，这是我观察所得的经验。文学趣味本是儿童的夙好呢，教师当然要教他们以富有文学趣味的教材了。

夏月乘凉的场上，或是冬日融融炉火之旁，几位老人讲些童话故事，孩子们就听得陶醉了，仿佛全心已窜入童话或故事里。教师从这里可得一个教训，童话故事就是儿童所需要的，应当取为教材。我国地方很大，各地民情互异，传说故事之类，一定含有很好的意义和趣味。可惜从事搜集和汰别，到现在才视为最新的事业，没有已具优良评价的成书可得。所可以应急需，聊以慰情的，止有些外国童话的译本。因风俗习惯太相悬殊的缘故，或者不能充分地引起学生的趣味。所以教师宜应儿童所需，取传说故事之合乎上述标准的，以为国文教材。这是一条来源。

各地有特殊的历史、地理、习俗等等，总而言之，可包括叫做人事。人事是儿童所乐知的，也是儿童所必须知道的。关于这个，各地往往有谐韵的歌曲，演唱的戏剧；歌咏之余，实长民志。教师如获得这等东西，就当视为至宝，取为教材。即使没有，也当酌量创作，以飨儿童。——我欲附带说一句：教师应当能创作的，或者唯教师的精神，才是儿童适宜的粮食；倘若自己不敢创作，而唯赖编辑先生信手挥来的作品以临事，乃是教师的奇耻。这又是一条来源。

教材也许可以从儿童自身得到。儿童生活里面，恒有大感兴味，永记不忘的。这等事件，在他们的脑际，便是丰妙的情思；出于他们的口，便是有味的一段语言。更令笔之于书，使他们多一种玩索的方法和机会，岂不成为最适切的教材？譬如共同种菜，一切经过的，他们都非常地感有兴味，则令他们自记种菜之事，即令自读，便是最好的教材。这又是一条来源。

总之，教材或由搜集，或由创作，俱当相度机会，待儿童需要而后与。所以要说定搜集或创作的范围，是不可能的事。准此理论，可知现成教科书决非完全切用之本。切用的教材应非整本。今年的二年生与明年的二年生，未必讲同样的教材，如其他们的境遇不同，生活互异。

更有一事，应在此节说明。就是：倘若学校里境遇完好，即儿童求知之欲很易引起；在国文教授方面说，便是读书之欲必盛。这正是国文教授里一种重要目的——养成读书习惯，而一般教师常是忽视或遗忘的。科内教材既以含有文学趣味为标准，即日常生活的必需知识之获得，当然更有赖于以外的书籍。此等书籍，但须泛览，不必精读。然而足以补充，可为参考，功用很大。又从分量讲，科内教材有定量，虽足使儿童感兴味，尚不能厌足。唯有取兴味相类的书籍供给儿童，使他们有取之不尽的乐趣。如此，国文教授的收效必更大。本这两个意思，于是搜集教材以外的书籍也成为重要的事项。我以为在现今时代，关于补充用、参考用的书籍，只有教师们努力创作。坊间原堆着满架的书，但大部是非儿童本位、非语体文的，因此难得采用。关于厌欲的读物，则有旧小说、译本童话等，只须合乎标准，便不妨取以供需。但因为数不多，仍急待有创作品出世。

小学初级学生用《开明国语课本》编辑要旨*

一、本书依据教育部最近颁布的小学国语课程标准编辑。全书八册，专供小学初级国语科教学之用。

二、本书内容以儿童生活为中心。取材从儿童周围开始，随着儿童生活的进展，逐渐拓张到广大的社会。与社会、自然、艺术等科企图作充分的联络，但本身仍然是文学的。

三、本书每数课成一单元，数单元又互相照顾，适合儿童学习心理。

四、本书尽量容纳儿童文学及日常生活上需要的各种文体；词、句、语调力求与儿童切近，同时又和标准语相吻合，适于儿童诵读或吟咏。

五、本书每数课之后列有练习课。有的注重于内容的讨究，有的注重于语法的整理，有的注重于写作的训练。练习课文字与图画并用，绝无枯燥、呆板的弊病。

---

* 选自叶绍钧编、丰子恺绘：《开明国语课本》（小学初级学生用），开明书店 1932 年版。

六、本书每册后附《词汇》，列载新出现的词，供儿童翻检、应用。各课新字数目都有限制，检查《词汇》便可知道。注音见《教学法》，课本上不再标明。

七、本书图画与文字为有机的配合；图画不单是文字的说明，且可拓展儿童的想象，涵养儿童的美感。

八、本书另有《教学法》八册，包括《国语科学概论》及各单元的实际教学方案，并对教材加以补充、阐发。教师据以教学本书，可得圆满的效果。

编课本不是“拉在篮里就是菜”*

今天看见珠先生的《教科书大倾销》一文，他说教科书“既是有关儿童教育的特种‘商品’，自然应该比较比较”，又说“不存私心的严正的批评”实属必要。我新近编成了一部小学国语课本，对于他的话有深切的同感。

国语课本既由书店出版，而且也涌进“大倾销”的浪潮，预备七折八扣地出售，其为“商品”自无疑义。但是当制造这宗“商品”之初，我虽然不想戴起“为文化服务”的大帽子，却也有一点儿“非商业”的微意。我们的弟兄辈读的是“天、地、日、月”的教科书，我们的儿女辈读的据称是“儿童文学”，然而事实告诉我们，“天、地、日、月”和“儿童文学”同样不相干，儿童的阅读能力和表达能力如果确有进展，完全由于别的因缘。别的因缘未必保证可遇，而课本却是天天拿在手里的，为什么不编一部课本，以确能发展儿童的阅读能力和表达能力为目标呢？能不能达到这个目标是能力问题，姑且尽力为之却是我的野心。

---

* 原载《申报·自由谈》1933年7月17日。原题为《“不存私心的严正的批评”》。标题为编者所加。

于是我提起笔来。

对于内容的安排，我作通盘的筹划，不取那种“拉在篮里就是菜”的办法。对于文体的采纳，我主张兼容博取，而且各篇须是各体的模式。对于课文的撰作，我希望念来上口，与平常说话一个样，而且不背于名理。这样制造出来的“商品”是否适应“顾主”的需要，是否堪为小学教育优良的工具，我虽也曾当过近十年的小学教师，可不敢自己下判断，唯有敬候全国小学教育者“不存私心的严正的批评”了。

在“不存私心的严正的批评”之下，假如我的书有一点儿可取，那么，即使在“大倾销”的浪潮里落了伍，从事营业竞争的出版家固然吃了亏，而编书的我却堪以自慰了；对于少数读到我的书的儿童，我总算贡献了一份微薄的礼物。反过来，如果我的书绝无可取，或者竟是有害于儿童的毒物，出版家固然利市十倍，而我的粗制滥造之罪且将终身莫赎。

老实说，在以营业为唯一前提的出版家是不希望有什么“不存私心的严正的批评”的。但是，为教育前途计，对于教科书这宗特种“商品”必须有“不存私心的严正的批评”才行。同时，在抱有一点儿“非商业”的微意的编书者如我，“大倾销”的成败非意所存，“不存私心的严正的批评”才是我所切盼的。

我的答语*

——关于《开明国语课本》

今天看见余敏先生对于我的《开明国语课本》的指摘，谨答如下：

余敏先生说我写着“马托车”，这三个字照“国音”念起来，“无论中西南北的人都不会懂得这是什么东西”。其实，同样情形的名物词正多，如“方棚”、“德律风”，只须其人曾经传习，就会懂得这是什么东西。况且“马达”两字不是差不多“写定”了吗？“马达”的“马”就是“马托车”的“马”呀。但是我愿意接受余敏先生的指摘，把“马”字改为“摩”字，使它切近原音。

余敏先生指出的第二点却是他的“偶然失检”。我的诗歌开头说：“墙上开朵小红花。墙下蜗牛去看花。”末了说：“无数花开朵朵红，一齐笑脸欢迎它。”余敏先生便说：“白话文法的习惯，‘开朵’是‘开着一朵’的意思；何以下文又变了‘无数花’呢？”其实，在末了两语之上，有着“爬爬歇歇三天半，才到墙顶看到花”两语呢。起初只开得一

* 原载《申报·自由谈》1933年8月11日。

朵，经过三天半的时光，墙顶的花便开遍了：这正是我的用心所在。不料被余敏先生忽略了。

《穷人和富人》本是老语言。我因其含有“人当征服自然以为生，而不当占取人家劳力之所得”的意思，所以取作教材，与前一课《风和水》联络。余敏先生作另一看法，以为后面须补充一课，说穷人“真的去种田、耕地、凿石、伐木，但是半空中跳出了地主等类的人，要他交租，向他算账。他又上一次当。他再去请教富翁的时候，富翁会告诉他：‘我是耕种我自己的田地，谁叫你自己没有地等等的呢！’”这意思很好。我的思想走了前面所说的路，就没有走这一条路。但是，教者如善于运用的话，我想即使不补充，也不至于叫读者上当。

前几天又有吴鼎第先生一文，对于我的“对于文体的收纳，我主张兼容博采，而且各篇须是各体的模式”的话有所指教。现在附带奉答如下：

我所谓文体，系指记状、叙述、解释、议论等基本体式而言。我们用语言文字表情达意，就离不了这些体式。国语课本怎能不把这些体式都收纳进去？我所谓文体，又指便条、书信、电报、广告、章程、意见书等实用文的体式而言。这些体式都是日常需用，随时随地会接触到的。国语课本怎么能不示一些模式？前此我说了“兼容博采”，又不曾说明“文体”二字何所指，致引起吴先生的怀疑：今见此节，吴先生当可释然。

小学高级学生用《开明国语课本》编辑要旨*

一、本书遵照教育部最近颁布的小学国语课程标准编辑，全部四册，专供小学高级国语科教学之用。

二、本书教材随着儿童生活的进展，从家庭、学校逐渐拓张到广大的社会。与卫生、体育、社会、自然、劳作、美术、音乐等科企图作充分的联络，但每课本身仍然是文学的读物。

三、本书尽量容纳儿童文学及日常生活上需要的各种文体。用词力求正确，造句力求精密，务期与标准语相吻合，堪为儿童说话作文的模范。

四、本书每数课之后列有练习课，有的注重于语法、作法、修辞的讨究，有的注重于内容的研求和欣赏。儿童据此自学，阅读和写作的能力自会逐渐增进。

---

* 选自叶绍钧编、丰子恺绘：《开明国语课本》（小学高年级学生用），开明书店 1934 年版。

五、本书图画与文字为有机的配合。图画不单是文字的说明，且可拓展儿童的想象，涵养儿童的美感。

六、本书另有《教学法》四册，详列各课的实际教学方法，并广搜各项参考材料。教师据以教学本书，可得圆满的学习效果。

《开明国文讲义》编辑例言*

一、这部讲义里的文章的选录，第一第二两册注重在文章的类别和写作的技术方面，第三册注重在文学史的了解方面。通体阅读之后，就可以得到国文科的全部知识。

二、每篇选文的后面附有解题、作者传略以及语释。解题述说那篇文章的来历和其他相关的事项；作者传略述说作者的生平；语释解明文章里的难词、难句。在阅读选文的时候，顺次地看这些后附的部分，就可以充分理解，毫无遗憾。

三、在第一第二两册里，每隔开四篇选文有一篇文话，用谈话式的体裁，述说关于文章的写作、欣赏种种方面的项目，比较起寻常的"读书法""作文法"来，又活泼又精密，读了自然会发生兴味，得到实益。在第三册里，每隔开三篇选文有一篇文学史话，注重文学的时代和社会的背景，并不琐屑地作对于文家和文篇的叙述，不像一般文学史那样枯燥呆板。读了自然会穷源知委，明了大概。文话、文学史话又和选文互

* 选自夏丏尊、叶圣陶、宋云彬、陈望道合编：《开明国文讲义》，开明书店 1934 年版。

相照应：前者阐发后者，后者印证前者。参合起来看，所得当然更多。

四、在第一第二两册里，每隔开四篇选文有一篇关于文法的讲话。文法完了之后，接着讲修辞。这两部分注重理解和实用，竭力避免机械的术语和过细的分析。务使读者修习之后，对于语言文字的规律具有扼要的概念，并且养成正确地、精当地发表的习惯。

五、文话、文法等的后面附着练习的题目，有的是属于测验性质的，有的是待读者自己去发展思考能力的，逐一练习过后，不但对于选文和讲话可以有进一步的理解，并且可以左右逢源，发见独自的心得。

《国文百八课》编辑大意*

一、本书依教育部初级中学国文科课程标准编辑，供初级中学国文科教学及有志自修者之用。

二、本书用分课的混合编制法，共六册。每册十八课，供一学期的教学。

三、在学校教育上，国文科向和其他科学对列，不被认为一种科学，因此国文科至今还缺乏客观具体的科学性。本书编辑旨趣最重要的一点就是想给与国文科以科学性，一扫从来玄妙笼统的观念。

四、从来教学国文，往往只把选文讲读，不问每小时、每周的教学目标何在。本书每课为一单元，有一定的目标，内含文话、文选、文法或修辞、习问四项，各项打成一片。文话以一般文章理法为题材，按程配置；次选列古今文章两篇为范例，再次列文法或修辞，就文选中取例，一方面仍求保持其固有的系统；最后附列习问，根据着文选，对于本课的文话、文法或修辞提举复习考验的事项。

---

* 选自夏丏尊、叶绍钧合编：《国文百八课》，开明书店 1935 年版。

五、古今论文之作及关于文艺上主义、派别的论著向占国文教材的一部分，本书虽也采取纯文艺作品，但论文之作及文艺理论概不收录。一则因每课已有自具系统的特编的文话，不必再依赖此种零星材料；二则编者在经验上深信片段的论文之作及文艺理论对于初中程度的青年并非必要，甚且足以诱致一知半解的恶果。

六、本书选文力求各体匀称，不偏于某一种类、某一作家。内容方面亦务取旨趣纯正有益于青年的身心修养的。唯运用上注重于形式，对于文章体制、文句格式、写作技术、鉴赏方法等，讨究不厌详细。

七、本书每课所列文选，以文话为中心，并不一定取同类的文章，使活用的范围更广。

八、应用文为中学国文教学上的一个重要纲目，坊间现行国文课本大都不曾列入。本书从第一册起即分别编入此项材料，和普通文同样处置。

九、本书选文不附注释。一般所谓注释只着眼于难字、典故和人地名。其实，何者应注释，何者不应注释，因用书的人而不同，定不出明确的标准。本书所收选文都是极常见的传诵之作，不附注释，教学时当也不致有何困难。编者又以为对于每一篇选文，教学上所当注意的方面正多，关于难字、典故、人地名有现成的辞书可以利用，比较上还是最容易解决的一方面，很可以把这余地留给教学者的。

十、本书关于教材和教法虽已大体拟定，实际教学时尚有待于教师的补充、阐发。如各项例证的扩充，章句的实际吟味，临时材料的提出，参考文章的指示，练习的多方运用等，都希望教师善为处理。

十一、本书编辑上所依据的只是编者往日教学的经验和个人的信念，如在实际教学上发觉有不合不妥的地方，尚望不吝指教。

谈识字课本的编辑*

我不知道推行识字教育的成绩怎样。我只看见一些进了识字学校的人，有的是没有终局就不去了，有的是终局之后丢开课本，不再同文字打交道，渐渐把识得的几个字忘记干净了完结。

被迫着去识字的人往往这样问："识了字就有饭吃吗?"这当然是他的不明白。然而这种不明白应该得到人家的原谅。顶要紧的吃饱肚子的事情尚且办不了，哪里有闲心思和闲工夫去识什么字？其实识字和吃饭之间，的确有着间接的关系；这一层一时难以想透，他自然不能相信。

至于读了几册课本的，他已经把文字这宗工具拿到手里，论理应该一直使用下去了。可是不然，他渐渐把识得的几个字忘记干净了完结。这是什么缘故呢？其一，还是由于他的不明白。他觉得生活上不需要文字这宗工具，跑去识字本来是被迫的，到没有逼迫的时候，就把文字丢开了。其二，就得归到所识文字的不够应用。他自以为识了字了，但是拿起一份杂志来看，例如《申报周刊》，不甚了了，拿起一本书来看，

---

* 原载《申报每周增刊》第 1 卷第 43 期，1936 年 11 月。

例如《现代十国论》，似懂非懂。这样碰了几回壁，阅读的热心自然冷淡下来。要去找一些适合他的文字程度的书本，只有和课本差不多的民众读物之类，而他对于这些已经不发生什么兴趣，不很喜欢看。于是，已经拿到手里的文字这宗工具不丢而自丢了。

我不说怎样使不明白的人明白过来。肚子尚且饿着的，要教他安心识字，觉得生活上不需要文字这宗工具的，要教他感觉迫切的需要，这是绝大经纶，我说不上来。

我只想说说要使所识文字能够应用，我们应该怎样编辑这类课本。并且我只说到形式方面，内容方面暂且不论。

现在编辑这类课本的，选用的字数大都有个限制，或者是一千两千，或者是六百八百。他们挑选的方法似乎很有科学精神。拿起一部《水浒》或者《红楼梦》来，统计其中每个字出现的次数。又取一年的《申报》或者一卷的《东方杂志》，也做同样的功夫。更精细的还要光顾到小书摊上的唱本，店家人家的账簿，以及大小机关的字纸篓。这样统计之后，像选举一样，得票最多的若干字就是当选者。这些字出现次数最多，当然是必须认识的了，就把它们组织在课本里头。为便利读者复习起见，更注意到它们的复见，就是说，每个字要让它在课本里头屡次出现，次数越多越好。

现代通用的文字诚然并不多，在一些书报上写来写去的，也不外乎选出来的若干字。然而识了这若干字不一定就能够阅读书报。譬如“国”是“国家”的“国”，“际”是“交际”的“际”，识得了，但是“国际”是什么呢？“手”是“一只手”的“手”，“续”是“接续”的“续”，识得了，但是“手续”是什么呢？假若在课本里头没有遇见过，就不免“面熟陌生”。识字和交友一样，应该“知面”又“知心”的。现在只晓得“国际”和“手续”的形体和声音，可是不知道“国际”和“手续”的意义，那只好算没有识。从这个例子可以看出单单提出“国”字“际”字、“手”字“续”字来，认为必须认识，是不够的。必须把“国际”和“手续”各看作一个单位，如果这两个单位是必须认识的，就把它们组织在课本里头，才行。

这个道理很平常，学过一点文法的人都知道。语言的单位是一个个的词。“国际”和“手续”各是一个词，不可分割，要理解就得看作一个意义去理解。“国”“际”“手”“续”是一个个的字。在古代，一个字也就是一个词。可是到了现代，有许多字不成一个词了。就像“际”字“续”字，在现代语言里头，要和别的字拼合起来才成一个词，如“交际”“际会”“接续”“继续”。

统计的方法是不错的，从出现次数的多少可以知道应用的繁不繁，作为取舍的标准。但是统计不该用字，而该用词，如果把目前通行的书报作为依据，统计其中每个词的出现次数，结果，把得票最多的若干词（数目当然不止一千两千）组织在课本里头，我想，读了这课本的人固然不能够就去阅读“五经”或者《史》《汉》，但是看看《申报周刊》，或者《现代十国论》，该不会有“面熟陌生”的憾事了。

还有句式，也是编辑课本的所该注意的，只是某一地方的土语的句式，当然可以不管。但是取得了国语的资格的，取得了写上纸面去的资格的，所有句式都该收容在课本里头，这样，读者读了课本再去读现代的书报，才可以应付裕如。要知道必须采用的句式有多少，也不妨用统计的方法。这工作比较统计词总要简便一点。可惜用这样方法来编辑课本的还没有。

我以为要望文字教育有成效，作者读者双方都得迁就一些。作者方面的迁就，除了内容适合读者的胃口外，就是不要采用过分生僻的词和过分离奇的句式。读者方面的迁就，就是努力学习自己方言里所没有而阅读书报常要遇见的词和句式，单叫作者这也不要用，那也不要用，是办不到的。现在有人在提倡方言文学，那是另一回事情。就通行的书报而论，用的无非是和任何方言不尽一致的国语。一个不识字的人拿一本课本在手，其意义不只在识几个字，更重要的还在学习语言，接受新的词和句式。因此，作为学习的材料的课本当然不能马马虎虎。

编辑课本从统计词和句式入手，诚然麻烦。然而读者读了这样编成的课本，可以到处应用，不至于把拿到手里的工具随便丢开。那么麻烦一点也是值得的。

关于《国文百八课》*

这是一部侧重文章形式的书，所选取的文章虽也顾到内容的纯正和性质的变化，但文章的处置全从形式上着眼。

依我们的信念，国文科和别的学科性质不同，除了文法、修辞等部分以外，是拿不出独立固定的材料来的。凡是在白纸上写着黑字的东西，当作文章来阅读、来玩索的时候，什么都是国文科的工作，否则不是。一篇《项羽本纪》是历史科的材料，要当作文章去求理解，去学习章句间的法则的时候，才算是国文科的工作。所以在国文科里读《项羽本纪》，所当着眼的不应只是故事的开端、发展和结局，应是生字难句的理解和文章方法的摄取。读英文的人，如果读了《龟兔竞走》，只记得兔怎样自负，龟怎样努力，结果兔怎样失败，龟怎样胜利等等的故事的内容，而不记得那课文章里的生字、难句，以及向来所未碰到过的文章上的某种方式，那么他等于在听人讲龟兔竞走的故事，并不在学习英文。故事是听不完的，学习英文才是目的，不论国文、英文，凡是学习

* 原载夏丏尊、叶圣陶合著：《阅谈与写作》，开明书店 1938 年版。

语言文字如不着眼于形式方面，只在内容上去寻求，结果是劳力多而收获少。竟有许多青年在学校里学过好几年国文，而文章还写不通的。其原因也许就在学习未得要领。他们每日在教室里对着书或油印的文选，听教师讲故事，故事是记得了，而对于那表现故事的方法仍旧茫然。难怪他们表现能力缺乏了。

因此，我们主张把学习国文的目标侧重在形式的讨究，同时主张把材料的范围放宽，洋洋洒洒的富有情趣的材料固然选取，零星的便笺、一条一条的章则、朴实干燥的科学的记述等也选取。

本书在编辑上自信是极认真的，仅仅每课文话话题的写定，就费去了不少的时间。本书预定一百零八课，每课各说述文章上的一个项目。哪些项目需要，哪些项目可略，颇费推敲。至于前后的排列，也大费过心思。

文话的话题决定以后，次之是选文了。文章是多方面的东西，一篇文章可从种种视角来看，也可应用在种种的目标上。例如朱自清的《背影》可以作“随笔”的例，可以作“抒情”的例，可以作“叙述”的例，也可以作“第一人称的立脚点”的例，此外如果和别篇比较对照起来，还可定出各种各样的目标来处置这篇文章。（如和文言文对照起来，就成语体文的例等等。）我们预定的文话项目有一百零八个，就代表着文章知识的一百零八个方面。选文每课两篇，共计二百十六篇。要把每一篇选文用各种各样的视角去看，使排列成一个系统，既要适合又要有变化，这是一件难得讨好的事。我们在这点上颇费了不少的苦心。

最感麻烦的是文法、修辞的例句的搜集。关于文法和修辞的每一法则，如果凭空造例，或随举前人的文句为例，是很容易的，可是要在限定的几篇选文中去找寻，却比较费事了。我们为了找寻例句，记忆翻检，费尽功夫，非不得已，不自己造句或随取前人文句。

选古今现成的文章作教材，这虽已成习惯，其实并不一定是好方法，尤其是对于初中程度的学生。现代的青年有现代青年的生活，古人所写的文章内容形式固然不合现代青年的需要，就是现代作家所写的文章，写作时也并非以给青年读为目的，何尝能合乎一般青年的需要呢？最理想的方法是依照青年的需要，从青年生活上取题材，分门别类地写出许多文章来，代替选文。

我们多年以来，也曾抱有这种理想。这次编辑本书，一时曾思把这理想实现，终于因为下面所说的两个原因中止了。第一，叫青年只读我们一二人的写作，究竟嫌太单调。第二，学习国文的目的，一部分在练习写作，一部分在养成阅读各种文字的能力。一个青年将来必将和各种各样的文字接触，如果只顾到目前情形的适合，对于他们的将来也许是不利的。犹之口味，他们目前虽只配吃甜，将来难免要碰到酸的、苦的、辣的东西。预先把甜、酸、苦、辣都叫他们尝尝，也是合乎教育的意义的事。

说虽如此，我们总觉得现成的文章不适合于青年学生。现在已是飞机炸弹的时代了，从《三国志演义》里选出单刀匹马的战争故事叫青年来读，固然不对劲；青年是活泼的，叫他们读现代中年人或老年人所写的感伤的文字，也同样不合理。

初中国文科的讲读材料是值得研究的大问题。本书虽因上面所举的两个原因，仍依向来旧习惯，选用古今现成的文章，但自己并不满意。

前面讲过，本书是侧重文章形式的，从形式上着眼去处置现成的文章，也许可将内容不适合的毛病减却许多。时下颇有好几种国文课本是以内容分类的。把内容相类似的古今现成文章几篇合成一组，题材关于家庭的合在一处，题材关于爱国的合在一处。这种办法，一方面侵犯了公民科的范围，一方面失去了国文科的立场，我们未敢赞同。

本书每课附有修辞法或文法。修辞法和文法在中国还是新成立的学问。

修辞法在中国自古就有不少零碎的宝贵遗产，近来有人依靠外国的著作，重新作系统的演述，其中最完整的有陈望道先生的《修辞学发凡》。这是近年来的好书。有了这部书，修辞法上的问题差不多都已头头是道地解决了。我们依据的就是这部书。

至于文法，名著《马氏文通》只是关于文言的，本身也尚有许多可议的地方。白话文法虽也有几个人写过，差不多都是外国文法的改装，不能用来说明中国语言的一切构造。文法一科，可以说尚是有待开垦的荒地，尤其是关于白话方面的。朋友之中，颇有从各部分研究，发见某一类词的某一法则，或某一类句式的构造的新说明的。我们也曾努力于此，偶然有所发见。这些发见都是部分的，离开系统地建设尚远。

本书介绍文法，大体仍沿用马氏及时下文法书的系统，对于部分如有较好的新说者，在不破坏现在的系统条件之下，尽量改用新说（如第一册关于叙述句和说明句的讨论，关于句的成分的排列法的讨论等）。在此青黄不接的时代，我们觉得除此更无妥当的方法了。

本书问世以来，颇得好评。至于缺点，当然难免。我们自己发觉的缺点有一端就是太严整、太系统化了些。本书所采的是直进的编制法，步骤的完密是其长处，平板是其毛病。例如把文章分成记述、叙述、说明、议论四种体裁，按次排列，在有些重视变化兴味的人看来，会觉得平板吧。

但本书是彻头彻尾采取“文章学”的系统的，不愿为了变化兴味自乱其步骤。为补救平板计，也曾于可能的范围内力求变化。例如第三册里所列的大半虽为说明文的材料，但着眼的方面却各自不同。

我们以为杂乱地把文章选给学生读，不论目的何在，是从来国文科教学的大毛病。文章是读不完的，与其漫然地瞎读，究不如定了目标来读。本书每课有一目标。为求目标与目标间的系统完整，有时把变化兴味牺牲亦所不惜。所望使用者一方面认识本书的长处，一方面在可能的时候设法弥补本书的短处。（如临时提供别的新材料等。）

拉杂写了许多话，一部分是我们对于中学国文科教学的私见，想提出来和教学者商量的；一部分是本书编辑上的甘苦之谈。无论做什么事，做的人自己最明白，所谓“冷暖自知”之境者就是。编书的人把关于编书的情形以及书的长处短处，供状似的告诉给读者听，应该是有意义的事，尤其是有多数人使用的教本之类的书。

《中学精读文选》前言*

国文属于语文学科，重在语文方面技法的训练，依理说，教材的范围该是很广的。技法优良的文字，固然可以作教材，使学生体会它的优良之点，揣摩它的何以达到优良，渐渐地那些优良之点化为学者自身的语文习惯，这是积极方面的受益；技法拙劣的文字，又何尝不可作教材，使学者辨认它的拙劣之点，推求它的何以弄到拙劣，渐渐地学者自身的语文习惯不复沾染那些拙劣之点，这是消极方面的受益。双方受益，阅读和写作的能力当然不错了，学习国文的目标也就达到了。至于教材的内容是什么，似乎可以不用管；一篇表达高尚情绪的文字，和一篇表达荒谬见解的文字，在作为技法研究的对象的时候，它们是平等的。即使不专重技法，也兼顾内容，如果看得出那见解为什么荒谬，不是自身的见解至少不会同样荒谬了吗？这虽属消极方面，受益也并不微浅。

可是国文究竟是各种学科里的一种。各种学科除了各自的目标之

* 选自叶圣陶、胡翰先编：《中学精读文选》，文化供应社 1942 年版。

外，有个共通的总目标，就是：教育学生，使成为国家的合格的公民。从教育的观点说，使学生在积极方面受益，可以多收熏染之效；若兼及消极方面，就分散了他们的注意力，而且收效比较迂缓。因此，国文教材的选取，关于内容，不能不有个限制，须是使学生在积极方面受益的，才可以作为教材；如表达荒谬见解的文字，虽也可以使学生在消极方面受益，却绝对不用。同样的理由，关于技法，也以具有优良之点的为限，而排斥技法拙劣的文字。

教材选得适当，只是有了好的凭借，要收效，还得在体会、揣摩、辨认、推求方面下功夫。唯有这些功夫做到家，教学的技法才化为学生的语文习惯，无论阅读或写作，可以随时应用。也唯有这些功夫做到家，教材的内容才成为消化了的养料，在学生的精神上，发生营养的作用。选取适当的教材固然要紧；但利用教材，作适当的教学，也决不是次要。现在学校所用的国文教材，经过编选人的推荐，又经过校订人的斟酌，有的还经过教育当局的审核，不能不说大致适当了；但教学的结果，在语文训练方面，在教育成效方面，高下颇不均齐。这个不均齐，就从教学的精粗上来的。无论如何适当的教材，教的人只是逐字逐句地讲一遍，学的人只是心不在焉地听一遍，这是一点成效也不会有的。这一层意思，教的人学的人都应该明白。

前面说过，国文教材注意内容，为的是要达到教育的总目标。现当抗战建国的时期，教育的总目标自然是养成适应抗建的公民。因此，选一些有关抗建的文字来作教材，实在是必要的。有许多学校已经这样做了，或即采用坊间出版的这类书本，或由教师酌选，作为补充。但据观察所得，一般人似乎偏重于教育的总目标，而于国文科本身的目标，不免忽略了一些。其在选材方面的表现，便是不顾技法的优良与否，凡有关抗建的都要。其在教学方面的表现，更是把教材看作宣传品，借此鼓吹抗建，却忘记了除此之外，还得在技法方面作体会，揣摩，辨认，推求种种功夫。站在国文教学的观点，这种现象是应该纠正的。普通国文教本既不选技法拙劣的文字，现在选有关抗建的文字，技法拙劣的当然也该排斥。教学其他文字既要作语文方面技法的训练，现在教学有关抗建的文字，当然不该看作例外，单顾内容的注入，并且单求注入，结果往往无所注入，唯有在技法上用尽功夫，学者才会彻底了解，而彻底了解才是真正的注入。

我们选这一部教材，不敢自夸有什么特长。但我们可以说，这些文字在技法上都相当优良。现在青年往往喜欢读文艺，也喜欢写文艺，可是读普通文字的能力还不够，写普通文字的能力还欠缺，只是胡读胡写。这里大多数是些普通文字，我们以为青年必须能够彻底了解像这样的普通文字，必须能够下笔写出像这样的普通文字，然后去追求文艺，才不是徒劳。有些人抱着偏见，说白话没有什么可以讲的，没有什么可以读的；对于这些人，我们无话可说。好在抱着偏见的人并不顶多，此后更将越来越少，那么，这里的若干篇白话，当会受到与其他文篇同等的待遇。这里的几篇古文都是常见的，大家喜爱，我们也认为要得，就选入了。青年能够地道的读这几篇古文，也就可以读多数的文言著作。如果学写文言，像这几篇就是模式的极限，再要古也无法古了，时代到底是民国三十年了，但实在是不必的。现在应用的文言，只是和白话相距很近的那一类。

就内容方面说，我们注重心理的建设。抗建是中华民族空前的大业，工作千头万绪，而总枢纽在乎每个公民具有健全的振奋的心理：这意见很浅显，无须多说。有一点倒是该说的，有人以为现在的时代非南宋明末可比，关于宋明忠臣义士的文字，断不宜选作教材，使青年们丧气。这自是有心人的意见，但我们觉得太著于迹象而忽于精神了。就迹象说，诚然，那些忠臣义士扮演的是亡国惨剧，和现在情形渺不相涉；可是，就精神说，他们坚持的是“夷夏之辨”，正是我们心理建设上绝对需要的东西。因此，我们没有避免，仍然选了那几篇关于宋明忠臣义士的文字。不过教学必须得宜，迹象和精神要双方兼顾；如果偏重迹象，忽其精神，那有心人的意见就不是过虑了。

谈语文教本*

——《笔记文选读》序

一

青年们个个都捧着语文教本，可是不一定个个都想过语文教本是什么东西，有什么作用。通常以为语文教本选的是些好篇章，人人必读的，读了这个，就吸尽了本国艺文的精华。读起来又怀着一类神秘的想头，只要一味地读着，神智就会开朗起来，笔下就会畅达起来。这未免看得简单了些。人人必读的好篇章，判别的标准就不容易定。前些年许多专家给青年们开必读书目，开出来几乎各各不同。他们当然各有标准，但公同的标准不容易定，从此也可以见出。就说选的确是十足道地的好篇章，语文教本也不过是薄薄的小册子，而以为天下之道尽在于是，所见未免欠广。再说"开卷有益"也只是句鼓励人家的话。实际上，把篇章读得烂熟，结果毫无所得，甚至把个头脑读糊涂了，这样的

---

* 原载《国文杂志》第2卷第6期，1943年2月。本文是作者为吕叔湘编著的《笔记文选读》所作的序。该书1945年4月由文光书店初版，新中国成立后又由多家出版社出版过。

人古今都有。毫无所得是无益，把个头脑读糊涂了是非但无益而且有害。所以，认为一味地读具有魔法似的作用，未见得妥当。

语文教本只是些例子，从青年现在或将来需要读的同类的书中举出来的例子；其意是说你如果能够了解语文教本里的这些篇章，也就大概能阅读同类的书，不至于摸不着头脑。所以语文教本不是个终点。从语文教本入手，目的却在阅读种种的书。说到了解就牵涉到能力的问题。能力的长进得靠训练，能力的保持得靠熟习，其间都有个条理、步骤，不能马马虎虎一读了之。所以语文教本需要精读。并不是说旁的书就可以马马虎虎的读，只是说在读语文教本的时候，养成了精读的能力，读旁的书才不至于马马虎虎。精读的条理、步骤，读得多了，决不会全没领悟；如果经人指导，使那领悟直捷而且周遍，自然更好。语文教本所以要待老师来教，就在于此。老师不是来讲书的，尤其不是来“逐句逐句地翻”，把文言翻为白话，把白话翻为另一个说法的白话的。他的任务在指导学生的精读，见不到处给他们点明，容易忽略处给他们指出，需要参证比较处给他们提示。当然，遇到实在搞不明白处，还是给他们讲解。——这一节说语文教本的性质跟作用。

这个认识很寻常，可是很关紧要，有了这个认识，就不会把语文教本扔在抽屉角里，非不得已再也不翻一翻；也不会把语文教本认作唯一的宝贝，朝夜诵读而外，不再涉及旁的书。你想，语文教本好比一个锁钥，用这个锁钥可以开发无限的库藏——种种的书，你肯把它扔在抽屉角里吗？锁钥既已玩熟，老玩下去将觉乏味，必然要插入库藏的锁眼儿，把库藏开开，才感满足。于是你渐渐养成广泛读书的习惯。这样，语文素养有了，读书习惯有了，岂不是你一辈子的受用？

二

现在中学里的语文教本，白话文言兼收；就材料说，从现在人的随笔小说以至经史子集，几乎无所不包。这个风气在民国十一二年间开始，到现在二十年，一直继承下来。当时白话文运动迅速展开，大家认为白话与古文一样，有在课内研读的必要；于是白话取得了编入教本的资格。至于无所不包，那是把“举例”的意思推广到极端的办法。譬如说，桌子上放着几十样好菜，教本就从每样里夹一筷子，舀一调羹，教你都尝一点儿。这种编辑方法并不是绝无可商之处的。前一篇彭端淑的《为学》，后一篇朱自清的《背影》，前一篇孟子的《鱼我所欲也章》，后一篇徐志摩的《我所知道的康桥》，无论就情趣上文字上看，显得多么不调和。不调和还没有什么，最讨厌的是读过一篇读下一篇，得准备另一副心思。心思时常转换，印入就难得深切。再说经史百家都来一点，因受时代的限制，无论编辑人怎样严守“切合现代生活”的标准，总不免选入一些篇章让青年们觉得格格不入。例如墨子的《非攻》，王粲的《登楼赋》，韩愈的《原毁》，欧阳修的《朋党论》，这些东西并没有什么深文大义，青年们也很容易了解；可是只认为古人说过的一番话，要沉浸其中，心领神会，就未必能办到。如果这类篇章所占成分不少，那么，原来的每样都尝一点儿的好意反而得了每样都只是浅尝的劣果。但是人总喜欢在走熟了的路上走，二十年来，教本出了不知多少种，都继承着十一二年间的规模，并无改革。

然而改革的议论也并不是没有。有人主张把现代白话跟文言分开来教，作为两种课程，使用两种教本。他们以为现代白话虽然不少承袭文言的地方，二者并非截然无关的两个系统，但现代白话跟普通文言的差异，比起普通文言跟古文的差异来还多得多。无论普通文言或荒远的古文，不问在写作的当时上口不上口，在现今看，总之可以包括成一大类，叫作古文；而现代白话是现代上口的语言，又成一类。这两类在理法上差异很多，在表达上也大不一样，要分开来学习才可以精熟，不然就夹七夹八，难免糊涂。两相比较当然是需要的，但是须待分头弄清楚了才能比较。开头就混合在一起，不分辨什么是什么，比较也只是徒劳。这个主张着眼在学习的精熟，见到白话文言混合学习，结果两样都不易精熟，就想法改革。效果如何虽还不得而知，值得试办却是无疑的。

语文教本的选材，也有人主张须在内容跟形式两方面找出些条件来做取舍的标准。内容方面，大概可以凭背景的亲近不亲近，需要的迫切不迫切，头绪的简明不简明这些条件；形式方面，大概可以凭需要的迫切不迫切，结构的普通不普通，规律的简单不简单这些条件。这就跟每样都尝一点儿的办法不一样；每样都尝一点儿的办法是只问好菜，这个办法却顾到吃的人的脾胃，顾到他的真实得到营养。上下古今泛览一阵子，在要求博通的人自然是好，但是在语文课程里是不是也该如此，确然是个疑问。着眼在背景、头绪、需要、结构、规律等等方面，也许可以使学习的人受用得多吧。而这样的着眼，必然有若干篇章虽属好菜，可不在入选之列。这当然也值得试办。

三

吕叔湘先生这部《笔记文选读》就是按照以上主张试办的语文教本。专选文言，为的是希望读者学习文言，达到精熟的地步。文言之中专选笔记，笔记之中又专选写人情，述物理，记一时的谐谑，叙一地的风土，那些跟实际人生直接打交道的文字，为的是内容富于兴味，风格又比较朴实而自然，希望读者能完全消化，真实得到营养。没经过试用，效果如何不敢说。假如有些有心的老师采取这个本子好好的教学生，或者有些有志的青年采取这个本子认真的自己研读，那成绩是好是坏（好就是说比较白话文言混合学习的时候，文言的程度见得高强，坏就是说见得不如），就可判定这个本子的效果是正是负，同时也约略可以判定有了二十年传统的语文教本需要不需要改革。

对于文字写成的篇章，一般人心目中都有普通文跟文学作品的分别。若问什么是普通文，什么是文学作品，似乎又不容易说清楚。现在且不谈这个，单就人生日用上说，一个人不一定要写一般心目中的文学作品，可必须写一般心目中的普通文。看见什么，听见什么，记得下来，想到什么，悟到什么，写得出来，只要写记的大致不走样，文字方面没有毛病，给人家看可以了了，这样一个人在写作方面也就很可以满足了。这些正是普通文；按体类说，又多半是记叙文。除非对宇宙人生有所觉解，像老子，人不会想写一部《道德经》；除非身处政界，感触很深，意欲有所劝惩，像欧阳修，人不会想写一篇《朋党论》。这儿且不问《道德经》跟《朋党论》是普通文还是文学作品，总之可见论说文跟著述文在多数人是不大写的。给多数人预备语文教本，一半总带着供给写作范式的意思。那自然该多选记叙文，少选论说文跟著述文，甚至完全不选。吕先生这个选本，取材以笔记为范围，几乎全是记叙文，对于读者日常写作该会有不少帮助。在阅读的当儿，同时历练观察的方法，安排的层次，印象的把捉，情趣的表出。这些逐渐到家，就达到什么都记得下来，什么都写得出来的境地。并且，这些跟白话文言不生关系，从这儿历练，对于白话的写作同样的有好处。

这个选本有吕先生写的“注释与讨论”。这是所谓指导工作，属于老师分内的事儿。通行的语文教本也有加入这一部分的，可是平心地说，并非阿其所好，吕先生的才真做到了“指导”。他用心那么精密，认定他在指导读者读文言，处处不放松，他使读者不但得到了解，并且观其会通。在现在青年，文言到底是一种比较生疏的语言，不经这样仔细咬嚼，是很难弄通的。他的指导又往往从所读的篇章出发，教读者想开去，或者自省体验，或者旁求参证。这无关于文言不文言，意在使读者读书，心胸常是活泼泼地，不至于只见有书，让书拘束住了。愿意读者好好地利用这个本子。

《开明新编国文读本（甲种）》序*

我们编这部读本，预备给自修国文的人用。如果教师们认为可采作学生的补充读物，或者径作讲读的材料，都可以。

白话文言混合教学的办法，是民国十一年编订新学制课程标准的时候开的头，到如今二十多年了，没有改变。有些人关心这件事情，以为混合教学虽有比较与过渡的好处，也有混淆视听与两俱难精的毛病。二十年来国文教学没有好成绩，混合教学也许是原因之一。他们主张分开来教学，读物要分开来编。我们觉得这个话有道理。这部读本就分开来编，甲种六册专选白话，乙种三册专选文言。到底比混合编的本子好还是不好，当然要待试用了相当时期之后才知道。

我们编这部读本，第一，希望切合读者的生活与程度。就积极方面说，足以表现现代精神的，与现代青年生活有关涉的，为现代青年所能了解，所能接受的，才入选。第二，希望读者读了这部读本，自己去读成本的书，所以一部分的材料是从成本的书中节录出来的。自修国文不

---

* 选自叶圣陶、周予同、郭绍虞、覃必陶编：《开明新编国文读本（甲种）》，开明书店 1946 年版。

能单靠一种读本，要多看成本的书才容易见功效。第三，既称读本，文字形式上应该相当的完整，所选文篇如有疏漏之处，我们都加上修润的功夫。这是要请各位作者原谅的。为着读者的利益起见，想来一定能蒙各位作者原谅。

在每篇文字之后，我们写了短短的几句，或是指点，或是发问，意在请读者读过以后，再用些思索的功夫。可以思索的当然不止这些个，我们写的不过举例而已。

这部读本另外有一种本子，后面不附注释。读者可以就需要选用一种本子。

《开明新编国文读本（乙种）》序*

我们编这部读本，预备给自修国文的人用。如果教师们认为可采作学生的补充读物，或者径作讲读的材料，都可以。

白话文言混合教学的办法，是民国十一年编订新学制课程标准的时候开的头，到如今二十多年了，没有改变。有些人关心这件事情，以为混合教学虽有比较过渡的好处，也有混淆视听与两俱难精的毛病。二十年来国文教学没有好成绩，混合教学也许是原因之一。他们主张分开来教学，读物要分开来编。我们觉得这个话有道理。这部读本就分开来编，甲种六册专选白话，乙种三册专选文言。到底比混合编的本子好还是不好，当然要待试用了相当时期之后才知道。

在甲种本的序文里，说了我们编这部读本的宗旨与方法。这是乙种本，专选文言的，单就文言教学说几句。一个青年开头读文言，语汇与文法大多是生的，就一个个字看，也许都认得，把许多字连起来看，可不知道说些什么。因此，语汇与文法得一点一滴地教学，又得研究各各

* 选自叶圣陶、徐调孚、郭绍虞、覃必陶编：《开明新编国文读本（乙种）》，开明书店 1947 年版。

的用例，与白话对照、比较。经验累积得多了，才可以达到通晓的地步。老师的指点固然很关重要，可是读者自己多读多想尤其要紧。能够熟读当然最好，因为熟读就是把那种话（文言）说惯了。

乙种本选的多数是短篇。要逐字逐句地揣摩，短篇才不至于引起厌倦。各篇的内容都是现代青年所能了解，所能接受的。就体裁说，以记叙文为主。文言的议论文在历来的国文教学上已经发生了不少毛病，所以我们选议论文特别谨慎。

在每篇文章之后，我们写了短短的几句，大多关涉文法方面。能在文法方面多加思索，距离通晓文言的境界也就不远了。可以思索的当然不止这些个，我们写的不过举例而已。

这部读本另外有注释本，各篇都有详尽的注释。读者可以就需要选用一种本子。

《开明文言读本》编辑例言*

我们编辑这套读本，有两点基本认识作为我们的指导原则。第一，我们认为，作为一般人的表情达意的工具，文言已经逐渐让位给语体，而且这个转变不久即将完成。因此，现代的青年若是还有学习文言的需要，那就只是因为有时候要阅读文言的书籍：或是为了理解过去的历史，或是为了欣赏过去的文学。写作文言的能力决不会再是一般人所必须具备的了。第二，我们认为，在名副其实的文言跟现代口语之间已有很大的距离。我们学习文言，应该多少采取一点儿学习外国语的态度和方法，一切从根本上做起，处处注意它跟现代口语的同异。也许有人要说，很多文言词语都已经在现行的国语读本里出现，这样渐渐学会文言并不难，何必还要无中生有地去辨别同和异？我们承认有这种趋势，可是我们要指出，它的不良的效果已经昭昭在人耳目，就是产生了一种陆志韦先生说的“八不像”的白话文。① 所以这个趋势应该纠正，不应该再直接间接加以鼓励。

---

* 选自朱自清、吕叔湘、叶圣陶合编：《开明文言读本》，开明书店 1948 年版。

① 原注：《观察》四卷九期，陆志韦《目前所需要的文字改革》。

这两点认识决定了我们的选材和编制。我们把纯文艺作品的百分比减低，大部分选文都是广义的实用文。我们不避“割裂”的嫌疑，要在大部书里摘录许多篇章；我们情愿冒“杂乱”的讥诮，要陈列许多不合古文家义法的作品。我们既不打算提供模范文给读者模仿，而阅读从前的书籍又的确会遇到各种风格的文字，我们为什么不能这么办？可是我们的选材也有一些限制，凡是跟现代青年的生活经验相去太远，是他们无论如何难于理解的，一概不取。先秦的作品，生僻的词语太多的，也尽量少用。

现在通行的国文课本，大率从初中第一册起文言就占了小半的篇幅，高中的六册更几乎是清一色的文言。拿分量来说，可算是很重了。但是学习的成绩往往并不如理想的好。我们相信，要是起头学习就一丝不苟，不囫囵，不躐等，有三年工夫该能养成阅读普通文言书籍的能力。所以我们这套读本只有六册，若是学校里采用做教本，可供高中三年之用，大约每星期上课三小时可以教完，还留下一部分时间供语体文的教学。我们是主张初中不要教文言的，若是要采用本书，也只能以一、二两册为限，可以放在第三年或分在第二、第三年教。

以上说明全书的大概。关于第一册，得另外再说几句话。第一册纯粹是个启蒙的性质。我们在卷首预备了一篇导言，说明文言和现代语的种种区别，并且罗列了一百多个普通称为虚字的字，把它们的用法分项举例说明①。每篇的后面有：（1）“作者及篇题”，对于这两者作简单的说明。（2）“音义”。（3）“古今语”解释文篇里的词语：现代语里

---

① 原注：虚字这一部分主要是供检查参考，完全没有读过选文的对于这里面所引的例句也许不能完全明白。

已经完全不用的字，人名地名，事实和制度的说明等等归入“音义”，现代语里形式略变或意义略变，还有限制地使用的字归入“古今语”。不加注释的就是跟现代语里形式和意义完全相同的字。（唯一的例外是加“子”尾“儿”尾的字，为省事起见，也不入注。）（4）“虚字”这一项里面只把本篇的虚字在导言里的节数标明，除例外用法之外不再注解。① （5）“文法”项下指出除虚字以外的文法上可注意的事项。（6）“讨论及练习”包括对于选文内容，文章形式，词语应用等各方面的讨论，以及翻译和造句的练习。翻译只有把文言译成现代语的一种，目的在促进读者对于选文的更确实的了解。造句的练习也还是为了增进读者对于文言字法句法的认识，并不希望读者能由此习作文言。在所选的四首诗后面又增加“诗体略说”一项，说明各诗的体制用韵等等。

在“音义”和“古今语”这两栏，我们用了少数符号和一个缩语来替代普通的解释词语，这里举例说明：

～　代表（1）方头括号里的字，例如：【惭】～愧。【渐】～～的。（2）方头括号里的同地位的字，例如：【制钱】小～。【穿窬】～山。（3）方头括号里的两个字，例如：【中外】～国～国。

＝　意义相同。例如：【慎】谨～（＝小心）。

≠　意义不同（后一意义比较常见，在这里有误会可能）。例如：【卒】当差的，≠兵。【叹】赞美，≠～气。

≡　等于另外一个字（在后的一个比较常见）。包括两种情形：（1）这两个字到处一样，从前所谓“同”，例如：【麤】≡粗。（2）在某

① 原注：在头上四篇，差不多每个虚字都这样指明；第五篇以后，少数常用虚字的常见用法（都已见于前四篇）从略。如需检查，可看目录。

一意义，这两个字一样，从前所谓“通”，例如：【反】回来。(≡返。)

≠　字形相近，注意辨别。例如：【彊】强横。(≡强，≠疆。)

今只　(1) 在逗号之后，表示这个意义现在只见于合成语。例如【足】够，今只～够，满～。但：【易】今只容～，省作：【易】容～，“易”字现在也不能单用。(2) 在句号之后，表示这个字现在只用于另一意义。例如【谨】恭敬。今只～慎。【素】白。今只=纯色（～的，不是花的）。

我们这种注释的办法，尤其是“古今语”一栏的一部分，如：【一日】～天，【上】～头，【偶】～然，这些都入注，似乎是多余的，可是我们相信，对于一个完全没有接触过文言的青年，这些注释的绝大多数是有需要的。有少数不注也可以明白的，注了也能帮助他确定古今形式的不同，对于他在语体方面的学习也不无益处。

第一册选文十六篇，诗四首，排列的次序大体是依照文字的深浅，也就是古字古义的多少，可是也有为了别种考虑而略为变通的。前半册最好依着排定的次序读下去，后半册要稍微改变也没有什么不可以。

《开明新编高级国文读本》编辑例言*

我们继续《开明新编国文读本》来编这部读本。这部读本叫作《开明新编高级国文读本》，“高级”是就文章里思想情感的性质和表现说的。这部读本里的文篇一般的要比头一部里的复杂些，在了解和欣赏上需要的经验和修养多些。如果头一部的对象是初中的青年，这一部的对象就是高中的青年。但是这两部读本是衔接着的。这部读本还是预备给自修国文的人用。如果教师认为可采作学生的补充读物，或者径作讲读的材料，都可以。

白话文言混合教学的办法，是民国十一年编订新学制课程标准的时候开的头，到如今二十多年了，没有改变。有些人关心这件事情，以为混合教学虽有比较与过渡的好处，也有混淆视听与两俱难精的毛病。二十年来国文教学没有好成绩，混合教学也许是原因之一。他们主张分开来教学，读物要分开来编。我们觉得这个话有道理。这部读本六册就专选白话，另外编一部《开明文言读本》，专选文言。

---

* 选自朱自清、吕叔湘、叶圣陶合编：《开明新编高级国文读本》，开明书店 1948 年版。

我们编这部读本，第一，希望切合读者的生活与程度。就积极方面说，足以表现现代精神的，与现代生活有关涉的，为现代青年所能了解，所能接受的，才入选。第二，希望读者读了这部读本，自己去读成本的书，所以一部分的材料是从成本的书中节录出来的。自修国文不能单靠一种读本，要多看成本的书才容易见功效。第三，既称读本，文字方面不得不特别注意，所选文篇如有疏漏之处，我们都加上修润的功夫。这是要请各位作者原谅的。为着读者的利益起见，想来一定能蒙各位作者原谅。

每篇的后面分列“篇题”“音义”“讨诊”“练习”四栏。“篇题”说明本篇的体裁、用意、性质和作者的经历与作风。如果是从成本的书中节录的，并且说明那全书的性质以及跟本篇相关的前后节目。“音义”就是头一部读本的“注释”，还是用白话。注的词语大概限于人名地名、专门术语、翻译的词语、文言成分、方言、旧白话。人名地名、专门术语、翻译的词语和旧白话，容易见出，方言也大都特别提明，剩下的就差不多全是文言成分。这些文言成分和旧白话，一部分会上我们的口成为现代的白话，更多的一部分却正在淘汰的过程中。读者如果有上口的合用的词语，写作最好不必再用这些。“音义”栏里我们用了少数符号来替代普通的解释的词语，这里略加说明。

（1）～，代表方头括号里的字，如【半晌】～ㄕㄤˇ。

（2）＝，意义相同，如【筋头】＝跟头。

（3）≠，意义不同，如【愣】ㄌㄥˋ，副词，硬，不能通融，≠发呆。

（4）≡，等于另外一个字，从前说“同”或“通”，如【衒学】夸耀学问。衒≡炫。

(5) ≠，字形相近，注意辨别，如【和藹】～ㄞˇ，和气一团。藹≠靄，ㄞˇ，云气，烟气。

至于注音，全照《国音常用字汇》。《字汇》里没有的字，照说话的音注出。

“讨论”全用发问的方式。读者从这些问题里可以学习分析文篇的方法，知道怎样把握要点，贯穿脉络，怎样看字面，怎样看字里行间。这里其实要分析和综合并用才成。这样才能了解和欣赏，也才能学习怎样表现。“练习”除了背诵或默写以及指出某一类特别的表现法外，也都用发问的方式。这里提出结构的分析，词语的讲解，句式和比喻的运用等。句式属于文法，比喻属于修辞，结构属于文章作法。这部读本里并不系统的讲到这些，但是在“音义”和“练习”里常常提出具体的文法问题，如词语的形声、结构、意义等。偶然用到文法术语，大多采用一般通用的。关于文法的说明，我们希望教师和读者用王了一先生的《中国语法纲要》（开明）和叔湘的《中国文法要略》（商务）做参考。在“练习”里也常提出修辞问题和作法问题，如隐喻和篇段的结构等。我们注重的是应用，不是理论，所以采取这样一点一滴的办法。“讨论”和“练习”两栏里的问题有时候并没有严格的分界，要看文篇的性质而定。总之，我们希望读者能够得到实际的益处。

这部读本的分册是由浅入深的。每册里文篇的排列大致也如此，但是还参照着体裁和内容，让读者比较学习，有个清楚的路线。就体裁而论，大致一、二册记叙文描写文多些，说明文议论文少些，以后说明文和议论文逐渐加多，五、六册记叙文描写文就比较少了。这部读本里选的诗比别种读本多些，为的是新诗不但已经有了独立的地位，并且有了多方面的发展，想来读者也乐意多读些的。每册里的文篇长短不拘，因此每册的篇数也不划一，不过总在二十篇到二十五篇之间。我们不避长文，为的是免得读者感到单调，并且希望培养读书的耐性。再说学习写作，一方面固然要求简炼，另一方面也得要求发挥。双方并进，才能培养自由表现的能力。

《大学国文（现代文之部）》序*

这个选本的目录，原先由北京大学跟清华大学的国文系同人商定，后来加入了华北人民政府教育部教科书编审委员会的同人，三方面会谈了几次，稍稍有些更动，成为现在的模样。一共三十二题。毛主席的《在延安文艺座谈会上的讲话》列入目录，可没有把全文印在里面，因为这篇文章流传得很普遍，哪儿都可以找到。这是“现代文之部”，另外还要选编个“古典文之部”，跟这个本子相辅而行。

我们选材的标准不约而同。那些怀旧伤感的，玩物丧志的，叙述身边琐事的，表现个人主义的，以及传播封建法西斯毒素的违反时代精神的作品，一概不取。入选的作品须是提倡为群众服务的，表现群众的生活跟斗争的，充满着向上的精神的，洋溢着健康的情感的。我们注重在文章的思想内容适应新民主主义革命的要求，希望对于读者思想认识的提高有若干帮助。就文章的体裁门类说，论文、杂文、演说、报告、传叙、速写、小说，都选了几篇。这些门类是平常接触最繁的，所以我们

* 选自华北人民政府教育部教科书编审委员会编：《大学国文》，新华书店 1949 年 10 月初版。

提供了若干范例。

现在想向读者——大学一年级同学——说几句话。

我们曾经考虑过大学国文的目标：中学毕了业进了大学还要读国文，到底为什么？对于中学国文教学的现况跟成绩，我们也知道一些，可是同学们感受得深切，知道得更多。正好清华大学今年入学考试的几个国文题都涉及国文教学，从试卷里看来，大部分同学都说在中学里没有把国文学好，写作能力差，希望进了大学好好地学一学。说到原由，有的怪自己不肯认真，没有努力，有的怪教师教法不好，诱导无方。看看试卷的文字，写作能力差是真的。我们这就决定：大学国文的目标应当卑之无甚高论，就在乎提高同学们的写作能力。写作能力跟阅读能力有关联，阅读得其道，无论在思想吸收方面或者技术训练方面，都是写作上的极大帮助。现在说写作能力差，大概阅读能力也不见得没有问题吧。而且，即使不管写作，阅读能力也非常切要，吸收的途径虽然那么多，阅读到底是最宽广的一条。因此我们修改我们的决定：大学国文的目标就在乎提高同学们的阅读能力跟写作能力。

我们首先希望同学们记住事实，记住自己的阅读能力跟写作能力还差。这个差呀，倒不在乎考试考不好，分数得不多，重要的是自己生活上不够受用，不能够充量地吸收，适当地表达。为了受用，无论准备学文法的，学理工的，都得好好地把国文补修一下。至于怪自己，怪教师，甚至怪传统的教育精神以及国民党反动政府的教育措施，固然也是探究根源的时候应有的事儿，但是更重要的还在认清楚自己的欠缺在哪儿。仅仅怪这个怪那个没有用处，认清楚了欠缺所在，补修才有准确的方向。

其次，要知道所谓能力不是一会儿就能够从无到有的，看看小孩子养成走路跟说话的能力多麻烦。阅读跟写作不会比走路跟说话容易，一要得其道，二要经常的历练，历练到成了习惯，才算有了这种能力。说阅读跟写作的能力差，并不指没有阅读过，没有写作过，是指以往的阅读跟写作还不怎么得其道，因而经常的历练多半成了白费，不能够养成好习惯。现在要来补修，当然得竭力争取得其道，跟着还得经常地历练，才可以收到实际的效果。

又其次，要知道国文选本只是个凭借，争取得其道不能够空口说白话，有了凭借，历练才有着落。以往阅读是怎样的，大家自己有数，如果发觉其中有些不妥当处，现在阅读这个选本就改变个方法，新的历练从此开始。从此开始可不就此终止，除了这个选本，阅读其他的东西同样地改变个方法，这就逐渐地养成受用的好习惯，也就是阅读能力逐渐地在那里加强起来。不在读法方面多注点儿意，阅读十个选本也是徒然，不用说一个。对这个选本注了意，不能说为了它是选本才注意，应该认清楚阅读无论什么东西都得这样注意，要不就是草率从事，可能临了儿读了跟没有读一样。常言道“举一反三”，选本的阅读是举一，推到其他东西的阅读是反三，一贯的目的在养成阅读的好习惯，加强阅读能力，一辈子受用：这一点，希望同学们仔细体会，深切同意，并且认真实践。

同学们在中学的时候，国文课也许习惯了听教师的讲解，教师逐字逐句地讲下去，听完他一篇又是一篇。课外当然看些书报，也许习惯了粗枝大叶的看法，匆匆看过就放了手。情形如果像这样，吃亏就在这上头。听教师逐字逐句的讲解是最省事可是最少效果的事儿。理由很简单，你不能够一辈子请教师给你逐字逐句地讲解。你上国文课，目的原在养成独立阅读的能力，专靠教师的讲解距离独立阅读可太远了。课外看些书报诚然是独立阅读，可是你又“不求甚解”，以致什么东西看过了又好像没有看过。现在要改善阅读习惯，加强阅读能力，不能不反其道而行之，尽量地做到独立阅读，独立阅读又尽量地求其不马虎。

怎样才是不马虎？不妨在这儿提出一句口号：了解第一。无论理性的文章或者感性的文章，你要接受它，信从它，欣赏它，感受它，辨正它，批评它，首先必须了解它，否则什么都会落空。了解作者写作的时代跟环境。就文章本身而言，了解文章里作者思想发展的途径最为切要。除了信笔乱写的东西，一篇文章总有个中心，一部书也有个中心，作者的思想怎样从开头逐步发展，环绕着那个中心，把那个中心雕啊刻的让读者能够认识，能够感动，这非了解不可。了解了这个，你才跟作者合得拢在一块儿，你才有接受它，信从它，欣赏它，感受它，辨正它，批评它的资格。要达到这样的了解，自然得用分析的功夫。哪一部分是主要的意旨，哪一部分只是疏解、阐明、描摹、衬托，这一些又各有什么样的作用，必得条分缕析地认清楚才成。同时对于一个语词一种句式也不容忽略，作者用的这一个语词这一种句式，表达的是什么样的意念跟情态，都要毫不含糊地咬个实。一个小节的欠缺了解会妨碍通体的彻底了解，认识全牛不能够放过皮毛、肢体、脏腑跟窾郤。熟极生巧的时候固然可以不费多大心思就达到彻底了解，学习的时候可不应该过分珍惜你的心思。

在学校里修习又有一种好处，自己在课前准备是独立阅读，到上课时候又可以集体阅读。集体阅读如果采用讨论的方式，大家提出问题，彼此解答、辩论、纠正、补充，这就弥补了独立阅读的不足。讨论惯了的时候，眼力更敏锐了，心思更致密了，往后的独立阅读必然会更进一步。这当然不及坐在那里听教师逐字逐句讲解那么省事，可是兴趣好得多了，自己的受用多得多了，尤其重要的还在自己的受用多。要知道以往咱们学校里的各种功课，国文教学受的传统影响最深，书塾的一套办法传到学校的国文课，这是国文教学劳而少功的一个原因。现在要在国文教学收实效，要让同学们多多受用，必须摆脱传统影响，排除书塾的一套办法，由同学们独立阅读同时集体阅读。

再说写作。首先要理解的，是咱们生活上有写作的需要，所以要学习写作，认真写作。写作不是一件装饰品，借此夸奇逞强的。写作的需要大家都有，不必多说。有些人说没有什么可以写的，似乎他们没有需要，其实是他们不曾习惯，因而不能够自觉罢了。一般人感觉写作的困难在拿起笔来的时候，好像一堆乱丝摊在面前，理不出个头绪来，或者好像看见个朦胧的影子，定神看去可看不真切。这种情形通常总说是写作能力差，实际是思想过程还没有完成。写一篇文章或者一部书，像说一番话或者作几次连续的演说一样，是一连串的思想过程。事前想熟了，想通了，那条途径了然胸中，拿起笔来就可以毫不迟疑，一挥而就。这与其说是不假思索，不如说是先有了腹稿，腹稿的意思就是思想过程完成在动笔之前。至于拿起笔来感觉困难，原由在事前没有想熟想通，这就不能不一边写一边想，随时还得加加减减，修修改改，无非为的完成那思想过程。完成思想过程其实也不太难。要表达什么样的主旨，自己哪有不知道的？所用的材料，直接经验的或者间接得来的，又都有在自己的胸中，只要以主旨为依归加上取舍跟安排，一条途径就成立了。固然，途径未必仅有一个方式，可以这样发展，也可以那样发展，同样地表达了主旨，可是愿意仔细想的总能够找着某一个惬当的方式。把没有完成当作已经完成看，就想一挥而就，那当然感觉困难。知道它还没有完成，完成它就不难了。咱们每天认识些事物，研究些问题，习惯地完成一串串的思想过程，写作不过是把它写到纸面上去罢了，并不是什么特别稀罕的事儿。

其次，写作所用的工具是语言，写下来就是文字，为了种种的理由，现代人要写现代的语言，这当然达到一个结论：语文一致。口头的语言或许不免凌乱些，芜杂些，写到纸面上去可得求其精确、整齐、干净。这个要求并不是另外去造一种异样的语言，只是把语言运用得更精练一些，它仍然是现代的语言，仍然是语文一致。咱们为了生活上的实际需要，从小就学习语言。平时听人说话，对人说话，阅读书籍，写作文章，一方面为了实际需要，一方面也是在那里学习语言。在学习的过程中，如果有几分自觉心，随时揣摩，分析，比较，什么样的语言才算精确的、整齐的、干净的，得到了解不太难。根据了解的自求改进，只要持之有恒，养成习惯，提高语言也不太难。重要的是那种自觉心，我们愿意在这里特别指出。不一定要系统地研究逻辑学、文法学跟修辞学。能够不脱离生活实际，究明语言跟生活实际的关联，一点一滴的收获自然都会合于逻辑学、文法学跟修辞学，这些学问原来从生活实际中来的。拿起笔来如果感觉语言方面有困难，那该怪以往没有那种自觉心，虽然经常的听、说、读、写，可不曾对语言注点儿意。来者可追，从今为始就得提起那种自觉心。只要一提起，就会觉得随时有可以注意的材料，也就是随时可以做揣摩、分析、比较的功夫，于是提高语言将是必然的后果。语言提高了，临到写作更不用多花心思在推敲语言上，怎样想就怎样说，怎样说就怎样写，好似一股活水自然流注，没有半点儿阻碍。熟习写作的人就是达到了这个境地的。为了写作在生活上的切实应用，谁都该鼓励自己达到这个境地。

到这儿可以说一说写作跟读物的关系了。咱们拿读物到手，研读它，目的固然在彻底了解它的内容，挑那好的有用的来滋养咱们的生活。前面说过，要达到彻底了解，得用分析的功夫，辨认作者思想发展的途径，这个功夫同时就训练了咱们的思想习惯。再说，咱们跟作者之间的唯一的桥梁是语言文字，咱们凭借语言文字了解作者所想的所感的，不能不像前面说过的，提起那种自觉心，注意他怎样运用语言文字。注意他怎样运用语言文字，同时就训练了咱们的语言文字的习惯。写作可以从读物方面得到益处主要在这些地方，并不在摹拟仿作，依样葫芦。摹拟仿作是一种玩艺儿。咱们写作是生活上有这个需要，自己有东西要表达出来，决不该让它成为玩艺儿。

希望同学们考量我们在前面说的话，如果认为有意思，就请采纳。阅读跟写作的能力的提高是逐步逐步来的，即使以往不怎么得其道，从研读这个选本开始也不嫌迟，只要能够认真，当一回事儿。临了儿，请不要忘了一年之后估量自己的成绩。

《大学国文（文言之部）》序*

这个选本的目录，由北京大学中国文学系、清华大学中国文学系、出版总署编审局三方面的同人共同商定。本来想把它叫作“古典文之部”，后来觉得“古典文”这个名儿需要解释，人家单看名儿不看解释容易发生误会，就改作“文言之部”。“文言”这个名儿包括的体裁固然多，可是简要地说，它指称古代绝大部分的笔头语，决不是现代咱们口头的语言。这样的认识差不多是一致的，用上了它，谁都可以一望而知，不生误会。

在“现代文之部”的序文里，我们说过大学国文的目标在乎提高同学们的阅读能力跟写作能力。现在就文言说，只消上半句就够了。文言有阅读的需要。就浅近的说，找参考书，不能单看现代的，有时要看古代的跟近代的，古代的跟近代的书大部分用文言编写。还有，大学里有些课本，尤其是理工方面的，也用文言编写。当然，咱们希望今后的大学课本一律用现代文编写，可是摆在咱们面前的有文言的，你要读得下

* 摘自《大学国文（文言之部）》，新华书店1950年5月初版。收入本书时略有删节。

去，就得学习文言。至于写作，那全是自己的事儿，自己有什么意思要表达出来，当然使用最便利的工具，最便利的工具是口头的语言。用文言写作没有实际上的需要了，所以下半句写作能力的话可以不提。

根据以上的认识，我们商定大学同学学习文言的目标是：培养阅读文言书籍从而批判地接受文化遗产的能力。这个目标跟国粹主义完全不同。抱定国粹主义的以为唯有文言书籍值得读，里头有东西。读的时候又得全盘接受，要做的功夫只在疏解跟阐发，能够疏解，就是接受过来了，如果还能够阐发，那是接受得更深切的表现。以往的国文教学往往有这个倾向，实在是承袭了很久以来教育的传统。现在时势转变，大家知道这个旧传统不应该再承袭下去了。可是国粹主义的影响恐怕不容易立刻摆脱，碰到文言又会不知不觉地回上老路去。因此，对于我们商定的目标还得说一说。

普遍用白话写东西从“五四”开的头，到现在只有三十多年，在“五四”以前，绝大多数的书籍是用文言写的。那些书籍当中多少包含着有价值的东西，表现出人类追求真理的努力，值得咱们来学习，来接受。当然，所谓有价值并不等于十全十美，也许还有不少的缺点跟错误，那是因为作者受了时代、阶级、认识的限制，追求真理只能够达到一定的程度。咱们只要用批判的眼光阅读那样的东西，就可以撇开它的缺点跟错误，看出它好的正确的一方面。并且，从这儿还可以看出人类怎样一步步地向前探索真理，因而加强咱们对于真理的把握。过左的想法以为非现代的东西一律要不得，无条件地给它个排斥。那就割断了古今的关联，一切都得从今开始，自然没有什么接受文化遗产的问题。咱们相信古今的关联是割不断的，文化遗产是需要接受的，所以咱们要磨炼批判的眼光，要用批判的眼光阅读以往的书籍。不用说，磨炼批判的眼光决不单靠阅读以往的书籍，主要还得靠政治思想跟文化知识的提高。文化遗产也决不限于以往的书籍，其他方面还有的是。可是，要想把批判的眼光用在书籍这一宗文化遗产上，能够读通文言是个必要的先决的条件。我们的希望并不怎么样大，我们只希望大学里的同学懂得文言的基本常识，获得阅读文言的普通能力，在接触到以往的书籍的时候，能够用批判的眼光来读它：就是这样。

目标认定了，我们还得重复“现代文之部”的序文里说过的话，“要知道国文选本只是个凭借”，“有了凭借，历练才有着落”。但是，单靠这个选本，单读这么三二十篇东西，是来必就能够达到目标的。必须在阅读选本的时候切实运用好方法，又用这些好方法去阅读其他的东西，这才可以逐渐的养成一辈子受用的好习惯。“不在读法方面多注点儿意，阅读十个选本也是徒然，不用说一个。对这个选本注了意，不能说为了它是选本才注意，应该认清楚阅读无论什么东西都得这样注意，要不就是草率从事，可能临了儿读了跟没有读一样。常言道‘举一反三’，选本的阅读是举一，推到其他东西的阅读是反三，一贯的目的在养成阅读的好习惯，加强阅读能力，一辈子受用。”

我们编辑这个本子，预先选了数目超过两倍的文篇，淘汰了好几回，才确定现在这个目录。对于入选的文篇，依据我们的目标，定了些标准。有爱国思想的，反对封建迷信的，抱着正义感，反抗强权的，主张为群众服务的。就思想方法说，逻辑条理比较完密的，我们才选它。换句话说，那篇东西在那个时代那个环境那些条件之下是有进步性的，我们才选它。咱们不能要求古人的想法全合于现今的思想政治水平，咱们对于古人的东西必须批判地接受，选读前面所说的一类东西，跟实际并不脱离，同时又便于磨炼批判的眼光。

我们也考虑过教学分量的分配，决定现代文占三分之二，文言占三分之一。如果咱们承认大学国文为的是补修，最要紧的当然是现代文，分量应当多些。按教学时间来说，我们希望把三分之二的时间给现代文，三分之一给文言。或许有人要问："现代文之部"将近三百面，不算少，又加上这个"文言之部"，教学时间可只有一年，读得完吗？我们说：读不完没关系，反正选文只是个凭借，尽可以按二与一之比，在两个本子里头挑来读。剩下的部分呢，留在课外去读。我们说过课内阅读只是举一，在课外阅读剩下的部分正可以反三。如果有个别的班次或者个别的同学国文程度差不多了，不必再花功夫补修，自然可以免修，或者在现代文跟文言里头免修一种。不过我们要郑重提醒，在决定国文程度是否差不多的时候，必须经过精密的考查。这不单是教师的事儿，同学们尤其应该了解，实际需要补修而错过机会不补修，吃亏不仅在同学们本身。

《课本中的数字使用问题》跋*

辛安亭先生这篇文章大有意义，咱们应该仔细地读。

书本里列入一些数字，一要正确可靠，二要体例一致，三要想清楚为什么要这些数字。这几点其实是编辑工作方面的一般要求，不是什么太高的要求。唯有做到了这几点，数字对读者才有用处，否则就是徒乱人意，甚至是让人上当。

读了这篇文章，该会领会到一层意思：咱们往后再不能看见数字就抄，像我们苏州人说的“拉在篮里就是菜”了。别处的数字只是咱们的原料，咱们对这一堆原料必须先作一番审查、整理、选择的功夫，把它化为当前合用的材料，然后写在咱们的书里。编课本应该如此，写旁的书也应该如此，因为出版物决不能徒乱人意，尤其不能让人上当。

---

* 原载人民教育出版社内部刊物《编辑工作》第 2 期，1954 年 4 月 12 日。本文是作者为辛安亭《课本中的数字使用问题》一文所作的跋。

语文教学参考资料示例*

绝句四首

望庐山瀑布　（李白）

日照香炉生紫烟，遥看瀑布挂前川。
飞流直下三千尺，疑是银河落九天。

早发白帝城　（李白）

朝辞白帝彩云间，千里江陵一日还。
两岸猿声啼不住，轻舟已过万重山。

绝句四首之一　（杜甫）

两个黄鹂鸣翠柳，一行白鹭上青天。

* 选自叶圣陶著：《叶圣陶集》（第16卷），江苏教育出版社2004年版。原载《语文学习》1955年第6期，原题为《“绝句四首”教学参考资料》，署名人民教育出版社中学文学编辑室。本文作于1955年3月27日。

窗含西岭千秋雪，门泊东吴万里船。

登鹳鹊楼　（王之涣）

白日依山尽，黄河入海流。

欲穷千里目，更上一层楼。

关于课文和作者

李白（701—762）　字太白。他的少年时代是在四川省西部度过的。壮年出川，到各地漫游，想找机会发展自己的才能。但是他蔑视当时的权贵，不肯向他们低头，虽然一度得到唐玄宗的宣召和优待，终于受权贵排挤，不得志而去。“安史之乱”，他和一般人民同受流离之苦。为爱国心所驱使，他参加了永王李璘（唐玄宗第十六子）的军幕。才两三个月，永王被肃宗当作叛逆者消灭了。李白也被看作大逆不道，投入监狱，后来流放夜郎（在现在贵州省），中途被释放了。这时他已五十九岁，又过三二年，他在穷困流浪中病死当涂（现在安徽省当涂县）。

他大半生是在盛唐时期（唐玄宗开元、天宝之间的四十多年）度过的。那时候社会经济比较繁荣，文化也有相当发展。在李白之前，已有个别诗人力图改变旧时柔靡轻艳的诗风，摆脱词藻、声律的束缚；李白继承前辈，更大胆地开创新作风，追求自由解放，从民间文艺吸收养料，使自己的诗具有清新刚健的风格。

杜甫（712—770）　字子美。他是初唐诗人杜审言的孙子，从小就承受很好的家学。二十岁开始漫游各地，和当时诗人交游。三十五岁起，他在长安住了十年，亲眼看到统治集团的骄奢荒淫，看到人民遭受苛敛和兵役的痛苦。他写了不少诗歌来反映这些现实情况，并表达了对国事的忧愤。四十四岁以后，遭遇“安史之乱”，前后五年间，他生活上经过许多折磨，还一度被掳，困处在沦陷的长安。由于生活体验的更加深刻，他这一时期的诗作更深切地反映了当时的社会矛盾和人民苦难。晚年因为中原战乱不休，辗转进入四川，得到友人帮助，在成都城南筑了一座草堂，居住下来。过了几年，又乘舟东下，寓居夔州。最后离夔州，出三峡，飘流无所归，病死在湘江船上。这年五十九岁。在入川出川的十来年里，他又写了不少诗篇，一贯表现着关怀祖国、关怀人民的感情。他的诗对当时和后代的诗歌创作有很大的影响。

王之涣　唐代天宝年间诗人，生卒年代和生平事迹都不详。

课文分析

这四首诗都描写自然景物。诗人选定这些景物，用种种印象来描写，因为他们对这些景物有感情。描写了景物，就表达了感情，这叫“因景抒情”。

《望庐山瀑布》这首诗洋溢着赞颂庐山瀑布的感情。香炉峰云气弥漫，林木茂盛，承着太阳光，从远处望去，就只见他蒙着紫烟。在这么一幅背景之前，一道瀑布悬空挂下来，瀑布的白色和香炉峰的彩色相映衬，瀑布的奔泻不息和香炉峰的耸峙不动相映衬，这是多么壮丽的景象。诗人说“飞流”，这个“飞”字，使我们意识到瀑流急速、珠进玉溅的感觉。又说“直下”，使我们加深了这种感觉，直下比斜流更急，是我们固有的经验。又说“三千尺”，这是诗人感觉它该有三千尺，瀑布以这样的高度直泻而下，它的流速更可以想见了。于是诗人设想，这道瀑布大概是天上的银河落到了地上吧，意思就是地上的瀑布哪得有此。他这样赞颂庐山瀑布，正因为他对瀑布有了深厚的感情。

《早发白帝》这首诗表达江行的愉快心情。愉快心情的来源是舟行迅速和迅速的行程中接触两岸的景物。长江里来往，古代只靠木船，木船上水下水，快慢大不相同。就下水说，奉节以下就是三峡了，这一段江流很急，夏秋水涨时候尤其急，舟行非常快。诗人说早晨从奉节开船，那时候山腰里的白帝城承着朝阳，彩云缭绕。在这晴朗的好天气里，一天工夫就赶到了江陵。这样的行程谁不感觉愉快呢？行程迅速，接触的两岸景物就和平时不大一样，种种形状的重崖叠嶂，山上的茂密苍翠的林木全都在眼边掠过，只听见这山那山猿声不断罢了。这当儿发生一种乘风破浪的感觉，好像船身格外地轻，因而感到更大的愉快。

杜甫在乱离之中奔波各地，异常艰辛，入蜀以后在成都草堂住下，才稍微得到安静。那时候他作了好些写景诗，写他的闲适生活。《绝句》这首诗是那时候写的《绝句四首》之一，四句话，四个景，交织在一块儿，显出他的畅快开旷的心胸。黄鹂和翠柳，白鹭和青天，彼此映衬，是多么鲜明的色彩，而且黄鹂在那里叫，白鹭在那里往上飞，色彩、声音和动态构成一片活泼的景色。这景色是比较近的，还有远的呢。最远的景色是西边终年积雪的连峰，也可从窗户里望见。天气不好的日子，那些雪山是望不见的，唯有青天无片云，空气极端清彻的日子才望得见。诗人在这么好的天气里对着这些好景色，心胸的畅快不言可知了。再看最近的门前，江边停泊些船只。船只也平常，可是想到这些船只顺流而下，将通过岷江，进入长江，穿过三峡，直达下游东吴，那就不平常了。国土的广阔，长江的雄伟，诗人颂赞的心情，全都含蓄在“门泊东吴万里船”这一句里。这一句就广大的空间说，和上一句正相对，上一句是就悠久的时间说，今天望见的山上的雪，是千百年来积在那里的呢。诗人虽然住在简陋的草堂里，可是想得这么远，这么久，心胸的开旷不言可知了。

蒲州城南靠黄河，前望中条山，地势高峻，气象雄伟，鹳鹊楼就耸立在蒲州城上。《登鹳鹊楼》这首诗写登楼所见的景象。登楼的时间是傍晚。太阳正挨着中条山，将落未落，显得特别大，这是远景。近景是黄河，黄河承着夕照，滔滔滚滚地东去。在远处，黄河虽然望不见了，可是诗人想见它那股奔流不息、直趋大海的气势。太阳、山、黄河是眼前的实景，大海是想象中的景，四者配合在一块儿，构成这幅壮大开阔的画面，同时表达出诗人当时的豁朗心情。“欲穷千里目，更上一层楼”说出登楼的原由。登高才能望远，这是这一句本身的意思。什么事情都一样，要从高处远处看，才看得广阔，看得全面，这是应该从这一句体会出来的意思。

总起来说，这四首诗都是写景，也都是抒情。描写的景物虽然不同，诗里表达的感情却是共通的，那就是热爱祖国山河、热爱生活的感情。诗人具有这种感情，所以跟景物接触的时候，能够深入描写，放怀高歌。

第一首用了比拟和夸张的方法。说那瀑布“疑是银河落九天”，这是比拟。说“飞流直下三千尺”，形容泉源的高，流势的急，这是夸张。第二首说“千里江陵一日还”，“千里”“一日”也是夸张，形容船走得快。据现在的长江航运里程表，奉节到江陵约三百五十公里，也就是七百里，并没有一千里，一天工夫也不能到达。又，第二首的“万重山”，第三首的“千秋雪”“万里船”，第四首的“千里目”，也都是夸张。这些方法能使描写的对象突出，给人深刻的印象。

三、四两首，单双句两两对称，可以增加谐和整齐的美感。

从上述几点，可以看出诗人们观察的精密，想象的丰富，表现的确切。

这四首都是“绝句”。绝句是中国旧诗（古典诗歌）形式的一种，四句一首，每句字数一般是五字或七字：五字的叫五言绝句，简称“五绝”；七字的叫七言绝句，简称“七绝”。

绝句用韵的方式，有第一、二、四句押韵的，如第一首的“烟”“川”“天”和第二首的“间”“还”“山”都是“ㄢ”韵；有第二、四句押韵的，如第三首的“天”“船”都是“ㄢ”韵，第四首的“流”“楼”都是“ㄡ”韵。诗押了韵，就更富有音乐性，读起来顺口，听起来悦耳。

诗歌宜于朗诵。朗诵五、七言绝句的时候，除了每行末一字自然停顿外，遇到第二、四、六字是平声字，也该各作适当的停顿。这样朗诵起来，就表现出那首诗的节奏。

重视书籍的绘图工作*

这一期《编辑工作》差不多是关于绘图的特辑了。有六篇原稿，我在付排以前看过，也许印出来的时候还要多几篇。咱们大家重视书籍的绘图工作，这也标志着咱们的进步，大可欣慰。

书籍里有些图画，决不是装饰和点缀，虽然每一幅画都要求它美。图画跟写在书里的书面语言有同等的重要意义。书面语言缺乏思想性，写得不正确，不周密，对读者就没有多大好处，有时甚至有害处。图画也一样。书籍里的图画又跟单幅的图画不一样。书籍里的图画是跟书面语言配合起来交给读者的，读者从书面语言同时从图画得到理解和领会，因而提高他的知识技能，深化他的思想感情。只要那本书里应该有图画，那本书里的图画就得跟书面语言合成有机体。怎么样才算合成有机体，说起来可以说得很多，抽象地说说，借用"相辅相成""相得益彰"两个成语也就够了。再说，咱们社里出版的主要是课本，课本是国家对学生进行教育的主要的工具，是学生受教育时期的主要的精神食

* 原载人民教育出版社内部刊物《编辑工作》第9期，1955年9月15日。

粮。因此，课本的绘图工作尤其要认真，图画跟书面语言尤其要做到有机的配合——当然，我并不是说其他书籍里的图画就不妨马虎随便。

以上一席话是我的一些简单浅薄的认识。

看了同志们的六篇原稿，可以说的意思很不少，零零星星说起来嫌琐屑，现在只说两点。

我请求编辑同志加强重视书籍里的图画，过去也算重视，可是不够，很不够。有了就算数的想头绝对要不得，我们苏州有一句谚语叫“拉在篮里就是菜”，就反映这种想头，毛病在不经挑选，很可能捡的都是枯菜烂菜，看看是满满的一篮，可是完全不中用。我知道存这种想头的同志几乎可以说没有，这当然是好的，不过好在消极的一面。咱们还要求好在积极的一面，就是多在图画方面费些心思，花些工夫。说分工当然该分工，写稿子是编辑同志的事儿，绘图是绘图科同志的事儿。分工之外还有个合作，说合作就得我给你提供意见，你跟我商量设计，从确定意图到完成画稿，都在共同协作之下进行，而由绘图同志的熟练技巧具体地表达出来。咱们应该这样理解，一种该有图画的书稿包括两个部分：一部分是书面语言，一部分是图画。对这样的书稿，所谓编辑工作就必须兼顾两个部分。图画由绘图同志着笔绘成，情形正跟大家把大纲细目商妥以后由一位同志写成书面语言一个样。书面语言的大纲细目都经过编辑室讨论研究，图画的大纲细目没有理由说可以不讨论不研究，因为这也是编辑工作分内的事情。编辑同志大家存着这样的观念，对图画方面的关顾自然会积极起来。

说绘图同志应该努力进修，那当然有道理。画是由绘图同志的手画下来的，绘图同志要是不提高思想政治，不钻研教育原理，不熟习专业学科，不熟习绘图技能，怎么能画成合乎要求的画呢？咱们决不能把绘图同志看成光会画几笔画，其他什么都不知道的人，绘图同志也决不愿意做这样光有些技能而没有头脑的人。但是，绘图同志的进修应该得到编辑同志的帮助，这是毫无疑问的。就不说帮助吧，编辑同志在进修的时候也该跟绘图同志合在一块儿，因为彼此共同做一件工作，必须携手前进才能把工作做好。除了平时的进修以外，设计图稿和修订图稿是具有实习意义的进修，是彼此在具体工作上联系起来的机会，决不能轻易放过。

编辑同志积极重视图画的时候，情形将怎么样呢？试在下边描写一点儿。根据商妥的大纲细目构思，逐节逐节的书面语言渐渐在头脑里定型，同时把哪些地方要有图画，哪些图画要达到什么目的也想明确了。可有可无的图画当然不要，要了就是浪费纸张，或许毛病还不仅是浪费纸张。哪些地方要有图画，一定说得出个所以然。或者为了辅助书面语言加强对读者的感染力，或者为了剖析物象使读者认识得更清楚，或者为了突出某一事物加深读者的印象，或者为了显示几样事物的对比使读者有所比较……这些都是所以然。既然说得出个所以然，那些图画该画成什么样儿也就大致有数。譬如说目的在加强读者的感染力吧，那就得着力在创造形象的方面，而且必须跟书面的形象语言密切配合。譬如说目的在使读者清楚地认识物象的细部吧，那就得在正确和细致的方面多下功夫。因此，不待绘图同志来问，尽有意见可以告诉他，供他参考了。因此，决不会拿一叠书稿交给绘图同志，光在要有图画的地方打个记号，让他自己去摸索了。

编辑同志积极重视图画的时候，将会随时随地注意跟图画有关的参考资料，不让它轻轻滑过。某本书里有一幅可以参考，另外一本书里也有一幅可以参考，参考哪一幅更好，还是两幅的长处可以兼收并蓄，也会心中有数——我不说某本书里有一幅可以照抄，可以送到铸版厂去复制，因为照抄是最差的办法，希望往后尽量少采用，直到绝对不采用。卡片上或是笔记本上关于图画参考资料的记载将会丰富起来，不但记载那些材料的出处，并且记载那些材料有什么可取，该怎么利用。不仅留意书籍上的图画参考资料而已，实际生活里的经验也将随时记下，毫不遗漏，无论参观什么地方，参加什么场合，凡是跟编辑工作有关，跟编辑工作里的绘图工作有关的，一碰到自然而然灵机一动，赶紧抓住。这样，可以说是准备在平时。平时既然有了准备，到需用的时候，或者从记忆里检出来，或者从卡片上笔记本上摘下来，又方便又富裕，决不会临渴掘井，嚷着："用什么样儿的图画还没底儿呢！"

以上描写的情形可以说是很容易做到的，做到的时候，咱们出版物上的图画将会比过去提高一步。

第二点意思我向绘图同志说。我同意绘图同志提出的加强各方面的学习的说法，这是根本。我希望他们在加强各方面的学习的基础上提高绘图的技巧。

我曾经屡次说过，咱们绘图先求其正确，现在再来发挥一点儿。形体解剖，远近透视，要合乎客观的真实才是正确，这是当然。进一步说，该增删的就增删，该夸张的就夸张，虽然形象上不尽合乎客观的真实，可是恰当地表现了主题思想，给了看画的人深刻的感动力，这也是正确，要是呆板地照着客观事物画，那反而是不正确。这两种正确有先后的次序，必须做到了前一种正确，才能要求后一种正确。因此，归根结底，认识客观事物最要紧。图画本来是直观的东西，不从直观下功夫怎么成呢？依稀仿佛的画还是不要画的好，依据了人家作品的模模糊糊的复制品作画，直观就打了个七折八扣，画下来哪里会像模像样？直观最好找真人、真物、真景，退一步也得找精确的模型、标本、图片。犁是怎么样扶的，大车是怎么样赶的，咱们在讨论图稿的时候都曾经成为问题。要是平时经常直观，直观又毫不含糊，这些太平常的事儿是决不会成为问题的。

人、物、景，画在画面上只能是一瞬间的形象，这是图画的局限性，图画不能像电影一样，表现连续的一串形象。唯其如此，善于作画的人必须选择最好的一瞬间，为什么不选那样的一瞬间，一定要选这样的一瞬间，他说得出所以然之故。他根据什么来断定这样的一瞬间是最好的呢？根据他所熟悉的生活，根据他的哲学——世界观和人生观，这两项是交织在一起分不开的。咱们书籍里的图画虽然不是独立的艺术创作，绘图同志也应该取法乎上，像善于作画的人那样要求自己。何况我所说的不是独立的艺术创作，只就咱们的图画要跟书面语言配合而言，要是不管这一点，单就一幅幅的画说，那同样是独立的艺术创作。因此，咱们不但要对人、物、景分别下功夫直观，还要熟悉生活，还要从理论学习方面培养咱们的哲学，从生活实践方面磨炼咱们的哲学。唯有熟悉生活，才能把人、物、景融合在一块儿，画下那最好的一瞬间。唯有讲究生活实践，那熟悉才是真熟悉，画下来的画才有真情实感，不致流于客观主义。这些都是需要一辈子努力的事情，努力就有进步，进步了还得努力，没有“到此为止”的一天。决不要说画些书籍上的图画犯不着花这么大的功夫，要知道无论做什么工作都得花这么大的功夫，不然就做不好。

我还要说一说必须经常练习，使咱们的手熟练。画是凭手画下来的，手不熟练，无论认识得多么正确，想象得多么周妥，画下来还是自己看着就不满意。我不会画，只能说些写字的经验，我在准备写一幅字之前，头脑里先想一通，某个某个字该怎么样结构，逐行逐行该怎么样照应，整幅的字该怎么样融合成一个整体。可是到写成的时候总觉得大大走了样，完全不是预先想好的那幅字，从没有一幅叫自己满意过。我这个经验是失败的经验。为什么失败？就因为手不熟练，不能听头脑的调遣，预先想得再好也没用。写字画画都一样，有句老话叫“得心应手”，要做到这样才有成功的希望。所谓“应手”就是“应于手”，就是手听头脑的调遣，要怎么样就怎么样。这得靠不懈的练习，我的字写不好就在平时少练习，偶然写几幅当然不能“应手”。可是“应手”离不开“得心”，头脑里没有个准儿，手再熟练，又从哪儿去听调遣呢？就画画方面说，认识客观事物，熟悉生活，都是属于“得心”的事情，同时不懈地练习，使手能听头脑的调遣，才能达到“得心应手”的境界。

课文的修改意见举隅*

不畏劳苦的人

一天早晨，在伦敦大不列颠博物院图书馆的阅览室里，有一位读者手里拿着一本书，正要在一个空座位上把书抄下来。这时候，值班的图书馆员走来向他说：

“先生，这里是马克思博士的座位，请您不要坐在这里，他马上就会来的。”

“马克思博士？”那陌生人怔了一怔，“就是《共产党宣言》的作者，那位工人领袖吗？”

“我想是的。这里给马克思博士摆着工厂工作的年报，他现在正研读这份年报。”

“他每天来吗？今天也一定会来吗？”

图书馆员微笑着回答：“一定会来的。几年来，马克思博士每

---

* 选自叶圣陶著：《叶圣陶集》（第16卷），江苏教育出版社2004年版。本文作于1960年5月。

天到这儿足足工作十小时。我在这里已经二十年了，在我所见到的上这儿来的读者中，他是最勤劳和最准时的。”

这位图书馆转身执行他的职务去了。那位好奇的读者还站在那里思索，注视着在马克思座位上放的那一堆书。

几年来，马克思每天都在伦敦大不列颠博物院图书馆里面工作十小时，在家里又继续工作到深夜。他读过一千五百多种书籍，他做提纲，写内容提要和笔记，单是这些就可以编成许多巨册。一切科学，主要如历史、经济学、法律学、物理学、化学、数学、语言学、文学，他都加以研究，从中追求他所发现的新思想，用极大的钻研精神进行研究。他的好朋友恩格斯曾经说，马克思在写作的时候，如果他不确实知道所有的有关书籍都已经参考过，所有的疑义都深思熟虑过，所有的论点都已经彻底探讨过，他是绝不肯下笔的。

学习，学习！这是马克思一再向他的同志和学生呼喊的口号。只要他可以得到的知识，他都要设法得到。他把获得的知识笔录下来以后，还要修改，润饰，花了跟重新写一样长的时间，直到内容和语言都符合他的要求为止。

马克思的治学方法，除了持久性、坚韧性以外，除了经常地摘录。在重要的地方划线，以便查阅外，还有一个重要的特点，就是经常同别人共同讨论。遇到某一个问题有疑难，有分歧的意见，他就跟他的朋友们一再讨论，有时甚至从深夜讨论到第二天早晨，也不觉得疲倦。他特别喜欢到伦敦的一些酒馆去，和德国流亡者、工人和手工业工人往来。他跟他们坐在一起，询问他们的意见，向他们宣传，同时热诚地向他们学习。因为他知道，多跟同志们研究，多跟劳动人民接触，是可以得到巨大的智慧和丰富的经验的。

他常常伏在书桌上阅读到深夜，有时阅读到黎明。他常常为了研究一个问题，在书房里踱来踱去，一边走一边思索。他在窗户、壁炉和书橱中间这几米的地方踱来踱去，地毯上已经踏出痕迹来，四边都还好好的，中间长长的一条却又薄又暗淡无光了。有时候，他忽然从书橱里拿出一本书来，查考某一章某一节；或者取出一支笔来作记录。他不看表，一点儿也不知道全家乃至全城早已睡了几个小时了；有时候，他又坐在书桌前，坐在翻开的书籍和稿子中间，他的笔尖悉悉率率地在纸上疾飞着，一张又一张地写他的著作。

马克思这样认真地工作，把周围的一切连同他自己都忘记了。他在努力为人类创造伟大的、崭新的理论，这理论是要为全人类的彻底解放而服务的。

马克思的最重要的著作就是《资本论》。这部经典著作费了一二十年的时间才完成。在它的一篇序里，有下面这样一句话：

“在科学上面是没有平安的大道可走的。只有那在崎岖小路的攀登上不畏劳苦的人，有希望达到光辉的顶点。”

修改意见

〔第一段〕

第一行，“在”，删。

第二行，“把书抄下来”，细想不很好。

〔第二段〕

第二行，“马上”和“就”，二者去其一。

〔第三段〕

第一行，“陌生人”改“读者”。

〔第六段〕

第二行，“每天到这儿工作”，“每天工作足足十小时”，两层意思并成稿子上的那种形式，很不顺当。

第三行，“上这儿来的”大可不说，说“读者”当然是到这儿来的读者。“和”，删。这样用“和”是外国话。

〔第七段〕

第一行，“这位”，删。“馆”下漏“员”字。“执行他的职务”并不错，可是分量嫌其重。

第二行，“放”移到“在”之前。

〔第八段〕

第二行，“面”，删。

第四行，“巨册”不好。改为“书”如何？“科学”改“学科”，因为下文有“文学”。

第五行，“加以研究”不要，把下文“用极大的……进行研究”搬到这儿来。

第六行，“思想”下改用句号。

第八行，“已经”，删。“深思熟虑过”是不行的。（凡是同类的四字熟语，都不能下连“过”字。如“精打细算过”“广征博采过”“勤学苦练过”都不行。单纯的动词下面才加得上“过”。）这五字改为“考虑过了”四字。

第九行，“已经”，删。“过”下加“了”。

〔第九段〕

第一行，“呼喊”不大好，请酌改。

第二行，“只要”下加“是”。“可以”改“能够”如何？

第三行，“花了……时间”改为“花费的时间跟重写一遍差不多”。

〔第十段〕

第一行，“方法”，删。因为“持久性、坚韧性”不是方法。“持久”前加“具有”。

第二行，这行有个“地”字。是不是高小课本里“的”“地”分工了？是不是作者怎么用就怎么用了？（我在这里总提一句，以后不管“的”“地”的问题了。不过有一点要请注意，一篇里总须一致，而作者和缮写者往往疏忽，不一致的情形是很容易发生的。）“摘录”下改用逗号。

第三行，这儿用“同”，下一行就用“跟”，也是疏忽。“共同”，删。

第四行，“甚至”，删。

第六行，这儿又用“和”了，真是信笔所之。“德国流亡者”搬到第三位位置去，以免引起误会。

第九行，用“巨大”形容“智慧”，不好。

〔第十一段〕

第三行，“中间”改“之间”。“这”，删。

第四行，“已经”，删。“都还”改“还是”。“长长”，删。“又……又……”的格式，前后字数须相等，结构须相类。“又薄又暗淡无光”不合此要求。

第六行，看到这儿，一定会觉得笔是从书橱里取出的。其实并无如此。

第八行，“坐在翻开的书籍和稿子中间”，细想不得，也要改。

第九行，“疾飞着”，别扭。

〔第十二段〕

第二行，“记”，删。

第三行，“而”，删。

〔第十三段〕

第一行，“就”，删。

第二行，“序”下加“文”。“下面”，删。“一句”不对，明明是两句。

〔第十四段〕

第一行，“面”，删。“在崎岖小路的攀登上”别扭之至。也许是照译本抄来的。

捕鼠专家曹大妈

捕鼠专家曹大妈，是个六十七岁的傣族老妈妈。1945 年，他的家乡被日本帝国主义占领了。敌人放出大量老鼠，散布鼠疫，使得许多村寨经常死人。解放以后，党和人民政府派来了防治人员，扑灭了鼠疫。这时，曹大妈才知道鼠疫是老鼠带来的，要消灭鼠疫，必须消灭老鼠。从这以后，曹大妈到地里干活的时候，总带着锄头，发现鼠洞，立刻就挖。后来她想，要彻底消灭老鼠，还必须摸清老鼠的生活习性。以后每次挖洞，她就留心察看洞口周围的情况和洞里的情况，慢慢掌握了老鼠的生活习性。从 1951 年到现在，曹大妈一共消灭了一万多只老鼠。

有一次，昆明市的医学界请曹大妈做了关于老鼠生活习性的报告。这天下午，在昆明南郊，曹大妈和听讲的人一起走进刚刚收割过的麦田里。曹大妈边走边说："季节不同，老鼠的住所也不同。我们找到鼠洞的时候，从洞口的样子，就能看出洞里有没有老鼠，有多少老鼠。"

人们在麦田里发现了一个鼠洞，曹大妈说："这里只有大老鼠，最多两只。"挖开这个洞，果然捉到两只大老鼠。听讲的人惊奇了。问曹大妈为什么能作出这样正确的判断。曹大妈说："第一，洞口有很多松土，土很新鲜，光滑，洞里没有蜘蛛网，洞口旁边的小草也被压倒了，这说明一定有老鼠出入。第二，洞旁有水，刚收割过的田埂上有粮，这说明老鼠可能住在这里。第三，最常见的鼠洞都有前后两个门，后门都在隐蔽的地方。老鼠生了小鼠以后，要用松土把前门堵塞起来，保护小老鼠，现在这个洞没有堵塞，可见只有大老鼠。"讲到这里，听讲的人都佩服地说："真是专家！"

大家在污水沟旁边发现一个老鼠洞，洞前残留着几根枯草，洞旁的青草被咬断了许多。曹大妈很有风趣地说："这里的老鼠要是没出去乘凉，就一定在里边为快要出生的小老鼠做窝。"

这时，一个同志跳下污水沟，用土块堵住了后洞，抡起镐头，从前面挖起来。洞越挖越深，忽然两只大老鼠从洞里惊慌地跳出来，一下子就被人们捉住了。人们用手摸摸那只母老鼠的肚子，估计再过一个星期，就有十来只小老鼠出世了。

这两次都证明曹大妈的判断是正确的。大家都感到曹大妈从实践中获得的关于老鼠生活习性的知识，是科学上的伟大成就，都表示今后要好好向曹大妈学习。

修改意见

〔第一段〕

第四行，行首“了”，删。

第六行，“的时候”，删。

第七行，我看到“以后”二字，想起一点，这一段交代时间的词语用得很不少，要设法精简。请看，“解放以后”，“从这以后”，“……的时候”，“后来”，“以后”，“从1951年到现在”，十行文字里一共用了六次。

〔第二段〕

第二行，插个“在昆明南郊”，很不顺，可以删去。在“一起”下加“往南郊”三字，用逗号。“昆明”不必说了，因为上文有“昆明市”。

第四行，“从”改“看”。

第五行，“看出”改“知道”。

〔第三段〕

第二行，“最多”改“至多”。这两个词要辨明，现在用错的人很不少。

第三行，“问”前句号改逗号。

第五行，“也”字没着落，改“齐”字如何?

第八行，“以后”，删。

第九行，“塞”，删。“堵塞”改“堵住”。

〔第五段〕

第二行，“起来”改“下去”。

第三行，“地”改“的”。

〔第六段〕

第二行，“是科学上的伟大成就”说得过分了，我主张改，请酌。

非凡的四十分钟

1958年夏天，金门蒋军一次又一次开炮，轰击我渔船和海岸上的村庄。许多勤劳善良的人民遭到杀害。海岸炮兵战士们早就抑制不住心头怒火，请求战斗任务，要求下达射击命令，惩罚罪犯们。

一天晚上，梁连长坐在山坡上给战士们讲上甘岭战斗故事，青年战士安业民，完全被连长讲的故事吸引住了。月光照在他的脸上，浓眉下一双眼睛闪闪发光。听故事的人渐渐散去，他还在那里沉思默想。连长关切地走近他的身边，抚着他的肩膀，问他：“你在想什么?”安业民转过脸来坚定地说：

“连长，我向你保证，在战斗中一定像上甘岭的英雄一样，经受住考验，争取做一个光荣的共产党员。”

8月23日，严惩蒋军的命令终于转达下来了。

安业民抑制着内心的激动，坐在半圆形的炮护板后面，这时候，这个第一次执行战斗任务的青年炮兵深深地感到自己责任的重大！他操纵的方向盘要是稍差分毫，炮弹就不能在敌人头上开花；他的右脚要是迟踩一步，炮弹就不能及时发射。射击开始前，排长特别提醒大家注意自己的职责。“在战斗中一旦射击暂停，瞄准手一定要把炮身转向隐蔽的位置!”这句话，就像钢印一样烙在他的心头。

我们的大炮开始了猛烈的射击，千万颗炮弹飞过了海峡，大地在颤动，海岸在呼啸，敌舰周围掀起了千万条水柱。

“敌舰中弹!”“敌舰起火!”

我军阵地上发出一片欢呼声，人们的战斗情绪更加奋发了。这群最前线的大炮就像利剑一样刺向金门岛的料罗湾，成了敌人致命的威胁。这时候，敌炮向我连阵地进行了集中射击，弹片打得炮护板哗哗响，一块弹片打在炮长的小腿上，炮长为了不让同志们看到，一声不吭地放下卷起的裤管，把伤口盖住。可是，站在他对面的战士终于发现了顺着他裤管流下的血，嚷道：“炮长，你负伤了。”

“别嚷!”炮长尽量压低声音，严厉地说。

炮长的共产党员的顽强精神感染了每一个炮手，复仇的炮弹更加迅速地飞出炮口。

突然，大炮右后方贮放的药包被一块弹皮打着，霎时间阵地上燃起熊熊火焰。

“射击暂停，马上散开！”炮长发出命令。

然而安业民还屹立在自己的岗位上。因为炮身还暴露在左面，要是不把大炮转回隐蔽位置，很可能遭受敌弹损伤，安业民毫不犹豫，双手飞快地转动着方向盘。火，扑上了护板，扑上了炮身，也猛烈地扑到他身上，但是，炮身还在转动！火焰已经烧遍了他全身，炮身仍在转动！等到炮身完全转回隐蔽方向，他已经成了一个火人。他带着熊熊火舌，冲出炮位，就地打了个翻滚，同志们也围上去扑打，身上的火总算熄灭了。这时，大家发现他的眉毛和头发已经被烧光，几乎变成灰烬的水兵衫已经和皮肉粘在一起，周身皮肤已大部分被烧伤。他只觉得天旋地转，剧痛难忍，头脑一阵阵昏眩……。

在炮弹呼啸声中，安业民睁开了眼睛，发现营政委站在他面前，端给他一杯水，劝慰他：“安静地休息，同志们一定替你报仇！”这慈母般的声音，给他增添了无穷的力量。

“继续战斗，狠狠地打击敌人！敌人打一炮，我们还他十炮！”安业民听到炮长发出的命令。

“好！决不让敌人逞凶！”政委一把没抓住，安业民光着烧伤的身子，抢先奔上炮位，又迅速又准确地做着瞄准手应做的每一个动作，送出了一串串炮弹。

“安业民，你下来，我来干！”副炮长从弹药库跑来接替他。安业民头也不回，说：“我能完成任务！”

十分钟后，副炮长又被政委派来替接安业民。安业民照样坚定地回答："请首长放心，保证圆满完成战斗任务。"

大炮发射的火光在弥漫的烟尘中一闪，副炮长瞅见安业民红肿的两眼闪闪发光，一眨也不眨地盯着指针；腰干挺得笔直，两只烧伤了的胳臂紧粘在方向盘上；全身挺立，犹如钢打铁铸的一个巨人！十五分钟，二十分钟，三十分钟，四十分钟，这个巨人就这样一直坚持到战争胜利结束！而且他的每一个动作是那样准确，连后来查验他伤势的医生们都难以想象："带着这样的重伤坚持四十分钟，该需要多么顽强的意志和巨大的毅力啊！"

金门岛上腾起了漫天烟火，敌人的炮成了哑巴。

射击停止了。战士们开始擦拭火炮。安业民被烧伤的脸高高地浮肿起来，两眼已经睁不开了。副指导员带来担架，劝他下去休息，他连忙抓起身边的一块擦炮布说："不，我能看见，我在擦炮！"可是他伸出去擦炮的那只手却扑了个空……。

"安业民，你是个共青团员，要服从命令，养好伤再来战斗。"安业民听到副指导员这句话，才离开了阵地。

安业民躺在连部包扎所里，朦胧中觉得有人在替他擦拭脸上的血迹。

"谁？"安业民想看，可是睁不开眼睛。

"我……小红。"小红，这是支援他们阵地的女民兵。她看到安业民伤势这样重，忍不住抽泣起来。

"小红，别哭，没关系。明天我还要参加战斗哩。"

…………

“小红，你不是喜欢唱歌吗？听我唱一个吧！……”

小红这才勉强忍住了哭泣。

安业民狠狠咬了咬牙，断断续续地唱起来：

“海岸炮兵勇——敢——坚——定，

…………

祖国把海岸……交给……我们，

海……岸就是……我们的共同生命……”

修改意见

〔第一段〕

第二行，“炮兵战士”行不行？（原意是“炮兵部队的战士”。）

第三行，“请求战斗任务”与以下的话一样，可删。

〔第二段〕

第二行，“民”下逗号删。

第三行，“的脸上”，“的”删。

第四行，“关切地”移到下一行“问他”之前。“身边”前“的”，删。“抚着”不是口头语言。

〔第五段〕

第三行，“重大”下改用句号。

第五行，“前”改“以前”。

第六行，“战斗中”下加逗号。“一旦”不好，改为“逢到”如何？

第七行，“话”下逗号删。“的心头”删“的”。

〔第八段〕

第一行，以上叙述是用的第三人称写法，叙梁连长，叙安业民，叙开火，都如此。但是这儿出现了“我军”，第三行又出现了“我连”，这两个“我”字表示作者也参加在里面。这违反了第三人称写法。作者既是连里的一分子，就不该处于旁观地位光叙梁连长和安业民，就没法知道安业民“内心的激动”。因此，这两处毛病要把它改掉。

〔第十一段〕

第一行，“贮放”非文非白。

〔第十三段〕

第一行，“然而”改“但是”。“还”改“还是”。第二个“还”删。

第三行，“火”下逗号删。

第四行，“是”下逗号删。

第六行，这儿说“隐蔽方向”，第二行说“隐蔽位置”，第五段第五行说“隐蔽的位置”。前面的动词，这儿和第二行都用“转回”，第五段第五行用“转向”。其中必有一个是不准确的。究竟怎样说才准确，我说不出，最好去打听。“舌”下逗号删。

第八行，“时”下逗号改“候”。“被”删。

第九行，“周身……烧伤”改为“身上大部分皮肤烧伤”。

第十一行，这儿不能用删节号了事。作者的意思，安业民不省人事了，没有思想感觉了，故用删节号。不知道这儿是作者的叙述，读者要问，安业民一阵昏眩，又怎样呢？话为什么不说完全呢？

〔第十四段〕

第二行，这儿说“劝慰”，不妥。冒号之前加“说”。

第三行，“音”下逗号删。

〔第十六段〕

第三行，“送”改“发”。

〔第十八段〕

第一行，改为“政委又派副班长来替安业民”。

〔第十九段〕

第一行，这儿从副炮长的眼中看，没有必要，只是作者叙述倒很顺的。“一闪”改“连续闪亮”。（炮多，不止一闪。）“副班长瞅见”，删。

第三行，“两只”改“两条”。

第四行，“一个”移到“犹如”之下。

第六行，“动作”下“是”改“都”。“连”，删。“们”，删。“都”下加“说”。

第八行，“毅力”用“巨大”来形容，妥否？

〔第二十一段〕

第一行，“拭火”，删。

第二行，“浮”，删。“肿”上用“高高地”，不好。

第四行，删节号，删。

〔第二十三段〕

第一行，“拭”，删。

〔第二十五段〕

第一行，逗号和“这”，删。（这种说法很怪。）

第二行，“抽泣”恐是杜造词。

〔第二十七段〕

用删节号占一行，毫无道理，这儿总得说一句话。

〔第二十八段〕

删节号，删。

〔第三十二段〕

删节号移到上一行“定”字下。“定”字下逗号删。

包兰路上的钢铁战士

包兰路三道坎黄河大桥的工地上，英雄的铁道兵，战胜了内蒙古地区特大的风沙，征服了黄河天险，提前四个半月，架起了一座英雄的桥梁。

去年春天，担负这座桥梁工程的铁道兵某部战士们，经过长途跋涉，来到黄河边上。那时候，这里没有房舍，没有人家，有的只是一片荒凉的沙漠和奔腾咆哮的河水。

战士们在河边上支起帐篷。大风卷着沙子扑来，黄尘滚滚，天昏地暗，连沙漠里的黄羊和野兔，都吓得闭起眼睛，躲在沙窝里。风沙卷走了帐篷，揭起了锅盖，刚刚煮熟的饭里落满了沙子。那些日子，战士们不得不在大风里睡觉，大风里吃饭，有时碰到特大的风沙，连锅灶也支不起来。帐篷挡不住风沙，战士们睡到半夜，常常被沙子呛醒了，起来一看，满头满脸都是黄沙，有的战士就干脆戴着风镜和口罩睡觉。艰苦的环境，吓不倒钢铁的战士，他们唱出这样的歌谣：

人说内蒙风沙大，

咱铁道兵不害怕；

今天吞风吃黄沙，

明天彩虹草原挂。

的确，这些英雄的建设者，从来没有向风沙屈服过，他们既无砖瓦，又无木料，就用黄河的水和河边的泥土，打成了土坯，在沙滩上筑起了窑洞式的营房。他们不仅有办公室和宿舍，有食堂和澡塘，有的还有双杠、木马和篮球场。短短的几个月，在这片荒凉的土地上出现了许许多多这样的工地新村，人们都不胜惊喜地称它们为包兰线上的花园。

这支铁道兵部队，虽然在战火弥漫的朝鲜战场上抢修过大桥，也曾在祖国各地兴建过无数桥梁，但是，在沙漠里铺轨，在黄河上架桥，这还是第一次。不仅是风沙是战士们最大的敌人，黄河的激流和冰冻也给战士们带来很多麻烦。

当严寒到来的时候，黄河的冰层有一公尺多厚，连载重汽车都可以在冰上通过。冒着零下二三十度的严寒，在冰冻的黄河上施工，这的确不是一件容易的事情。有一次，有两个战士的水靴漏水了，冻得浑身发抖，脸色发青。但是他们咬着牙坚持作业，谁也不说一个“冷”字。连长一看不对劲，忙问：“水靴漏水吗?”“不漏。”“你们有病吗?”“没有病，一顿饭还能吃三四碗!”“不对!”连长斩钉截铁地说：“你们是打摆子，快到小暖篷里烤烤。”

结果脱下水靴一看，他们膝盖以下已经红肿，一按一个白迹印。连长心疼地责问他们为什么不上来补一补，他们回答说：“少一个人就少一分力量，比起罗盛教来这算得了什么。”

在那些寒冷的日子里，整个大桥工地上，不知道有多少这样动人的故事。

到了春三月，一场新的防凌战斗又开始了。这儿的黄河有些古怪，它比上游封冻得早，开冻又开得晚，一到了流水期，排山倒海似的冰块，从上游冲下来，常常造成极大的灾害。为了保护还没有打出水面的桥墩，工地上成立了“防凌指挥所”，还在上游派出了防凌监视哨，且调动了一个连和两个炮兵排投入了防凌战斗。有多少战士都写下了这样的决心书：“当祖国需要的时候，我愿意挺身而出，粉碎黄河冰凌，不让桥墩受到任何损伤！”

黄河开始流冰了！这是战斗的讯号。成千上万的冰块，乒乒乓乓地互相撞击着，一齐朝下游涌来。到了咽喉的地方，冰块都挤住了，积成高高的冰坝，把黄河的水都堵了起来。这时候，黄河两岸炮声隆隆，上千包炸药的轰炸声，震天动地，连营房里的玻璃窗子都震破了。

这一天，全支队的人都来到河沿上观看和支援这场人和自然的激烈战斗。在隆隆的炮声和冰块的炸裂声中，战士们在裂开的冰块上搭起了木板，带上救生圈，英勇地跑到大冰块上，投送炸药包，正像战士的歌谣上说的那样：脚踏黄河水倒流，搬倒泰山当枕头。

战士们在困难面前，多么豪迈，多么乐观！正是这种顽强的革命意志，使他们战胜了黄河天险，让大桥安全地度过了流冰期。

1958年春天，全国大跃进的消息和各个建设战线上的捷报，传到了大桥工地上。家乡的来信，也纷纷向战士报捷，特别是毛主席访问各个省市的工厂、合作社的消息，更加使战士们受到鼓舞。这些喜讯，鼓起了战士们的冲天干劲。三道坎大桥原计划在十月底通车，由十月底逐步提前到“十一”——“九一”——“八一”，最后更明确提出了“苦战三月，给党的生日献礼”。结果7月1日就通车了。

修改意见

〔第一段〕

第一行，“兵”下逗号，删。

〔第二段〕

第一行，“们”下逗号，删。

第三行，“有的只是”改“只有”。

〔第三段〕

第二行，“沙漠里的”四字，删。“兔”下逗号，删。

第四行，第二个“大风里”，删，前边的逗号也删。

第五行，“帐篷挡不住风沙”，删，因为上文说在大风里睡觉，帐篷给风卷走了。

第八行，“环境”下逗号，删。“谣”，删。

〔第四段〕

第一行，“者”下逗号，删。

第二行，“成”下“了”，删。

第四行，“有的”指什么，看不明白。

第五行，“在”，删。

第六行，“地”改“的”。“它们”改“这些工地新村”。

〔第五段〕

第二行，“是”下逗号，删。

第三行，“不仅”下“是”，删。

〔第六段〕

第四行，“水靴”这个名称通行吗？

第七行，“地”改“的”。“是”，删。“子”下加“了”。

〔第七段〕

第一行，“结果”，删，把“他们”移到“结果”的地位。

第二行，“迹印”，有这个说法吗？“地”改“的”。“来”下加逗号。

〔第九段〕

第一行，“新的防凌战斗”，不好，说“新的战斗”是可以的。改为“防凌的新战斗”如何？“又”，删。

第二行，“它”，删。“一到”下“了”，删。

第三行，“似”，删。“排山倒海”是说气势，不须用“似”。“冰块”下逗号，删。

第四行，“还没有打出水面”不大对，毛病在“打”字。一时想不出怎么改。

第五行，“在上游派出”，说错了，是派到上游去。

第六行，“人”下“了”，删。“多少”改“许多”。我看决心书不宜用引号，用了引号，就见得许多人的决心书完全雷同了。“这样的决心书”改为“写下决心书，大意说”，下用逗号。

第七行，“我”改“他们”。

〔第十段〕

第一行，“讯号”改“信号”。

第二行，“地”改“的”。

第四行，“轰炸声”下逗号，删。

第五行，“连”，删。既然有震天动地之势，震碎玻璃不在话下。用上“连”字，语气重，好像玻璃不容易震碎似的。

〔第十一段〕

第一行，说“观看和支援”，可见两件事都做了。那么，还用说“观看”吗？

第三行，“带上”不对，请考虑该怎么说。

第四行，“投送”对吗？“谣上”改“里”。

第五行，“搬到”之“搬”，对吗？

〔第十二段〕

第二行，“地”改“的”。

〔第十三段〕

第二行，“报”下逗号，删。“信”下逗号，删。

第四行，“这些……干劲”一句，我以为可删。上文“受到鼓舞”，可以包纳这句的意思了。

第五行，“由”改“从”。

（年，月，日的数字用汉字。）

《平面几何》初稿本读后*

读完这第一册，虽外行亦觉其好。注重启发，联系实际，确然做到。

我动笔改动，注意以下几点。（一）使说法、用词、用语前后一致。（二）说得更明白些。（三）带做一些校对工作。（四）排版画图方面的事项。

我提的意见以及改动的部分一定有对的，也有错的。我自己觉得看得还粗疏，一定还有遗漏的地方。同志们发现错的和遗漏的，请即告知。

我的大愿，乃在使同志们得到些参考的实例，在今后改稿和编稿的工作中稍微起一些作用。

---

* 选自叶圣陶著：《叶圣陶集》（第 17 卷），江苏教育出版社 2004 年版。本文是作者 1961 年 1 月 10 日批于征求意见本上的读后意见。

为文言文作注*

——对《不怕鬼的故事》注释的意见

观所作注，似为不甚习文言者着想。若所料不误，则颇嫌不够。我有如是印象，一篇之中往往难者失注，而注其较易者。亦有全句不易晓，而仅注句中之一词一语者。全句解释处，多用串讲办法。串讲之法，仅能使读者知此句相当于今语如何说法，而不能使读者明晓原句之组织结构，如是理解，第含糊之理解耳。来示云将修改注释，敢希设身处地为读者着想，凡料知读者将感觉其难通者，悉为注释，其道不一，因文而施，简明扼要，务求其谛。如是则读者称便矣。

所选皆笔记文，作者选语遣词比较随便，未必尽合法度。亦有简略朦胧，须为补充点明乃可通晓者。注释似宜注意此等处，庶于读者之理解本书各篇与增进文言知能，两有裨益。

建议请王伯祥先生看一过有关典章制度与地理沿革之注释。王伯祥先生于此方面颇熟，或将有所补益。

---

* 选自叶圣陶著：《叶圣陶集》（第17卷），江苏教育出版社2004年版。本文是作者1961年3月18日批于征求意见本上的意见。

关于编教材*

——跟江苏农村教材编辑人员的讲话

编农村半日制学校教材，是一件很重大的事情，以前谁也没有搞过，带有尝试的性质，创造的性质。我这一回经过陕西、四川、湖北，都谈过这个问题，大家盼望着这套课本的出版。这项工作具有全国性的意义。以下我对编辑工作提一些看法。

编教材跟个人写作不同。个人写作只要“持之有故，言之成理”，不违背基本原则，都可以写出来“争鸣”，编教材可不能这样。课本是各科教学的重要凭借，重要工具，教和学双方都如此。教师教的时候，要把课本上用文字表达的思想和知识传授给学生，要求学生不仅能懂能讲，而且通过课本受到教育，能终身受用。

编课本要注意教育方针，培养目标，各门学科的特点。我们这套教材，更应当注意农村的特点。这几方面都要考虑周到，认识清楚。“编写纲要”（方案）是抽象的几条，应当具体体现在课本里；要考虑教师

---

* 选自叶圣陶著：《叶圣陶集》（第 16 卷），江苏教育出版社 2004 年版。本文作于 1961 年 5 月 23 日。

怎样去教，还要为学生的学着想。编辑先生应当时刻假想教师面临的情况，设身处地于教学活动之中，考虑怎样才能让学生心领神会。

无论什么课本，广义地说有两点是相同的：一是所有的课本都是政治课本，一是所有的课本都是语文课本；语文、数学、历史、地理、物理、化学、生物等等都一个样。说都是政治课本，因为各种课本都要体现教育方针、体现政策、培育新人。所有的课本都要为这个总的目标服务。做编辑工作的人必须对方针、政策、形势有所了解，了解得越广越深，越有好处。譬如国务院公布了关于度量衡的规定，我们的课本就应该用“米”，不用“公尺”。再如卫生部李德全部长在全国人民代表大会的发言中说，中国已经消灭了霍乱这种传染病，我们的卫生常识课本中就不该再说中国有霍乱。这些并非技术性问题，而是政治性问题。说都是语文课本，因为数学、物理、化学等等课本都是用中国话写的，除了少数民族用本民族的语言外，都用汉语，所以写出来的东西必须规范化。我们听人家讲话，看人家写的文章，同时在无形中接受人家的语言习惯的影响。反过来说，我们编辑拿出来的是语言，写在课本上的语言，能否给人家好的影响，这一点非常重要，非注意不可。我们要从各个方面提高学生的语文程度。这个任务，语文课本要担当起来，别的课本也应该担当起来。因此，编辑人员的政治修养和语文修养不嫌其多，要从各方面去钻研，去吸收，使化为自己的东西，就是我常说的变成自己的血肉，才能左右逢源，运用自如。

下边说关于语文课本的问题。语文课本是进行政治思想教育的重要工具，同时有一项特殊的使命：训练学生运用语言文字的能力和良好习惯。（在这里，我不大愿意说“知识”。）这两者不能偏废，而且应当联系在一起，所以课文必须选，选内容和表达都好的文章；有的文章内容好，表达不太好，就得加工。（目前中学课本的课文都是选的，小学课本的课文有选的，也有编辑先生写的。）选课文有几种情况：一是先有框框，这不太好。譬如一定要选一篇讲模范人物的文章，就到处去找，看到题目合适就选。可是题目合适不一定是好文章，这是“拉在篮里就是菜”。一是只看作家的名字，看到作家写的文章就选，这也不太好。作家的表达自然是好的了，可是他写作另有意图，并不是为语文课本而写的，用来作课文不一定适宜，所以除了看名字，更应该看文章的内容。

语文课本不同于其他的课本，数学、物理、化学等课本，材料是一定的，各科的“教学大纲”都规定好了。语文课本的材料是课文，课文实际上是举例的性质，“教学大纲”并未规定，所以要选，譬如有两篇讲模范人物的文章，都很好，但是只要一篇，到底用哪一篇呢？就要编辑先生动脑筋了：对学生进行思想教育，看哪一篇更合适；让学生练习阅读和写作的能力，看哪一篇更有效。课文只是“举一”，要学生学了能“反三”，选得是否妥当，就看编辑先生的眼光是否敏锐。如果要一百篇课文，可用的文章有三个一百篇，就看你选哪一百篇了。

选的文章内容好，表达却不到家，就得加工，加工就是改文章。文章有不明白的地方，大多由于作者在写的时候想得不太明白；文章有不周密的地方，大多由于作者在写的时候没考虑周密。从这个意义讲，改文章实际是改思想。语文老师改作文本，做的就是这个工作；我们编辑加工课文，做的也是这个工作。审查课本的人一般注重大的方面，看课文的政治思想是否正确；对表达是否到家，很少提出意见。我们做编辑的得负起责任来，同时注意小的方面：看到不明白的地方，就把它改明白，看到不周密的地方，就把它改周密，一句话一个字也不能放过。

加工是改别人的文章，那么自己应该有写文章的经验，知道写文章的甘苦，所以做编辑的人要经常练笔。新华社在 1953 至 1954 年搞过练笔运动。我们不一定来个运动，但是应当养成练笔的习惯。改的时候可以分成小组，譬如五个人一组，一个人读，四个人听。读语文课本的课文要带感情，其他课本的课文只要逻辑地读。光用眼睛看，往往只注意文章讲的什么，听别人读，会随时发现多了些什么，或者少了些什么，要改的正是这些地方。这个方法比一个人加工容易得多，大家不妨试试。

课文的注释是老师和学生都用得着的。设想某一句话老师教起来学生读起来有困难，就应当做注。做注单从字面作个解释是不够的。譬如"烟雨莽苍苍，龟蛇锁大江"，有人把"锁大江"注作"长江比较狭窄的地方"，这就注得不好。"锁"字很重要，是"扼守"的意思，没有注出来；说的是龟山蛇山夹江对峙，形势险要。再如"把酒酹滔滔"中的"酹"，有人注作"把酒倒在长江里"，学生还是不明白：为什么要把酒倒在长江里呢？可见这样解释还不够。老师和学生对课文不理解，不感兴趣，怎么能教得好学得好呢？编辑先生首先要自己体会课文，一定要再三读，再三体会，才能做好注释。有些地方单注个别的字不行，要整句注。譬如单注"锁"字，不注"龟蛇锁大江"，意思就讲不明白。

出练习题，过去有几种毛病：是论说文，往往要求学生把课文分段，写出段落大意，加上小标题；是文艺作品，往往要求学生指出怎样描写英雄人物，英雄人物有哪些高贵品质，为什么会有这些高贵品质。

这类“怎样式”“为什么式”的练习题，好处无非要学生再看一遍课文。练习题不应当只起这个作用，应当引导学生进一步理解课文，得到真的知识，提高阅读和写作的能力。练习题的作用好像开一扇门，让学生自己走进去，这就是常说的“带有启发性”。编辑先生未免太讲卫生了，只怕用伤了脑子，出练习题不肯多花心思。审读课本，应当对练习题作全面的检查。划分段落的题目是每篇课文都可以用的，编辑先生出起来也用不着动脑筋。我不是说这类题目一律不能出，遇到层次不太分明的文章，就应该让学生根据自己的理解把段落分清楚，逐步提高阅读的能力并养成习惯。

语文教学的目的之一，是培养学生运用语言文字的能力，包括阅读能力和写作能力。出练习题的人往往着重写作能力的培养，其实阅读能力也是必不可少的。不光培养能力，还得养成习惯，这就要让学生反复练习。出的练习题有启发性，才能对学生有帮助。我们编辑应当多提供有启发性的题目，老师要多指点，多引导，不要太顾惜学生的脑子，脑子是用不伤的，只会越用越敏捷。

我不大赞成“语文知识”这个说法。把语法、逻辑、修辞之类称作“知识”，好像只要讲得出来就行，容易忽略实际运用。现在大家既然用惯了“知识”这个词，那么就得把这个词的意义扩大，把能力也包括在内。要让学生把知识化为自己的血肉，在生活中能够随时运用，教学的目的才算达到了。譬如讲语法，单讲名词术语的定义是解决不了问题的，要多多培养成学生把一句话切成几段的能力；把一句话切成了几段，主语、谓语、宾语、定语、状语、补语，自然就分清楚了。我曾经跟几位大学生一起读一篇《人民日报》的社论，就用“切”的方法，分清楚节与节的关系，段与段的关系，句与句的关系，句子中各个成分的关系，这样一层一层往下“切”，对社论的理解就比较深刻，语法和篇章结构方面的问题，也一一得到解决。

最后补说两点。第一点，除了语文课本，其他的课本都是说理文，尤其是理科的课本，名词术语一定要用得准确。同一个词，在同一个地方不能代表两个不同的概念。我们有些说法还不定型，而教科书有一定的体例，表达的方式不能随意，连用词也包括在内。科学的道理要用平常的普通话准确地表达出来，这就要求我们编辑对科学道理能融会贯通，在表达出来的时候还要对学生贴体入微。第二点，各科的课本虽然有分工，但受之者只是一人。因此，各科课本要注意互相联系，不能矛盾，不要重复，不论纵向横向，都应该注意。

向善读善写方面努力*

——在人教社业务学习会上讲话的提纲

尝为语文老师言，以须引导学生读书作文，自己先须善读善写。

我人为编辑工作者，与老师有共通之点。我人须看稿，亦当善读，我人须撰稿，亦当善写。

所谓善读善写，非可求成于一旦，端宜积之于平时。看书不仅知其梗概，还须察其用心，衡其工夫。含蓄之意，思想之路，均宜细求。进一步则不仅诵其文而已，还须自出己见，衡其得失，孰取孰舍，孰可师孰不可师，乃真达到活读书之境界。复言作文，不仅成篇而已，还须求全篇之完整，考虑读者对象之能否通晓，进一步则考虑如何则于人更有益，如何则更可以感人。

读与写关系密切。善读必易于达到善写，善写亦有裨于善读。二者皆运用思考之事，皆有关学科知识与生活经验之事，故而相通。

平日经常留意，则敏感自然练成。何谓敏感？即不假思索，而自然

* 选自叶圣陶著：《叶圣陶集》（第 16 卷），江苏教育出版社 2004 年版。本文作于 1962 年 5 月 9 日。

来条件反射，孰精当，孰生动，乃至朱文权先生所举之词之符合真实与否，搭配之合理与符合习惯与否，皆可一望而知。敏感养成，乃可随时应用。否则临时研求，非常吃力，吃力而又不讨好。

故我欲请同志们做此基本功，为做好编辑工作，要向善读善写努力，不以一般地读写为满足。

以下偏于谈写。写之情形，初朦胧，次渐明确。朦胧之阶段不宜写。逐渐明确，即思想条理逐渐安排好，同时即语句之次序与用词及词序逐渐抓住之过程。及夫完篇，即是所想的东西定了型，一方面说是这样一个内容，另一方面说是这样一篇文章。

文章需要改是怎么一回事？这一段这一句这个词要改，意即这些地方没有想妥帖，所以要改。改还是改内容，使它想得更完善。而内容凭语言表达，所以从外表看来就是改文章。有人说“文字上有毛病”，实属不妥之论。

多写多改是很好的基本训练。

不常写，就没有组织脑子里的东西的习惯。一种知识，一段经验，藏在脑里，可能只处于刚才所说的朦胧状态。老师教学生，要叫学生把学得的东西用自己的语言说出来，就是要学生懂得明确，不要处于朦胧状态。我们要写稿，自当练成一种能力，凡所知的东西，总要拿得出来，能够让它定型，不让它处于朦胧状态。这唯有多练写作，才能办到。

写比说可以细想，思考，找适当的语句，时间来得慢些，所以更可以表达得完整而明确。说与写能同样好，自属最好。但是这样的人似乎不甚多。当面说，有种种补救办法，写没有这种便利，所以要求宜更高。凡当动笔之时，决不马虎，写一便条一封信也不马虎，自能养成写的良好习惯。

练习写又可以训练思考的习惯。如志公、仲仁所出的题目，都是很有好处的。这些题目都可促进观察，而不注意观察，往往是说不好写不好的原因。又如读了一篇说理文章，自以为明白了，不妨写一则提要来试试。试写的时候觉得说不明白，一定要去研讨那文章，这是深入一层。待写出提要来真的“提”了“要”，那就真懂得那篇文章了。

再说改。改是养成想得更精密更周到的习惯的重要途径。改学生的作文，只要帮他们把意思弄清楚了就算，缺漏的地方至多给指点一下就算。改自己的东西，那东西又是预备给人家读的，自当把所说的内容说完全，说正确，再从读者方面着想，看他们能否很顺当地领会，毫无困难与障碍。

咱们这名为业务学习，今天我劝诸君向善读善写方面努力，写的方面提出多写多改，期于养成读与写的敏感。未必全对，而且多是空讲，希望考虑，择善而从，自找办法，切实锻炼。持之以恒，必有大进。

课文的选编*

——致人教社中学语文编辑室

前此观胡邦彦君对高中语文第四册所提意见，今日又阅毕胡君对高中语文第三册所提意见，惶愧至深，非可言状。此套课本编辑之际，我寓目者似极少，书既印出，藏之橱中，偶或翻检，从未细看。总以为不能易一字之境固难达到，而文从字顺，可资讽诵，宜必当之无愧。初不料可商之处乃若是其多，观胡君所提，可从者十之八九。然则此套课本行用于学校，实为饷学生以粗制品。语云，取法乎上，仅得其中，取法乎粗制品，所得者何耶？此我所以谓惶愧至深也。

胡君于 1957 年即尝来函详提意见，今年对高中语文第三、第四两册献疑，笔录皆将二万言，其精神可佩，其用心可感。彼极注意于语言之运用，表达之明确，编辑之体例，是皆我同人所不甚措意者（请恕我直言），而凡为出版物，凡为课本，咸宜郑重措意，又何况为语文课本乎！以故我建议，请编辑室诸公传阅胡君之笔录，阅时取课本对照，静

---

* 选自叶圣陶著：《叶圣陶集》（第 16 卷），江苏教育出版社 2004 年版。本文是作者 1962 年 8 月 22 日致人民教育出版社中学语文编辑室的一封信。

心细会，必有所得。万勿视为通常之投函，我人绝不应辜负教师中之有心人如胡君者。我已答胡君二书，希望编辑室再与通信，致其诚意。

我思教师之中，必有以为我社之课本已臻完善，无可訾议者。此以其眼力之短浅，我人决不宜因而自满。果臻完善，胡君如许意见何自而来哉？亦必有心知其未善，怀想甚多如胡君者。彼辈或嗤之以鼻，或窃笑于心，以为不避烦劳提意见，良为多事，既为行用之课本，则循例讲授而已矣。果如是也，则殊损政府之威信，实可寒心。于此益可见胡君之一再献疑，累累书之至数万言，务期我社择善而从，俾课本渐进于精善，实为忠诚之襟抱，教师之楷模。我与胡君初不相识，诸公当知我决非阿其所好也。

成事不说，前车宜鉴。往日之草草如彼，此后宜如何改途易辙，端合深思矣。兹略陈所怀，至希诸公正之。

凭空言之，难于畅达，请以此高中语文第三册之七篇为例。七篇者，《谈学逻辑》《在莱比锡审讯的最后发言》《在法庭上》《工厂技术革命的新气象》《火光》《在狱中》《怎样评价〈青春之歌〉》也。

此七篇唯《谈学逻辑》六面，余皆十面以上，最长者《在莱比锡审讯的最后发言》《在狱中》二篇，皆十六面，连空格计之，约八千五百字。我猜教师学生必有对如许长篇汇于一册深感头痛者。课本选用长篇，长至若干字为度，一册以几篇为度，今后必当限定矣。

质直言之，此七篇仅为粗坯，尚待加工，如其原样，实未具语文教材之资格。我人决不宜抱“唯名主义”，以为如潘梓年、茅盾二位之文，尚有何话说。我人亦不宜盲从市场情况，以为《季米特洛夫选集》《母亲》《青春之歌》行销至广，读者至众，何妨采录其一章一节为教材。

我人首须措意者，所选为语文教材，务求其文质兼美，堪为模式，于学生阅读能力写作能力之增长确有助益。而此七篇者，姑谓其质皆属精英，若论其文，则至为芜杂。意不明确者，语违典则者，往往而有，流行之赘言，碍口之累句，时出其间。以是为教，宁非导学生于“言之无文”之境乎？是诸篇之作者译者弗顾及此，信笔挥洒，遽尔付与报刊，印成书本，贻不良影响于读者，固不获辞其责，然彼辈初未料将以其著译为语文教材也。而我人则采以为语文教材，意若曰如此之文堪为模式，实乃导学生于“言之无文”之境，我人之责岂可借“唯名主义”与市场情况而轻减分毫乎？以故我谓今后选文，绝不宜问其文出自何人，流行何若，而唯以文质兼美为准。小有疵类，必为加工，视力所及，期于尽善。不胜其加工者，弃之弗惜。据实言之，苟至于不胜其加工，其质亦必非精英矣。

七月间印发之《全日制中学暂行工作条例（草案）》（草稿），其第十二条有云：“不要把语文、史地等课讲成政治课，也不要把语文课讲成文学课。”此语至简，而纠偏之旨甚备。由此以思，如《怎样评价〈青春之歌〉》是否宜为语文教材，可商酌也。

最近得观林枫同志在高等学校及中等专业学校理工农医各科教材工作领导小组会上讲话之记录稿，中有云：“中小学教材从一九五六年以来年年都改。书上写了不少‘卫星’，有的是假的，不改不行。本子很厚，一课书十几页，怎么念，‘小炉匠’也选上了，还要背下来。”林枫同志辞气之间不以采选《林海雪原》为然，显然可知，第不知其着眼之点为何。以我观之，如《林海雪原》，如《青春之歌》，如近出之《红岩》，盖在伯仲之间，可供浏览而不宜为语文教材，以其未臻于文质兼美也。所谓“不要把语文讲成文学课”，实含有语文课并非文学课之一义。自此而推之，流行之小说宜从严采选，勿求其多。

以下请言编辑工作。历年来编辑室交来稿子嘱观，我有意见，辄书于旧日历之背面，计其总数，殆将三四百纸。我自知识见极短浅，所提诸端必有谬误者。唯书于纸片者皆就编辑工作之实际为言，虽一鳞一爪，不成系统，而类而比之，汇而约之，宜可归结为若干条，为参考之资。屡闻将从事此役，而忽忽数年，迄未着手，今且并此诸纸片散不可拾矣。我于此颇感不满。既怀不满，自宜书之，亦直道也。

编辑工作约为四事，选文，作注，撰短文，出题目是也。请分别言之。

我尝谓凡选文必不宜如我苏人所谓“拉在篮里就是菜”。选文之际，眼光宜有异于随便浏览，必反复讽诵，潜心领会，质文兼顾，毫不含糊。其拟以入选者，应为心焉好之，确认为堪以示学生之文篇。苟编者并不好之，其何能令教师好之而乐教之，学生好之而乐诵之乎？其理至著明也。初入选之文篇，经共同研讨，或终于不入选。然初选之顷，万不宜草草从事，可断言也。

我人选文，似当坚持一义，非欲凑成一册篇数足够之汇编，而欲一册之中无篇不精，咸为学生营养之资也。请诸公观之，此义何如？

选定之文，或不免须与加工。加工者，非过为挑剔，俾作者难堪也。盖欲示学生以文章之范，期于文质兼美，则文中疏漏之处，自当为之修补润色。固陋之作者或将不快，明达之作者宜必乐承。加工之事，良非易为。必反复讽诵，熟谙作者之思路，深味作者之意旨，然后能辨其所长所短，然后能就其所短者而加工焉。他则作者文笔，各有风裁，我人加工，宜适应其风裁，不宜出之以己之风裁，致使全篇失其调谐。总之，欲求加工得当，必深知读书为文之甘苦，愿与诸公共勉之矣。

次言作注。我以为作注之事，略同于上堂教课，我人虽伏案命笔于编辑室，而意想之中必有一班学生在焉，凡教课之际宜令学生明晓者，注之务期简要明确。所注虽为一词一语一句，而必涉想及于通篇，乃于学生读书为文之修习真有助益。尤须设身处地，为学生着想，学生所不易明晓者，必巧譬善喻，深入浅出，注而明之，必不宜含糊了之，以大致无误为满足。注若含糊了之，教师亦含糊了之，而欲求学生之真知灼见，诚为缘木求鱼矣。复次，语文课令学生诵习若干文篇，无非“举一隅”耳，意盖期学生“能以三隅反”，阅读其他文篇与书籍也，非诵习此语文课本即毕事也。欲臻此境，教师之导引启发，学生之揣摩练习，皆至关重要，而我人作注，亦与有责焉。作注固在注明此一篇，苟于意义多歧之词语，含蕴丰富之典故，较为繁复之语法结构，颇见巧妙之修辞手段，多写一二句，为简要之指点，则学生自诵其他文篇与书籍，将有左右逢源之乐。总之，我人不宜抱多一事不如少一事之想，凡有裨于学生者，正当不避多事。我此存想，诸公以为然乎？

至于撰短文，此次观新编初中语文课本第一册原稿既毕，我尝书小纸片黏附于短文之后，请诸公检而览之，兹不重陈。

以下请言出题目。前此数年，我人所出练习题类多空泛，今已共知其无当。近者有所改进，犹未能谓之满意。大抵出题之先，必明一义，非每课之后例须有数个练习题，第求凑足之即为了事也，盖将就本课之内容与形式，抉其至关重要之若干点，俾学生思索之，辨析之，熟谙之，练习之，有助于阅读能力写作能力之增长也。以故所出虽仅数题，而考虑之顷，则宜通观全篇，观之一遍未必即有获，则宜反复数遍。如是乃可期所出之题并皆精善，无敷衍凑数者。复次，一课之后，练习题之数有限，而须令学生思索、辨析、熟谙、练习者，其数必不止此，于是宜通一册之诸课而为安排，宜通六册之诸课而为安排，始可面面俱到，无遗无漏。若此通盘安排，我人尚少措意，今后所宜致力也。又有言者，凡为练习，必不能谓为之一度已足，一练再练，锲而不舍，乃长能力。以故已出之题，尽当重出。苟重出而悉如前样，或将使学生生厌，则无妨同其旨趣而异其方式焉。

以上所称加工，作注，撰短文，出题目，皆为我人之笔墨。落笔为文，刊而布之，影响及于广众。况为语文课本，影响及于修习语文之学生，落笔尤宜加慎。务求明确修洁，不蔓不枝，始合以身作则之道。请恕我直言，往者我人于此，措意犹嫌未足。举凡可议之处，自迹象观之，为语言之欠周，而究其根源，则为思考之未谛。苟思考既审，运用语言俾定型焉，浮辞赘语之类必刊落无遗矣。此亦愿与诸公共勉之者也。

我人撰写之各种稿子，皆经反复商论，再三修改，乃为定局。然写稿之初，必不宜如是存想，以为尚须商论与修改，无妨姑草草为之。宜视初稿如定稿，一言一语，绝无所苟，若将以付排字房者然。我有如是经验，定稿之善否，盖植基于初稿。初稿得十之七八，商论与修改增益其二三，斯成完作。苟初稿仅得十之二三，谓商论与修改之后可成完作，其事殊为罕见，亦唯有改弦更张，别起初稿耳。此言初稿之务宜审慎也。次言商论之后，诸人签注之意见杂然并陈，其最后改定，以原属稿者任之为善。签注之意见，或仅顾一节，未察全局，或彼此抵牾，未能兼采。原属稿者虑之较熟，审之较周，再一深思，择善而从，宜乎最为胜任愉快。我于阅稿之顷，书意见于小纸片，往往出之以商酌口气，未敢径下断语，本此旨也。且稿子如此其多，谓最后改定悉出之于一二人之手，亦势之所难能也。故原属稿者宜与所任之稿为始终。

一册之中，各类之稿出于众手，其设想措意，造语用词，自必互有不齐。然诸稿集而为一册，诵之者为每一学生，苟任其不齐，即于学生之诵习有妨。我尝语数学、物理、化学诸编辑室之同人，造语用词必当划一，叙述说明必当规定体例，乃可使学生少耗心力于语言文字之揣摩，多获实益于各科内容之领会。语文课本亦犹是也。曩者累累书小纸片，偶亦及于订定体例之重要，而已成之书犹未免于体例不纯。如胡君所指出，一课后之练习题称此篇课文，说法即有三种，《文言虚词》一篇中称所引例句，说法即有十一种。胡君又指出注解用“指”字，颇有不当用而用者，可知“指”字之为用，尚来辨之甚审。胡君之笔录中，此类意见不少，往往殿之以“请著为例”，可重视也。他则标点符号之使用，语文课本实甚随便。第思此为基本训练之一项，即当郑重将事，示学生以范则。小学语文室于标点符号之使用，尝讨论久之，写成书面材料，再作深究。我以为此宜各编辑室共通为之，苟我社所出各种课本，标点符号咸有定则，其效宏矣。

上举说法之不一，“指”字之未安，盖体例不纯之小焉者也。其尤要者，如介绍一作者，概述一典籍，如何乃为适当，撰写一注解，拟定一习题，如何乃使学生于深晓本课之余，复可触类旁通，亦必预定体例，方可临文而不乱，众手其如一。自古著书，首重发凡起例，我人宜加意焉。

〔补遗一〕于论选文之一段，我尚欲补陈一义。我人选文，大抵不出若干种选本与课本之范围，或昔取而今舍，或已舍而复取，如此办法，我尝戏谓之“炒冷饭”。盍亦求煮一锅新鲜饭乎。博览广搜，终将有获也。教师惮于新选课文，谓唯老课文乃能教之而奏功，实为不通之说。苟不能教新选课文，其于老课文奏功何若，至可疑矣。故我人不须顾及课文之老不老，苟为文质兼美之篇，有裨于学生之诵习，虽新必取。通观各册课本，叙历史人物者，状名山大川者，记传统之文化艺术者，几乎绝无而仅有，而是皆当代学生之精神食粮也，似当寤寐以求之。

〔补遗二〕于论出题目之一段，我尚欲补陈一义。尝屡言之，教师于课文之关键处，含蓄处，苟能作适当之指点，不为详尽之讲说，而唯启迪其思考，于学生最有实益。学生思之而自通，所通将终身不忘。学生思之而不通，困惑甚深，教师于斯时为之说明，印入之深必逾于寻常听讲。我意课本与参考书中宜列此类材料，或径书一二语，或提出问语，方式不必从同，总之以指点启迪为归。以此为例，供教师以依仿之资，教师通其旨而复自拟如何指点与启迪，则学生受益大矣。欲请诸公留意，今故重复书之。

关于语文课本的练习题*

——对十年制语文课本初稿的批语

诸位这样认真细心，细磨细琢，一字不苟，我太高兴了。课文要供千千万万儿童朗读，要养成他们正确的思维习惯和语言习惯，咱们应该这样做。不这样做就对不起他们。琢磨恐怕未必到此为止，还可以加几回工。我愿意追随诸位之后，不怕麻烦，每役必从，使这一回新编的课本比旧课本提高一步，真当得起“语文课本”这个名目。

练习题出得尚可，恕我直言，启发性还是不大够。要儿童动脑筋，就力所能及动脑筋，从这样的观点出题目，就是我所谓照顾到启发性。咱们把课文反复揣摩，设想面前坐着一班小学生，思之思之，将会找到富于启发性的题目。题目的内容和形式不要拘于一格，越多样越好。拘于一格，学生大概会发生“走马灯又来了”的感觉，这不免减损他们的兴致和积极性。换句话说，就是要抛掉旧框框。我觉得现在出的这些题目，多少还受旧框框的影响。帮助记忆的题目，巩固理解的题目，当然

---

* 选自叶圣陶著：《叶圣陶集》（第 16 卷），江苏教育出版社 2004 年版。本文作于 1962 年 12 月 26 日。

也需要，但是促使学生动脑筋得到自己的发现的题目应该占相当的比重。我的想法未必全对，我也不是能出富于启发性的题目，既有此想，不敢不告，敬请诸位度之。

练习题的语言要确切，要干净，要是普普通通的话（术语越少越好），要上口。出了个题目，不妨设身处地替学生想想。一想学生能不能回答，二想回答得出于他们有哪些方面的好处，好处大不大。

咱们提倡勤读多练，出练习题确是一项很关重要的工作。

第三编

教材教法研讨

读经*

六月间，报载广东电讯：粤省政府主席陈济棠提案，各学校应注重读“五经”“四书”，每周至少在六小时以上……案经省府全体通过后，令教育厅即日遵行云云。

上海某报对于这事件特撰评论，有以下的一些话：“十五年来，自北大所谓新潮流发生之后，斥经书为死物，詈礼教为桎梏。……于文字则尚白话，而欲尽燔旧时典籍，虽二十四史亦不过一部相斫书。于人生则竞吹解放，孝悌忠信，礼义廉耻，目为洪水猛兽。然行之数年，黉舍中之课艺，求一文从字顺者不可或得；而礼教既倒，共产党乃遍于中国矣。”篇末说：“陈氏虽武夫，而此举固未可厚非者也。”

这样的电讯，这样的评论，在有些人看来，一定觉得“正中下怀”。青年的心性太活跃了，自由探索的勇气犹如不羁的马。给他们以有形的束缚，他们会跳起来闹什么风潮。给他们以无形的桎梏，让他们的心思才力慢慢地腐败下去，这才不至于出什么乱子。于是那些人的权势得以

---

* 原载《中学生》第 37 期，1933 年 9 月，署名丙丞。

稳固，天下得以太平，秦始皇所梦想的，他们得以亲身经历。此所以在如今时代，青年又将有“读经”的福分。

“读经”，怎样读呢？当然还是照传统的方法，像画符念咒那样地读。读了之后感到一种神秘的麻醉力，仿佛喝了过量的酒。于是写起文章发起言论来，无不如从前应制的经义：或者作一字一名的钻研，走到所谓“雕虫小技”的“牛角尖”里去。至于行为方面，就不折不扣当那些提倡读经的人的“帮闲”，作维护封建势力的篱笆。这时候，那些提倡读经的人是踌躇满志了；但是，被迫读经的青年却给葬送了！

所谓“经”是什么东西，那些提倡读经的人未必知晓，就是作前面所引的那篇评论的作者又何尝认识得清楚。所谓“经”乃是古代的文化史料。在大学生及专门家，如果研究古代的文化，“经”是必要的对象的一部分。研究者对于研究的对象是取客观态度的，既不奉为神圣，也不“斥为死物”，只还它个本来面目。这并不是“读经”。“读经”这勾当与基督教的“查经班”所做的工作大致相当，在研究者是无所用之的。

中等学生并不担负研究古代文化的责任。他们有历史、文学等课程，从这些课程他们会接触古代文化。假如嫌仅仅接触还不够，要他们与大学生和专门家一样，去研究古代文化，对各种“经”下功夫，这已经是责望非人，而且紊乱了教育系统。何况所谓“读经”并不是这个意思，而是要青年去上“查经班”，希望收到麻醉的效果。这不是非常严重的一个问题吗？

那个电讯刊出以后，过了若干天，又见报载广东各校即日读经之说，查无其事云云。“查无其事”，我们也并不乐观。这个年头，有人正要把整个教育系统“读经化”呢！

读经与读外国语*

最近教育部发出通令说："近查各地初级中学及小学有指定经书强令学生诵习者；亦有小学诵习文言，或增加英语、日语等科目者。是不特违背本部所颁中、小学规程及课程标准之规定，抑且加重学生担负，转使算学与自然科学等成绩日趋低劣，殊属非是。"以下的话是令各省教育厅饬知所属中、小学，"所有课程、科目及国文、国语等内容务须遵照法令办理。"这是一道开明的通令，颇可赞许。但是，就从这上边，可以知道现在正有若干中学生、小学生在那里诵习经书，更有若干小学生在那里诵习文言或者英语、日语。若从教育的见地来说，这是大可注意的反动现象和危亡现象；负其责的是教育者或者学生的父兄，而被牺牲的却是学生。

开通的教育者反对中小学生读经，一般顽旧的人便惊骇狂叫："你们要灭绝经书，你们是洪水猛兽！"这已是十几年前的旧戏了，然而到今日还得重演。其实顽旧的人并没有看得真切，反对中小学生读经的人

* 原载《中学生》第46期，1934年6月。

何尝要灭绝经书，不过对于经书的认识比较正确一点罢了。他们以为经书是我国哲学、史学、文学上的一些材料，大学里研究这些科目的学生拿来下功夫是应该的；中小学生要学习的正多，所学习的正多，所学习的又都是即知即行的事项，不像大学生那样偏于纯理智的研究，所以经书的诵习实非所宜；即使经书里确有了不得的精义，非令中小学生领受不可，也该融化在各种科目里头，以通俗便易的形式呈现于中小学生的面前。试问，这样中庸的见解应当受“洪水猛兽”的毒骂么？但是顽旧的人哪里肯平心静气想一想呢？他们感觉自己的地位不很稳固，他们感觉今日的青年不易管教，他们也叹息于教育的失败，他们也愤慨于国运的危殆，而推求其原因，都归结到学生不读经之故。他们以为只要学生读了经，什么事情就会变好了。于是手里执着教育权的就令学生读经，身为父兄的令子弟读经；谁出来反对时，便炮弹一般轰过去：“你们是洪水猛兽！”照目前的社会状况，他们的不安和伤叹是只有加重不会减轻的。在最近的将来，读经的风气或将更为流行，也未可知。那就要有更多的中小学生陷落在厄运里，而教育部的通令除了供他年编教育史时作为材料以外，也就等于白纸了。

再说小学生读外国语，在上海是很通行的，最简陋的“弄堂学校”里也列有英语的科目。我们且抛开小学生该不该读外国语的问题，单问我们所以要读外国语为的是什么？回答很容易：我们要把外国语作媒介，从而接触外国的文化呀。然而，这只是少数傻子的想头，多数人却自有他们的巧妙的打算。他们艳羡那些“洋行买办江白度”，以为“江白度”的条件是能说外国语，便奉外国语为绝顶重要的科目，父诏其子，师勉其弟，“你要用心把外国语读通才好啊，否则便不能伺候你的外国主人!”从中学时代读起来还嫌来不及，于是小学里也设起外国语的科目来。据我们所知，自从“九一八”事件发生以后，各地学校颇有添设日语的科目的。他们的动机都由于兵法上所谓“知己知彼”么？我们不甚相信。至少有一小部分存着预备伺候外国主人的想头吧。《颜氏家训》里有一则说：“齐朝有一士大夫尝谓吾曰：‘我有一儿年已十七，颇晓书疏。教其鲜卑语及弹琵琶，稍欲通解，以此伏事公卿，无不宠爱，亦要事也。’吾时俛而不答。异哉此人之教子也！若由此业自致卿相，亦不愿汝曹为之。”一班切望学生子弟作“江白度”的教师父兄便是这个士大夫的同志。他们正配作亡国奴，我们也不想对他们说什么。我们只希望读着外国语的中学生乃至小学生自己清醒一点，不要作这种亡国奴的想头而已。

读《教育杂志·读经问题专号》*

上月份，《教育杂志》出了一个《读经问题专号》，专门刊载“全国专家对于读经问题的意见”。这个专号所刊专家的文章共有七十多篇，可以说是洋洋大观。所谓读经问题，就是要不要把经书列在学校课程里头，让中小学生去修习的问题。这跟中学生大有关系，所以我们特地提出来报告给我们的读者；读者如果方便的话，不妨取这一期的《教育杂志》来看看。在这里，我们还写一点我们对于这个专号的“读后感”。

经书是甚么？是我国古代哲学、文学、政治、经济、民俗等等的总记录，而大部分染上了儒家的色彩的。谁如果是一个这些方面的专门家，或者是大学里研究我国古代哲学、古代文学等等的学生，那么经书是他所必须修习的东西。这层意思我们曾经屡次说过；在《教育杂志》这个专号里，即使是最反对读经的专家，也都这么说。这并非一种主张，乃是当然的事实。

中小学生并不作这方面专门研究；中小学生自有规定在那里的课

---

* 原载《中学生》第56期，1935年6月。

程。那么，经书对于中小学生绝对不需要，也是当然的事实。为甚么偏有一些人主张把经书列入学校课程，非使中小学生修习不可呢？

这由于他们对于经书的认识不同；换一句话说，他们并没有认识甚么是经书。他们把经书认作一种符咒似的东西，凡是正人心、治天下、雪国耻、兴民族等等目的，都可以从读经这一个简便的手段来达到。我们不愿意用恶意去测度他们，我们承认他们完全是一片真诚；然而，他们这种迷信符咒的态度，不是和原始民族差不多吗？跟原始民族差不多的人物，而处于教育青年指导青年的地位，这岂不使青年大吃其亏？

在这一个《读经问题专号》里，大概从教育的立场说话的人都不主张让中小学生读经。这本来不是甚么深奥的道理，一个人只要不抱迷信，懂得一点现实的情状，自然会知道要中小学生读经简直是胡闹。然而，现在教育界中偏多不从教育的立场说话的人，更有教育界以外的人也硬要来管教育界的事，致使那些从教育的立场说话的人有开口为难之感。这是现在教育的实况。因为有这一种实况存在，我们如果把话说得偏激一点，一个少年，一个青年，若不希望取得一张文凭而只想有一些真实的知识和能力的话，实在没有受学校教育的必要。否则我们就得要求学校教育整个的改革：凡是不懂得教育的人不配来说什么话，出什么主张；凡是教育的设施必须切实顾到国家民族的福利跟受教育者的身心健康。

闻华北改编小学教科书有感*

日前本报电讯，谓津市府决改编小学教科书，以适合于华北及津市各小学环境。此项消息适披露于“九一八”日之报端，瞩目及此，诚觉感慨百端。搔首抚膺之余，不得不执笔而贡一言。

夫为某一区域特编教科书，即所谓地方教材，小学教育界中固已不乏先例：大抵关于历史者为乡贤古迹之叙述，关于地理者为山川风习之记载；其有不甚普遍之动植物，在寻常教科书中罕或提及，而在本土乃至有系于民生，亦别撰课文，备录而详志之，则属于自然科学者也。复有书商不忍放弃国土以外之营业，而国情不同，寻常教科书难期合辙，于是特编一种教科书以应之，如于香港，于南洋，书商皆有特编之教科书，大抵于卷首刊载该地所属国家之国旗或元首相片，而命意立言，亦具不违各该国家之观点，此为又一种地方教材。在书商以营业为最大前提，其出此也，亦自持之有故；然自教育之立场观之，以如斯之教材飨本国之侨胞，影响所及，直使侨胞子弟忘其祖国，甘为顺民，即斥为卖

* 原载《申报·评论》1935年9月23日，署名秉。

国，亦岂过分？而其书与前一种之地方教材不可同日而语，自不待言矣。

今华北之改编小学教科书，其取意将与后一种之地方教材相类乎？我人据中国人之自觉心与责任心推之，而知其必不然也。将与前一种之地方教材同其旨趣乎？此乃实验小学或教育研究会之所务，初不必待行政机关之特事策动也。试观电讯中有适合环境之言，即知与前所举两种地方教材之编撰悉异其趣。环境限之，不为变通，斯无以适应。其变通，以求适应也。苟自定最后之界限，界限以外无妨舍弃；果界限以内决不放松，则改编小学教科书之苦心且为国人所深谅，谁复忍加以苛刻之责备哉？

按教科书之为用，在授予真实之经验，以期贯彻教育宗旨耳。至如感情用事，叫嚣谩骂，乃下乘宣传文字之恒态。现在通行之教科书虽云未能尽如人意，宜未必有是错失。顾所谓环境也者不之许，改编之以求适应，可也；抹杀真实经验而以无关宏旨之材料代之，则断不可也。此最后之界限也，凡属我族之真实经验，苟为小学生所必须承受，仍宜不折不扣纳入于教科书，下笔固无妨极度冷静，而叙述则不容少有歪曲，庶几使展诵之者与全国小学生同其营养，不致陷于精神上之羸弱。抑有进者，教科书，工具也，工具自当期其尽善，而如何使用工具，以达到所悬之目标，则视工具尤为重要。今华北之小学教师，其设教也，殆亦将改易故道适应环境，苟由此而渐就委颓，所言所行远离于教育宗旨，则虽有优善之教科书，其何能奏绩？如或反之，小学教师咸认己身所任为特别艰巨之工作，精心研究，埋头苦干，神而明之，存乎其人，则虽教科书略有未善，又何患不能收教育成功之大效耶？

民国十八年四月二十六日国民政府公布之教育宗旨曰：“中华民国之教育，根据三民主义，以充实人民生活，扶植社会生存，发展国民生计，延续民族生命为目的，务期民族独立，民权普遍，民生发展，以促进世界大同。”其言美善，良可赞叹。我人愿国土以内，凡与教育有关之人，或编撰教本，或从事教学，咸记忆此美善之教育宗旨，倾注心力，以求贯彻，勿令徒成教育史之资料也。

读教科书不是最后目的*

一个住惯了都市的青年到乡间一家亲戚家里过暑假，那亲戚家里种植着一些花木，跑出门去，又随处可以见到田亩和树林，他开始对植物发生了兴趣，时时去观察它们。真的，他还是第一次同植物亲近呢。在都市里，他看见的是鸽子笼似的房屋，灰白色的水门汀地，以及车来人往的街道，只有学校廊下排列着的几盆盆花是他仅见的植物。现在他每天和各种植物为伴，什么都觉得是新鲜的，随时有新的解悟。他看见多数植物的新芽从叶柄的地方生出来，纠正了他以前的见解，在以前，他以为新芽的萌生处所全是没有规律的。他又看见一些植物的花蕾早已预备在枝头了，如山茶的花期在冬春之交，绣球的花期比山茶还迟一点，但是在夏季都有了花蕾，这使他觉悟向来的错误，在向来，他以为一切植物的花蕾都要到了花期才生出来的。一天，他把他的新经验告诉我们，说："关于这些，植物教科书上都没有提起，莫怪我要误会了。若不是这个暑假有了观察的机会，这种误会不知道要延长到什么时候呢!"

---

* 原载《中学生》第58期，1935年10月，署名编者。

我们相信一个农家的孩子或是种花的园丁决不会有这种误会。他们并没有读过植物教科书，甚至不知道有植物什么的名词。而郑重其事地，为了研究植物而读了植物教科书的，偏会发生这种算不得轻微的误会。可见仅仅读植物教科书决不是研究植物的妥当办法了。

依通常说，学生所要求的是知识。说得更切实一点，那便是生活经验。生活经验不是随便谈谈、随便听听就可以取得的。必得把外界的一切融化在我们的生命里，使我们的生命丰富而有所作为，才算真个取得了生活经验。外界的一切“杂然并陈”，为摄取的方便起见，不得不把它们分个门类，于是学校里就有了各种的科目。每一种科目如果漫然去学习研究，势必混乱而没有头绪，为有所依据起见，不得不给它定一个纲领，于是学校里就有了各种的教科书。读教科书并不是进学校的最后目的，最后目的乃在取得生活经验。必须一方面依据教科书上所定的纲领，一方面不忘记和“杂然并陈”的外界的一切打交涉，这个最后目的才可以达到。仅仅知道一些文字记录下来的纲领，此外再不做什么功夫，那是绝对不行的。

仅仅读植物教科书而不去亲近植物，只能算没有懂得植物。像前面说起的一个青年那样，直到同植物亲近之后，他才觉悟从前见解的错误，他才真个懂得了植物。教科书只是文字而已，间或插一些图片，也不过一瞬间的静态，不要说万万传达不出事物的真相，就是和活动影片比较，也相差很远。往往有这么一种情形：实地观察原可以一目了然的，教科书中连篇累牍写了一大堆还是不能教人明白。这不一定由于编书的人本领差，要知道文字的功用自有它的限度。还有，譬如读生理教科书，一章是消化系统，一章是循环系统，如果不去取一匹动物来解剖，也不省察自己的身体来理会，定会设想这些系统是各各独立的，谁和谁没有关系，好像都市中埋在地底下的排水管和电线管。这也不能怪编书的人，身体中的各个系统原是息息相关的，可是编书总得分了开来一章章地编。最要紧的是教者、学者都要认清楚：教科书不过是个纲领，是宾，真实的事事物物才是教学的材料，是主。教明白了教科书，记清楚了教科书，算不得数。必须学者真个懂得了真实的事事物物，方才是教者教到了家，学者学到了家。

不仅理科方面的科目如此，其他科目也是一样。试把国文来说。国文，好像全是书本上文字上的功夫了，然而它和实际生活也密切地联系着。你研究一句句法，必得问实际生活中这样说法是不是妥当，你研究一个字眼，必得问实际生活中这个字眼该怎么使用，这才读一篇文章得到一篇的好处。如果你不问这一些，单从书本上文字上去揣摩，玩弄什么神妙呀、生动呀那一套把戏，那只能做成功一个书呆子而已，读完一部国文教科书准保你写不来一张字条子。

读者诸君中间有相信读教科书便是进学校的最后目的的吗？如果有，我们特地在此提出劝告：快把这个信念丢开了吧，因为这是个要不得的信念。教科书好比一张旅行的路程单，你要熟识那些地方必须亲自到那些地方去旅行，不能够单单记住一张路程单。

各种科目的教育价值*

自从陈衡哲女士发表了《救救中学生》一篇文字以后，很引起各方面的注意。本志这一期里刊载吴自强先生的一篇文字，也是陈女士那篇文字引出来的，对于怎样救济中学生说得很为详备。对于算学功课繁重一层，他并不赞同陈女士的意思。本来，为了算学功课繁重，影响到学生的健康，就说最好不要让算学功课压在学生的肩膀上，这种枝枝节节的办法是不对的。最要紧的自然是教学方法的改良。算学功课没有好成绩，并且影响到学生的健康，教者、学者就得双方努力，把这不好的事实改变过来。其他功课如果有同样情形，补救的办法当然也是这样。

至于各种科目的教育价值，不但教者应当认清楚，就是学者也得辨明白。算学这一科目，岂止科学的重要基础而已，我们平时的一言一动，都跟算学有密切的关系。它训练我们的思想，规范我们的行动，它的价值远在计算以上，计算只是它的狭义的实用价值罢了。再说史地，又岂止故事跟地名的记诵而已，它指导我们去认识环境，启示我们怎样

* 原载《中学生》第60期，1935年12月。

才是适当的生活方式，本来不是装饰品似的无聊学问。推广开去，中学里各种科目都是必要的，好像食物里的各种营养素一样。一定要把各种营养素吸收到身体里去，身体才会正常地发育，同样地，一定要把各种科目学习得到家，个人的知能才会平均地进展。

有人主张高中从二年级起，分为文、理两组，文科一组不妨停止学习算学，理科一组不妨停止学习史地。这显然蔑视了算学跟史地的教育价值，我们不敢苟同。趋向文科的人如果不预备做一个浮而不实的文士，就不应该抛弃算学。跨向理科的人如果不预备做一个不知其他的技士，也不应该抛弃史地。现在虽然还没有照那种主张做，情形已经很可忧虑了；文士的思想行动往往漫无规律，欠缺精密；技士呢，除了自己的小范围之外，往往不知天地为何物。如果照那种主张做起来，所得的结果当然更要不行。所以分组而停止学习某种科目的办法是不妥当的。最近教育部召集课程标准讨论会，会里的决议也主张在高中二年级分组，不过不是停止学习某种科目，而是轻重其间，使近于文科的一组减少一点算学的功课而多习国文、外国语等。这个办法比较合理，可以赞同。可是还得加说一句：如果不把教学方法改良，不把各种科目的教育价值认清楚，那么，学生的学习负担依然不能减轻，而学习了之后也依然得不到什么实益的。

一个总的目标*

修订后的课程标准，详细内容如何，我们还没有知道。依我们的意思，目前已是整个民族生死存亡的关头，当此时期修订课程标准，应该有一个总的目标。什么目标呢？就是“争求民族解放”。

从汉奸殷汝耕的手里发出了新编的教科书。从某一些地方时时传出修改教科书以适应特殊环境的新闻。他们也是改变课程标准啊，他们的目标在教人甘心作汉奸，永远当奴隶！我们不甘作汉奸，不愿当奴隶，和他们正相反背，对于他们的新编呀修改呀绝对地反对；同时我们嫌现行课程标准迂缓而少力量，自然发生了以“争求民族解放”为总的目标的要求。现在国内论者提出“国难教育”“非常时期教育”的方案很多，虽然详目未必全同，但是认教育为争求民族解放的手段却是一致的。

即使修订后的课程标准并不合于这样一个总的目标，我们以为教者与学者也不得不自己认定这个目标走去。生为中国人，眼见耳闻的都是灾难和威胁，求生的意志可又像三春的草木，蓬蓬勃勃，若不认定这个

---

* 原载《中学生》第 64 期，1936 年 4 月，署名编者。

目标走去，非陷于疯狂不可。目标认定了，那就一样样、一件件都有了意思，理智摄住了感情，才可以做一辈子清醒的人。单就学生说吧：你辨认理论，你研究事物，你学习技术，你锻炼身体，你参加团体，你从事行动……无非为的争求民族解放。这岂不是你做的最有利于自己也最有利于大众的事？而且你不只学生时代如此，离开了学校之后，还是一样样、一件件无非为的争求民族解放，这岂不是你终身做的最有利于自己也最有利于大众的事？这样人己两利的事，你必然能够振起精神，挺起胸膛，毫不畏惧地做去。

上面用了“终身”的字眼，或许有人以为过分，时代给我们的课程未必需要这么久的时日。我们可以说，需要时日的多少跟我们自身努力的程度成为反比例，但时代给我们的决不是一个轻易的课题。凡是中国人，以争求民族解放为他的人生观，就从目前开始，不嫌其早。同时抱着“愚公移山”那个故事似的坚强意志，准备子子孙孙继续下去，不嫌其愚。

不成问题的读经问题*

绝对赞成读经或绝对反对读经的，都说读经不成问题。记得两年前，《教育杂志·读经问题专号》征求全国专家的意见，赞成读经的顾实先生回答说：

> 读经不但无害于民主政体并且有裨益于民国今后之强盛，绝对无可置疑。吾故曰，今日学校之读经问题本不成问题也。

反对读经的翁文灏先生回答说：

> 此问题并非重大关系，殊不值得多费讨论。问题所在，唯问吾人之思想应否向前，抑应退后；其实亦不成问题，决无一人能言吾人思想反应退后者。至先人之淑德嘉言，自当随时服膺，此其范围又并不限于“四书”“五经”，吾国历史中人物足为楷模者，为数甚

---

* 原载《中学生》第75期，1937年5月。

多，皆可垂型作则，为后辈师也。然此理易明，亦殊不必著为专说。

假使我们有方法把时代退后几百年，仍旧回到“经义取士”或“八股取士”的时代，那么，士大夫从小到老埋头在经书中；像顾实先生之流，虽不一定能做“博士”，总不失为一皓首穷经的儒者，用不到再分心来谈什么读经问题了。假使我们的国家、社会能跟着时代前进，那么，政府当然有它的适应时代的教育标准与方案，决不会想到要乞灵于“读经”；而《教育杂志》的编者，也不至拿读经问题去征求地质学专家的答案了。不幸我们这个古老的国家，既不能永远保守它的古老的生活方式又不能如中山先生所说的“迎头赶上”，老是徘徊在“新”“旧”中间，于是在新、旧两方本来都认为不成问题的读经问题，站在新、旧中间就成为问题了。

依据“六经皆史”之说，所谓“经”，原是我们中华民族的最可贵的史料，让专家去整理或研究，本来也不成什么问题。现在所成为问题的是“读”，而且有人主张中小学生都应该读。例如本年二月三中全会时，何键将军提出“明令读经”的议案，主张要中小学生读《孝经》《论语》《孟子》《大学》《中庸》。该案经全会通过，交政委会“妥定办法”。

我们相信“经”在中小学生是绝对不能“读”的，因为不但字义深奥，非中小学生所能了解，而且内容大部分不合现代生活。即使退一步，承认“经训”在现代的道德教育上还有其相当的价值，也应该加以取舍，融合于各科之中，决不可强令中小学生把《孝经》《论语》等全文囫囵吞枣地“读”下去。就拿所谓“中国固有道德”的“忠”“孝”来讲吧，我们现在所需要的忠和孝，决不是《论语》所说的“臣事君以忠”的“忠”，《孝经》所说的“身体发肤受之父母，不敢毁伤，孝之始也”的“孝”。那么，中小学生为什么要把《孝经》《论语》全读呢？至于《大学》《中庸》《孟子》里所讲的“致知”“格物”“良知”“良能”，以及“性”与“天命”等等，都是高深的哲理，更非中小学生所能理解，强迫他们读等于教鹦鹉说话，于道德培养上有什么关系，而况现代的中小学生所应该学的东西，比科举时代不知要加上几多倍，他们平日已感到功课繁重，倘再加上“读经”的专课，岂不更要影响到身心的健康吗？几千万中小学生身心的健康与否，对于国家民族的前途，关系是很大的，这不是儿戏的事呀！

实际上，现在中小学教材，已博采“经训”；而小学有公民训练，中学有新生活训练、童子军训练、军事管理及公民教科等，更致力于实践，根本用不到读经，更没有设读经专课的理由。所以归根一句话，读经还是不能成为问题的。政府如果不愿违反时代潮流，最好把这不成问题的“明令读经”案存而不论。同时我们希望主张中小学读经的先生们，不要固执成见，再把这不成问题的读经问题来引起无谓的扯淡。

我们对“经”的态度*

有人把“经”看作符咒，我们觉得“其愚不可及”。有人想把“经”这种符咒来“治”青年，希望青年成为违反时代的人物，我们反对这种荒谬的见解和举动。我们编辑国文教本，也偶尔要从所谓“经”里选取一点材料，但是我们只把它看作普通的文章罢了。文笔不坏，没有古奥难懂的词句，内容也还适宜于现代青年，这样，我们就把它选来了。这正和从其他书籍中选取材料的办法相同。

---

* 选自叶圣陶著：《叶圣陶集》（第 11 卷），江苏教育出版社 2004 年版。原载《写作与阅读》第 2 卷第 2 期，1937 年 6 月。原题为《我们的态度》，署名王伯祥、夏丏尊、叶圣陶。

中学生课外读物的商讨*

——教育播音演讲稿

一

这个题目是教育部出给我的。我以为对于诸位同学来说，这个题目的确很关重要，为着自己的知识和能力的长成起见，你们本就应该仔仔细细想一想。我说的不过是我个人想到的一些意思，也许多少可以供你们作参考。你们听了我说的，如果对于课外读物有了更清楚的认识，对于利用课外读物有了更适当的方法，就是我的荣幸了。我准备分两次来讲。这一次讲两个节目：一个是课外读物的必需，一个是课外读物的类别。下一次再讲怎样阅读课外读物。

课外读物是必需的吗？这是个不成问题的问题，谁都知道是必需的。但为什么是必需的呢？这有给以回答的必要。假如回答不出来，或者只能模模糊糊地回答，都不能算已经懂得了课外读物是必需的。

* 原载《播音教育月刊》第1卷第9期，1937年7月，署名叶绍钧。收入本书时略有删节。

和课外读物相对的，自然是课内读物。课内读物指的什么呢？无非是各科的教科书，也有不用教科书而用讲义的，那讲义也是课内读物。要知道，教科书和讲义的编撰，都不是由编辑员和教师自作主张的，须得根据教育部颁布的“课程标准”。“课程标准”详细规定着各科教材的内容纲要；编辑员编撰教科书，教师编撰讲义，都得按照规定的内容纲要，逐一加以叙述或说明；叙述和说明还不能过分详细繁复；要不，每一科的教科书和讲义都将成为很厚的一部书。所以教科书和讲义还只是一个纲要，比“课程标准”规定的内容纲要略为详明的纲要。单凭这个略为详明的纲要来学习是不济事的，所以还得请教师来给学生讲授，教师的讲授并不重在文字的解释，而重在反复阐明教科书和讲义所提及的内容。万一学生把教师所讲授的某一部分忘记了，翻开教科书和讲义来看，就可以唤起记忆，追回那些忘记了的。说到这里，你们就可以明白教科书和讲义的作用了：在学习之前，不过提示纲要；在学习之后，不过留着备忘罢了。

课内读物的作用既然不过如此，就见得课外读物的必需了。读了历史教科书，再去找一些关于历史的课外读物来看，读了动物讲义，再去找一些关于动物的课外读物来看，其意义等于在教室里听教师的反复阐明的讲授。教师的讲授限于授课的时间，实际上还是只能作扼要的叙说，举几个简单的例子；课外读物却不受什么限制，叙说尽可详尽，举例尽可繁富，你要知道历史上某一事件的前因后果，你可以看专讲这一事件的书；你要知道某种动物的生活详情，你可以去看专讲这种动物的书；看过以后，对于教科书和讲义中所提示的，教师口头所讲的，你就有了更深更广的印证。任何知识都是这样的，仅仅浮在面上，猎涉一点儿概要，是没有多大用处的；越是往深里往广里去研求，越是容易豁然贯通，化为有用的经验。而课外读物，正是引导你往深里广里去研求的路径。

以上说的是你们学习各种科目，为了求得深切的了解，单读教科书和讲义是不够的，还必须找与各种科目有关的课外读物来看。

除了与各种科目直接有关的读物以外，你们还要看其他的课外读物。譬如，你们修养身心，不但在实际生活中随时留意，还想知道古人、今人是怎么说的，以便择善而从；这时候，你们就得看关于修养的书。你们要认识繁复的人生，理解他人的生活和思想感情，不仅为了领受趣味，还想用来陶冶自己，使自己的人格更为高尚；这时候，你们就得看各种文学作品。国难日重一日，这是无可讳言的，你们深感“知己知彼”的必要，在“知彼”这个项目下，你们自然而然想知道日本的一切情形；这时候，你们就得看关于日本的书。广义地说，这些书也和各种科目有关：关于修养的书，可以说是公民科的课外读物；各种文学作品，可以说是国文科的课外读物；关于日本的书，可以说是历史科、地理科的课外读物。可是这些书讲的并不限于教科书和讲义的范围，更不是教科书和讲义的详尽的注脚，因而跟前面所说的那些书究竟有所区别。前面所说的那些书通常称作参考书，是学习各种科目的辅助品；这些书却直接供应实际生活的需要。实际生活中需要什么，你们才去找什么书来看，为了充实你们的生活，你们必须扩大阅读范围，去看各科参考书以外的各种性质的课外读物。

对一个中学生来说，有两种习惯是必须养成的。哪两种习惯呢？一是自己学习的习惯，一是随时阅读的习惯。无论什么事物，必得待教师讲授过了才去关心，教师没有讲授过的，即使摆在眼前也给它个不理睬，这种纯粹被动的学习态度是万万要不得的。你们大概听说过“举一反三”的话吧，教师的讲授无论如何详尽，总之只是“举一”；学校教育所以能使学生终身受用，全在乎让学生受到锻炼，养成“反三”的能力。教师决不能把学生所需要的事事物物一股脑儿教给学生，学生在一生中需要的事事物物却多到不可以数计，如果没有“反三”的能力，只有随时碰壁而已。所以，纯粹被动的学习态度必须彻底打破。学生不应该把教师的讲授看作学习的终极目的；教师的讲解只是发动学习的端绪，学生必须自己再加研求，才可以得到能运用于实际生活的知识和能力。即使教师不曾讲到的，不曾给过端绪的，学生为了实际生活的需要，也必须自找门径加以研求，这才是自动的学习态度，也就是自己学习的态度。凡是态度，勉强装扮是不行的，勉强装扮只能敷衍一时，不能维持永久；必须养成习惯，行所无事而自然合拍，才能历久不变，终身以之。所以单知道应该采取自己学习的态度是不够的，尤其重要的是要养成自己学习的习惯。

自己学习不限于看书，从实际事务中历练，对具体事物的观察、推究、试验，都是自己学习的方法。可是书中积聚着古人、今人的各种经验，收藏着一时找不到手的许多材料，对于自己学习的人来说，书究竟是必须发掘的宝库。因此阅读课外读物实际上有双重的效果，除了随时得到各种新的收获外，还可以逐渐养成自己学习的习惯。

你们大概也听说过一些文化发达的国家，它们的人民是如何地爱好读书，学问家不必说了，就是商店里的店员，工厂里的工人，也都嗜书如命，得空就读书成了习惯。你们再想想自己的周围，家里的人有几个是经常读书的？亲戚朋友中有几个是经常读书的？如果你们花点儿工夫考察一下，就会知道那些企业家就很少经常读书的，政治家中嗜书如命的也不多，甚至大学教授，除了他们所教的课本以外，有的也不再读什么旁的书了。我国一向把求学叫作“读书”，又以为求学只是学生该做的事，不当学生了就无须再求学，也就用不着再读书了。这个观念显然是错误的，而普遍不读书的现象正是这个错误的观念造成的。大家都说我国的国力不如人家。所谓国力，不限于有形的经济力量、军事力量等等，一般民众的精神和智慧也占着重要的成分；普遍的不读书，民众的精神如何能振奋起来？智慧如何能得到发展？跟经济力量、军事力量的不如人家相比较，普遍的不读书至少有同等的严重性。

不爱读书的中年人和老年人是没有什么办法的了，除非他们忽然觉悟，感到读书的必需，自己去养成读书的习惯。可是青年人为了充实自己，也为了充实我国的国力，非在学生时代养成随时阅读的习惯不可。所有的青年人都注意到了这一点，那么在不久的将来，我国就可以成为一个普遍爱好读书的国家。随时阅读的习惯，不是读几本教科书和讲义能够养成的。教科书和讲义是教师指定要读的，而要养成的，却是不待别人的指定，能随时阅读自己所需要的书的习惯。教科书和讲义不过是一个比较详明的纲要，而要养成的，却是不以只知道一个纲要为满足，能随时阅读内容丰富、体裁各异的书的习惯。这种随时阅读的习惯，只有多读课外读物才能养成。

至于课外读物的类别，依据前面所说的，大致可以分为四类。第一类是各种科目的参考书。如学习了动物学、植物学，再去看一些有关生物学方面的书，学了物理学、化学，再去看一些讲这些科学家发现和发明的书，这些书就属于这一类。第二类是关于修养的书，如伟大人物的传记，学问家事业家的言行录，都属于这一类。第三类是供欣赏的书，小说、剧本、文集、诗歌集，都属于这一类。第四类是供临时需要的书。如预备练习游泳之前，去看一些讲游泳方法的书；当社会上发生了某种问题的时候，去看一些关于某种问题的书。这些书就属于这一类。

这样分类，并非由书的本身着眼，而是以读书的人如何利用这些书作为依据的。同一部书，由于读它的目的不同，可以归到不同的类别中去。譬如一部《史记》，如果作为历史科的补充来读，当然属于第一类；如果为了欣赏它的雄健的文笔和生动的描写，就属于第三类了。一部《论语》，如果作为领受儒家的伦理来读，当然属于第二类；如果为了知道《论语》是怎样的一部书，就属于第四类了。还有一点必须说明的，读一本书的目的虽有所专注，但是读过以后，所受的影响并不限于原来的目的。为着参考去读《史记》，多少也会欣赏到一点儿《史记》的文笔的雄健和描写的生动。为着修养去读《论语》，同时也会了解《论语》是怎样的一部书。我们只能这样认定，为着某个目的去读某一部书，就把某一部书归入哪一类。

现成的书并不是都为中学生编撰的，因而有许多不是中学生所能理解、所能消化的。尤其是古书，除了内容外，还有文字上的种种障碍。就像方才说到的《史记》和《论语》，恐怕高中学生也难以通体阅读，没有丝毫疑难。如果能各编一个删节本，把不很重要的部分删去，再加上简明精当的新注，前面再加一篇导言，说明这本书的来历，指示这本书的读法，方能适合中学生阅读。因为提到了两部古书，才引起了我的这一番话，中学生需要的课外读物多数不是古书。但是不管怎么说，现成的书大多不很适合中学生的理解能力、消化能力，所以特地而又认真地为中学生编撰各种科目的课外读物是十分必要的。出版界现在渐渐地明白了这一点，而且正在努力，这是一个很好的现象。

除了整本整部的书，各种各样的杂志也是课外读物。杂志上的文章，可以归入第三类、第四类的居多，其中属于第四类的尤其重要，当社会上发生了某种问题的时候，杂志上会及时地有所论述，这是其他的课外读物所不能代替的。至于第一类，专供学习某一科目作参考的杂志，现在还不多见，希望出版社看到中学生的需要，将来能办起来。

二

上一次，我讲了课外读物为什么是必需的，还依据阅读的目的不同，把课外读物分为四类。又说阅读课外读物可以养成两种好习惯：自己学习的习惯和随时读书的习惯。这一次主要讲怎样阅读课外读物。在讲之前，我想先说一个另外的问题。

我知道各地的中学，大体上是鼓励学生阅读课外读物的，但是往往指定某些读物必须加以取缔，不准学生阅读；被取缔的大多是暴露现实的文学作品和关于政治、经济的叙述和评论。学校当局采取这种措置，我们可以体谅他们的善意和苦衷：他们无非要学生思想纯正，感情和平，不为偏激的、震荡的东西所扰乱；他们取缔的，就是他们认为偏激的、震荡的那些读物。但是他们不想一想，对于学生来说，最重要的是培养明澈的识别力。学生有了明澈的识别力，对某一件事物应该有怎样的看法，什么议论应该赞同，什么议论应该反对，就会自己作出判断。

学生要是没有明澈的识别力，你要学生坚持的东西即使都是对的，学生也不明白到底对在哪儿；你要学生回避的东西即使真是要不得的，学生也不明白到底为什么要不得。而取缔某些读物的做法，正剥夺了学生自己锻炼识别力的机会。

学校当局大概不会不知道，取缔的办法实际上是无法彻底做到的。越是不准阅读的东西，越是想弄一本来看看，这是青年人的常情。为了遵守学校的禁令，在学校里固然没有人看那些被取缔的读物了，可是出了学校的大门，只要能弄到手，尽不妨自由阅读。再进一步说，学生即使出了学校也不去看那些读物，社会上的各种现象罗列在学生眼前，各种议论在学生耳边沸沸扬扬，学生能视而不见、听而不闻吗？对的、不对的，要得的、要不得的，学生在生活中既然随时都得碰到，那就只有用明澈的识别力去判断，才可以立定脚跟，知所取舍。学校当局取缔某些读物固然出于善意和苦衷，实际上只是个消极的、不很有效的方法；积极的、有效的方法要从锻炼学生的识别力着眼；不采取缔的措置，让学生自由地阅读，同时给学生以平正的通达的指导，使学生的识别力渐渐地趋向正确，趋向坚定。经过这样的锻炼而养成的识别力，不但在学生时代有用，简直可以终身受用不尽。这样的效果，不是比漫然取缔某些读物强得多吗？希望学校当局为学生的利益着想，仔细地考虑一下这个问题。

学生在阅读课外读物的时候也应该明白，写在书上的东西并不是完全可以信赖的。阅读固然要认真，但是尤其重要的是要抱着批判的态度，要区别哪些是应该接受的，哪些是不该接受的，不能“照单全收”。不加区别地“照单全收”绝对不是妥当的读书方法，也不能提高自己的识别力。那么批判用什么作为标准呢？我想，用“此时”“此地”来作标准，大致不会出什么错。凡是跟“此时”和“此地”相适应的，大概是可取的，当然还得经过实践的检验；凡是跟“此时”和“此地”不相适应的，一定是不可取的，至多只可以供谈助而已，决不能作为自己的行动方针和生活目标。

阅读课外读物，首先不能不谈到时间问题。中学里科目繁多，各科的教科书和讲义都得在课外温习，还有笔记和练习等作业大部分得在课外做，要划出充裕的时间来阅读课外读物，事实上是办不到的。上一次我说过了，阅读课外读物可以养成随时读书的习惯，这就要每天阅读，持之以恒，时间少一点儿倒不妨事。有的书读起来并无困难，一个钟头可以阅读一万字，即使要费点儿心思的，一个钟头也可以读五千字。就以五千字算吧，一本十万字的书，每天读一个钟头，二十天就可以读完。二十天读一本书，一年不就可以读完十八本吗？从初一到高三这六年里年年如此，不就可以读完一百零八本吗？这就很可观了。一年里头还有两个不短的假期，暑假和寒假，都是阅读课外读物的好时机，假如每天读三个钟头，这不算太多吧，两个假期合起来作为八个星期计算，就有一百六十八个钟头，至少可读完八本书，六年又是四十八本。所以时间并不是不充裕，只要坚持不懈，成绩是很可观的。

上一次，我说课外读物大致可以分为四类：第一类是各种科目的参考书；第二类是关于修养方面的书；第三类是供欣赏的书；第四类是供临时需要的书。因为读书的目的不同，阅读的方法也就各异。读第一类和第四类读物，目的只求理解。只要读过之后，能通体理解书中所说的内容就可以了。譬如在物理课上学到了杠杆定理，你想多知道一些杠杆的实际应用，就可以找一本这样的书来看；你学游泳，想知道一些游泳的方法，就可以找一本游泳入门之类的书来看。读这些书，只要达到了目的，理解了书中的内容，你就不妨把书丢开；如果真个理解了，就会终身难忘，不必再看第二回了。至于作者的身世，作者写书的旨趣是什么，作者的文笔怎么样，都可以不必过问，因为对于理解杠杆的运用和游泳的方法没有多大的关系。但是阅读的时候必须认真，不能放过一个词语的含义，一句话语的真义，决不能采取不求甚解的马虎态度，以致造成曲解和误解。

阅读第二类和第三类读物，可不能但求理解。读第二类书，目的在于修养身心，是要躬行实践的。读第三类书，目的在于跟着作者的眼光去观察社会，体会人生。所以阅读这两类书，不但要理解书中的内容，还要对作者有充分的认识。在读这两类书的时候，其实等于和作者交朋友，由文字作媒介，求得与作者心心相通。但是光靠一两本书，对作者的理解究竟是有限的，还有进一步熟悉他的生平的必要。阅读一位哲人的言行录，同时要考求他生活的历史时代，他一生的重要事迹；阅读一位作家的文学作品，同时要考求他对生活的态度，他创作的时代背景：经过一番考求，得到的益处就会比仅仅读他的一两本书多得多。这两类书往往不能读过一回就算了事。第一回读，在这一方面得到了若干解悟，第二回读，又在另一方得到了若干解悟，或者解悟一回比一回深入。善于读这两类书的人都有这样的体会。有些书竟能使人终身阅读而不感厌倦，好像是发掘不完的宝藏，每读一回总会有新的收获。

无论读哪一类书，都必须使用工具书，如字典、辞典、图表等等。要知道一个字的精密的解释，一个词语的正确的含义，就得翻查字典和各科辞典。要知道一个地方的正确位置，就得翻查地图。要知道各种东西的实相，就得翻查各种图谱。要知道一个人物的经历，一件事情的概要，就得翻查年谱和大事表。工具书是不开口的顾问，会回答你的各种疑难；工具书又是包罗万象的博物馆，能让你查考各种想知道的事物。个人要置备所有的工具书是办不到的，你得尽量利用学校图书馆和公立图书馆里的工具书。在阅读各种课外读物的同时，你得熟悉各种工具书，养成查阅工具书的习惯。

有的书比较容易读，读起来用不着花多大的力气，有的书比较艰深，读起来并不怎样松快。但是无论什么书，都不能让眼光像跑马似的溜过就算，一定要集中心思，把注意力放在书上。这是第一。第二，一口气直往下读，不如每读一段，稍稍停一停，回过头去想一想这一段主要说了些什么。一口气往下读往往不能消化，好像囫囵吞枣一个样；停下来想一想就像咀嚼一个样，才能辨出真的滋味来。对于第二类和第三类的课外读物，尤其需要下这个功夫。第三，想到了什么，不妨随时提起笔把它记下来，这就是读书笔记。想的时候往往比较杂乱，比较浮泛；写下来就非有条有理不可了，非切切实实不可了。所以，写读书笔记是督促自己认真阅读的一个好办法。读书笔记或者采用列表的形式，或者采用杂记的形式，可以根据所读的书的性质而定。

讲述读书方法的书和文章，都应该看，懂得了方法，往往可以“事半功倍”。大多数书的前头都有序文，序文有的介绍这本书的内容，有的介绍这本书的作者，有的指导这本书的读法。在读本文之前，先读一遍序文，也可以达到“事半功倍”的效果。

教科书的缺乏*

听书业中人说起，目前运输困难，制造厂方面寄发的书籍未能到达，因而有缺货的恐慌；普通书籍还不要紧，最感困难的是学校教科书。学期快要开始了，学校里等着教科书应用，可是书局里拿不出齐全的货色来，有几种是只有下册没有上册，有几种是只有一、三册没有二、四册，主顾来了，很觉得难以应付。

在学校方面，想也正感觉困难。开学的日期就在眼前了，可是一部分应用的教科书还没有着落；那些书也许正在路上，也许摆在邮政局转运公司的栈房里，什么时候能够到达是说不定的，教师单凭着一张空口和一双空手，怎么上课教学生呢？

这不只是一个地方的情形，除开与书籍制造厂距离很近、交通无阻的地方，所有的书局和学校大概都为着这一层感到烦恼。书局方面的没法应付主顾，且不去管他。我这里想对学校方面说一句，就是教科书的缺乏并不是严重的困难问题，值不得为此感到烦恼；学校里的大部分科

* 原载重庆《新民报》1938年2月5日。

目是离开了教科书也可以教的，而且本该离开了教科书教的，离开了教科书教，才可以收到完满的教育效果。

试把小学里的科目来想一想。环绕在儿童周围的风云变化，生物代谢，川原分布，都是所谓自然；要使儿童认识自然理解自然，让他们直接从自然里去学岂不很好，为什么要用自然教科书？计算数目，本来为着实际上的需要；有了需要而想学习计算方法，只待指导者口头指授一下，就可以终身受用，为什么要用算术教科书？大概除了语文科以外，其余的科目都没有必须使用教科书的道理。

我国向来把“受教育”叫作“读书”，以为要学习一点什么，必须凭着一本书，每天锻炼身体而没有一本体育教科书，好像也不很放心似的。这种错误观念的遗毒太厉害了，竟致一切科目都变为语文科！多数的小学校乃至中学校里不正是这样吗？自然、社会、生物、理化、算学，无非是变相的语文科；学生捧着这些书本，尽做着讲解记诵的功夫，讲解记诵以外，不再知道有把学习得来的东西融化在自己生活里的这一回事。这样的教育本来就要不得，在抗战期间，每一个人应当加速地充实起来，这样的教育尤其要不得。我不敢作偏激的主张，说非把一切教科书打倒不可；可是我敢竭诚地告诉忠心的教育者：教科书应当让它退居于参考书备忘录的地位，从此刻起，愿你们从实际方面去教授，让学生从实际方面去学习。

说到这里，为什么目前教科书的缺乏并不是严重的困难问题，已经可以不言而喻了。

精读的指导*

——《精读指导举隅》前言

在指导以前，得先令学生预习。预习原很通行，但是要收到实效，方法必须切实，考查必须认真。现在请把学生应做的预习工作分项说明于下。

一、通读全文

理想的办法，国文教本要有两种本子：一种是不分段落，不加标点的，供学生预习用；一种是分段落，加标点的，待预习过后才拿出来对勘。这当然办不到。可是，不用现成教本而用油印教材的，那就可以在印发的教材上不给分段落，也不给加标点，令学生在预习时候自己用铅笔划分段落，加上标点。到上课时候，由教师或几个学生通读，全班学生静听，各自拿自己预习的成绩来对勘；如果自己有错误，就用墨笔订

* 选自朱永新编：《叶圣陶教育名篇选》，人民教育出版社 2014 年版。原载叶绍钧、朱自清著：《精读指导举隅》，商务印书馆 1942 年版。本文作于 1940 年 9 月 17 日。

正。这样，一份油印本就有了两种本子的功用了。现在的书籍报刊都分段落，加标点，从著者方面说，在表达的明确上很有帮助；从读者方面说，阅读起来可以便捷不少。可是，练习精读，这样的本子反而把学者的注意力减轻了。既已分了段落，加了标点，就随便看下去，不再问为什么要这样分，这样点，这是人之常情。在这种常情里，恰恰错过了很重要的练习机会。若要不放过这个机会，唯有令学生用一种只有文字的本子去预习，在怎样分段、怎样标点上用一番心思。预习的成绩当然不免有错误，然而不足为病。除了错误以外，凡是不错误的地方都是细心咬嚼过来的，这将是终身的受用。

假如用的是现成教本，或者虽用油印教材，而觉得只印文字颇有不便之处，那就只得退一步设法，令学生在预习的时候，对于分段标点作一番考核的功夫。为什么在这里而不在那里分段呢？为什么这里该用逗号而那里该用句号呢？为什么这一句该用惊叹号而不该用疑问号呢？这些问题，必须自求解答，说得出个所以然来。还有，现成教本是编辑员的产品，油印教材大都经教师加过工，“智者千虑，必有一失”，岂能完全没有错误？所以，不妨再令学生注意，不必绝对信赖印出来的教本与教材，最要紧的是用自己的眼光通读下去，看看是不是应该这样分段，这样标点。

要考查这一项预习的成绩怎样，得在上课时候指名通读。全班学生也可以借此对勘，订正自己的错误。读法通常分为两种：一种是吟诵，一种是宣读。无论文言白话，都可以用这两种读法来读。文言的吟诵，各地有各地的调子，彼此并不一致；但是都为了传出文字的情趣，畅发读者的感兴。白话一样可以吟诵，大致与话剧演员念台词差不多，按照国语的语音，在抑扬顿挫表情传神方面多多用功夫，使听者移情动容。现在有些小学校里吟诵白话与吟诵文言差不多，那是把“读”字呆看了。吟诵白话必须按照国语的语音，国语的语音运用得到家，才是白话的最好的吟诵。至于宣读，只是依照对于文字的理解，平正地读下去，用连贯与间歇表示出句子的组织与前句和后句的分界来。这两种读法，宣读是基本的一种；必须理解在先，然后谈得到传出情趣与畅发感兴。并且，要考查学生对于文字理解与否，听他的宣读是最方便的方法。比如《泷冈阡表》的第一句，假如宣读作“呜呼！唯我皇——考崇公卜——吉于泷冈——之六十年，其子修始——克表于其阡，非——敢缓也，盖有待也”，这就显然可以察出，读者对于“皇考”、“崇公”、“卜吉”、“六十年”与“卜吉于泷冈”的关系，“始”字、“克”字、“表”字及“非”字、“敢”字、“缓”字缀合在一起的作用，都没有理解。所以，上课时候指名通读，应该用宣读法。

二、认识生字生语

通读全文，在知道文章的大概；可是要能够通读下去没有错误，非先把每一个生字生语弄清楚不可。在一篇文章里，认为生字生语的，各人未必一致，只有各自挑选出来，依赖字典辞典的翻检，得到相当的认识。所谓认识，应该把它解作最广义。仅仅知道生字生语的读音与解释，还不能算充分认识；必须熟习它的用例，知道它在某一种场合才可以用，用在另一种场合就不对了，这才真个认识了。说到字典辞典，我们真惭愧，国文教学的受重视至少有二十年了，可是还没有一本适合学生使用的字典辞典出世。现在所有的，字典脱不了《康熙字典》的窠臼，辞典还是《辞源》称霸，对学习国文的学生都不很相宜。通常英文字典有所谓“求解”“作文”两用的，学生学习国文，正需要这一类的国文字典辞典。一方面知道解释，另一方面更知道该怎么使用，这才使翻检者对于生字生语具有彻底的认识。没有这样的字典辞典，学生预习效率就不会很大。但是，使用不完善的工具总比不使用工具强一点；目前既没有更适用的，就只得把属于《康熙字典》系统的字典与称霸当世的《辞源》将就应用。这当儿，教师不得不多费一点心思，指导学生搜集用例，或者搜集了若干用例给学生，使学生自己去发见生字生语的正当用法。

学生预习，通行写笔记，而生字生语的解释往往在笔记里占大部分篇幅。这原是好事情，记录下来，印象自然深一层，并且可以备往后的考查。但是，学生也有不明白写笔记的用意的；他们因为教师要他们交笔记，所以不得不写笔记。于是，有胡乱抄了几条字典辞典的解释就此了事的；有遗漏了真该特别注意的字语而仅就寻常字语解释一下拿来充数的。前者胡乱抄录，未必就是那个字语在本文里的确切意义；后者随意挑选，把应该注意的反而放过了；这对于全文的理解都没有什么帮助。这样的笔记交到教师手里，教师辛辛苦苦地把它看过，还要提起笔来替它订正，实际上对学生没有多大益处，因为学生并没有真预习。所以，须在平时使学生养成一种观念与习惯，就是：生字生语必须依据本文，寻求那个字语的确切意义；又必须依据与本文相类和不相类的若干例子，发见那个字语的正当用法。至于生字生语的挑选，为了防止学生或许会有遗漏，不妨由教师先行尽量提示，指明这一些字语是必须弄清楚的。这样，学生预习才不至于是徒劳，写下来的笔记也不至于是循例的具文。

要考查学生对于生字生语的认识程度怎样，可以看他的笔记，也可以听他的口头回答。比如《泷冈阡表》第一句里“始克表于其阡”的“克”字，如果解作“克服”或“克制”，那显然是没有照顾本文，随便从字典里取了一个解释。如果解作“能够”，那就与本文切合了，可见是用了一番心思的。但是还得进一步研求：“克”既然作“能够”解，“始克表于其阡”可不可以写作“始能表于其阡”呢？对于这个问题，如果仅凭直觉回答说，“意思也一样，不过有点不顺适”，那是不够的。这须得研究“克”和“能”的同和异。在古代，“克”与“能”用法是一样的，后来渐渐分化了，“能”字被认为常用字，直到如今；“克”字成为古字，在通常表示“能够”意义的场合上就不大用它。在文句里面，丢开常用字不用，而特地用那同义的古字，除了表示相当意义以外，往往还带着郑重、庄严、虔敬等等情味。“始克表于其阡”一语，用了“能”字的同义古字“克”字，见得作者对于“表于其阡”的事情看得非常郑重，不敢随便着手，这正与全文的情味相应。若作“始能表于其阡”，就没有那种情味，仅仅表明方始“能够”表于其阡而已。所以直觉地看，也辨得出它有点不顺适了。再看这一篇里，用“能”字的地方很不少，如“吾何恃而能自守邪”，“然知汝父之能养也”，“吾不能知汝之必有立”，“故能详也”，“吾儿不能苟合于世”，“汝能安之”。这几个“能”字，作者都不换用“克”字，因为这些语句都是传述母亲的话，无须带着郑重、庄严、虔敬等等情味；并且，用那常用的“能”字，正切近于语言的自然。用这一层来反证，更可以见得“始克表于其阡”的“克”字，如前面所说，是为着它有特别作用才用了的。——像这样的讨究，学生预习时候未必人人都做得来；教师在上课时候说给他们听，也嫌烦琐一点。但是简单扼要地告诉他们，使他们心知其故，还是必需的。

学生认识生字生语，往往有模糊笼统的毛病，用句成语来说，就是“不求甚解”。曾见作文本上有“笑颜逐开”四字，这显然是没有弄清楚“笑逐颜开”究竟是什么意义，只知道在说到欢笑的地方仿佛有这么四个字可以用，结果却把“逐颜”两字写颠倒了。又曾见“万卷空巷”四字，单看这四个字，谁也猜不出是什么意义；但是连着上下文一起看，就知道原来是“万人空巷”；把“人”字忘记了，不得不找一个字来凑数，而“卷”字与“巷”字字形相近，因“巷”字想到“卷”字，就写上了“卷”字。这种错误全由于当初认识的时候太疏忽了，意义不曾辨明，语序不曾念熟，怎得不闹笑话？所以令学生预习，必须使他们不犯模糊笼统的毛病；像初见一个生人一样，一见面就得看清他的形貌，问清他的姓名职业。这样成为习惯，然后每认识一个生字生语，好像积钱似的，多积一个就多加一分财富的总量。

三、解答教师所提示的问题

一篇文章，可以从不同的观点去研究它。如作者意念发展的线索，文章的时代背景，技术方面布置与剪裁的匠心，客观上的优点与疵病，这些就是所谓不同的观点。对于每一个观点，都可以提出问题，令学生在预习的时候寻求解答。如果学生能够解答得大致不错，那就真个做到了“精读”两字了——“精读”的“读”字原不是仅指“吟诵”与“宣读”而言的。比较艰深或枝节的问题，估计起来不是学生所必须知道的，当然不必提出。但是，学生应该知道而未必能自行解答的，却不妨预先提出，让他们去动一动天君，查一查可能查到的参考书。他们经过了自己的一番摸索，或者是略有解悟，或者是不得要领，或者是全盘错误，这当儿再来听教师的指导，印入与理解的程度一定比较深切。最坏的情形是指导者与领受者彼此不相应，指导者只认领受者是一个空袋子，不问情由把一些叫作知识的东西装进去。空袋子里装东西进去，还可以容受；完全不接头的头脑里装知识进去，能不能容受却是说不定的。

这一项预习的成绩，自然也得写成笔记，以便上课讨论有所依据，往后更可以复按、查考。但是，笔记有敷衍了事的，有精心撰写的。随便从本文里摘出一句或几句话来，就算是“全文大意”与“段落大意”；不赅不备地列几个项目，挂几条线，就算是“表解”；没有说明，仅仅抄录几行文字，就算是“摘录佳句”；这就是敷衍了事的笔记。这种笔记，即使每读一篇文字都做，做上三年六年，实际上还是没有什么好处。所以说，要学生作笔记自然是好的，但是仅仅交得出一本笔记，这只是形式上的事情，要希望收到实效，还不得不督促学生凡作笔记务须精心撰写。所谓精心撰写也不须求其过高过深，只要写下来的东西真是他们自己参考与思索得来的结果，就好了。参考要有路径，思索要有方法，这不单是知识方面的事，而且是习惯方面的事。习惯的养成在教师的训练与指导。学生拿了一篇文章来预习，往往觉得茫然无从下手。教师要训练他们去参考，指导他们去思索，最好给他们一种具体的提示。

比如读《泷冈阡表》，这一篇是作者叙述他的父亲，就可以教他们取相类的文章归有光的《先妣事略》来参考，看两篇的取材与立意上有没有异同；如果有的话，为什么有。又如《泷冈阡表》里有叙述赠封三代的一段文字，好像很啰唆，就可以教他们从全篇的立意上思索，看这一段文字是不是不可少的；如果不可少的话，为什么不可少。这样具体地给他们提示，他们就不至于茫然无从下手，多少总会得到一点成绩。时时这样具体地给他们提示，他们参考与思索的习惯渐渐养成，写下来的笔记再也不会是敷衍了事的了。即使所得的解答完全错误，但是在这以后得到教师或同学的纠正，一定更容易心领神会了。

上课时候令学生讨论，由教师作主席、评判人与订正人，这是很通行的办法。但是讨论要进行得有意义，第一要学生在预习的时候准备得充分，如果准备不充分，往往会与虚应故事的集会一样，或是等了好久没有一个人开口，或是有人开口了只说一些不关痛痒的话。教师在无可奈何的情形之下，只得不再要学生发表什么，只得自己一个人滔滔汩汩地讲下去。这就完全不合讨论的宗旨了。第二还得在平时养成学生讨论问题、发表意见的习惯。听取人家的话，评判人家的话，用不多不少的话表白自己的意见，用平心静气的态度比勘自己的与人家的意见，这些都要历练的。如果没有历练，虽然胸中仿佛有一点儿准备，临到讨论是不一定敢于发表的。这种习惯的养成不仅是国文教师的事情，所有教师都得负责。不然，学生成为只能听讲的被动人物，任何功课的进步至少要减少一半。——学生事前既有充分的准备，平时又有讨论的习惯，临到讨论才会人人发表意见，不至于老是某几个人开口；所发表的意见又都切合着问题，不至于胡扯乱说，全不着拍。这样的讨论，在实际的国文教室里似乎还不易见到；然而要做到名副其实的讨论，却非这样不可。

讨论进行的当儿，有错误给与纠正，有疏漏给与补充，有疑难给与阐明，虽说全班学生都有份儿，但是最后的责任还在教师方面。教师自当抱着客观的态度，就国文教学应有的观点说话。现在已经规定要读白话了，如果还说白话淡而无味，没有读的必要；或者教师自己偏爱某一体文字，就说除了那一体文字都不值一读；就都未免偏于主观，违背了国文教学应有的观点了。讲起来，滔滔汩汩连续到三十五十分钟，往往不及简单扼要讲这么五分十分钟容易使学生印入得深切。即使教材特别繁复，非滔滔汩汩连续到三十五十分钟不可，也得在发挥完毕的时候，给学生一个简明的提要。学生凭这个提要，再去回味那滔滔汩汩的讲说，就好像有了一条索子，把散开的钱都穿起来了。这种简明的提要，当然要让学生写在笔记本上；尤其重要的是写在他们心上，让他们牢牢记住。

课内指导之后，为求涵咀得深，研讨得熟，不能就此过去，还得有几项事情要做。现在请把学生应做的练习工作分项说明如下。

一、吟诵

在教室内通读，该用宣读法，前面已经说过。讨究完毕以后，学生对于文章的细微曲折之处都弄清楚了，就不妨指名吟诵。或者先由教师吟诵，再令学生仿读。自修的时候，尤其应该吟诵；只要声音低一点，不妨碍他人的自修。原来国文和英文一样，是语文学科，不该只用心与眼来学习；须在心与眼之外，加用口与耳才好。吟诵就是心、眼、口、耳并用的一种学习方法。从前人读书，多数不注重内容与理法的讨究，单在吟诵上用功夫，这自然不是好办法。现在国文教学，在内容与理法的讨究上比从前注重多了；可是学生吟诵的工夫太少，多数只是看看而已。这又是偏向了一面，丢开了一面。唯有不忽略讨究，也不忽略吟诵，那才全而不偏。吟诵的时候，对于讨究所得的不仅理智地了解，而且亲切地体会，不知不觉之间，内容与理法化而为读者自己的东西了，这是最可贵的一种境界。学习语文学科，必须达到这种境界才会终身受用不尽。

一般的见解，往往以为文言可以吟诵，白话就没有吟诵的必要。这是不对的。只要看戏剧学校与认真演习的话剧团体，他们练习一句台词，不惜反复订正，再四念诵，就可以知道白话的吟诵也大有讲究。多数学生写的白话为什么看起来还过得去，读起来就少生气呢？原因就在他们对于白话仅用了心与眼，而没有在口与耳方面多用功夫。多数学生登台演说，为什么有时意思还不错，可是语句往往杂乱无次，语调往往不合要求呢？原因就在平时对语言既没有训练，国文课内对于白话又没有好好儿吟诵。所以这里要特别提出，白话是与文言一样需要吟诵的。白话与文言都是语文，要亲切地体会白话与文言的种种方面，都必须花一番功夫去吟诵。

吟诵的语调，有客观的规律。语调的差别，不外乎高低、强弱、缓急三类。高低是从声带的张弛而来的分别。强弱是从肺部发出空气的多少而来的分别。缓急是声音与时间的关系，在一段时间内，发音数少是缓，发音数多就是急。吟诵一篇文章，无非依据对于文章的了解与体会，错综地使用这三类语调而已。大概文句之中的特别主眼，或是前后的词彼此关联照应的，发声都得高一点。就一句来说，如意义未完的文句，命令或呼叫的文句，疑问或惊讶的文句，都得前低后高；意义完足的文句，祈求或感激的文句，都得前高后低。再说强弱。表示悲壮、快活、叱责或慷慨的文句，句的头部宜加强；表示不平、热诚或确信的文句，句的尾部宜加强；表示庄重、满足或优美的文句，句的中部宜加强；再说缓急。含有庄重、畏敬、谨慎、沉郁、悲哀、仁慈、疑惑等等情味的文句，须得缓读；含有快活、确信、愤怒、惊愕、恐怖、怨恨等等情味的文句，须得急读。以上这些规律，都应合着文字所表达的意义与情感，所以依照规律吟诵，最合于语言的自然。上面所说的三类声调，可以用符号来表示，如把“·”作为这个字发声须高一点的符号，把“◁”作为这一句该前低后高的符号，把“▷”作为这一句该前高后低的符号，把“＞”作为句的头部宜加强的符号，把“＜”作为句的尾部宜加强的符号，把“〈〉”作为句的中部宜加强的符号，把“—”作为急读的符号，把“____”作为缓读的符号，把“~~~~”作为不但缓读而且须摇曳生姿的符号。在文字上记上符号，练习吟诵就不至于漫无凭依。符号当然可以随意规定，多少也没有限制，但是应用符号总是对教学有帮助的。

吟诵第一求其合于规律，第二求其通体纯熟。从前书塾里读书，学生为了要早一点到教师跟前去背诵，往往把字句勉强记住。这样强记的办法是要不得的，不久连字句都忘记了，还哪里说得上体会？令学生吟诵，要使他们看作一种享受而不看作一种负担。一遍比一遍读来入调，一遍比一遍体会亲切，并不希望早一点能够背诵，而自然达到纯熟的境界。抱着这样享受的态度是吟诵最易得益的途径。

二、参读相关的文章

精读文章，每学年至多不过六七十篇。初中三年，所读仅有两百篇光景，再加上高中三年，也只有四百篇罢了。倘若死守着这几百篇文章，不用旁的文章来比勘、印证，就难免化不开来，难免知其一不知其二。所以，精读文章，只能把它认作例子与出发点；既已熟习了例子，占定了出发点，就得推广开来，阅读略读书籍，参读相关文章。这里不谈略读书籍，单说所谓相关文章。比如读了某一体文章，而某一体文章很多，手法未必一样，大同之中不能没有小异；必须多多接触，方能普遍领会某一体文章的各方面。或者手法相同，而相同之中不能没有个优劣得失；必须多多比较，方能进一步领会优劣得失的所以然。并且，课内精读文章是用细琢细磨的功夫来研讨的；而阅读的练习。不但求其理解明确，还须求其下手敏捷，老是这样细磨细琢，一篇文章研讨到三四个钟头，是不行的。参读相关文章就可以在敏捷上历练；能够花一两个钟头把一篇文章弄清楚固然好，更敏捷一点只花半个钟头一个钟头尤其好。参读的文章既与精读文章相关，怎样剖析，怎样处理，已经在课内受到了训练，求其敏捷当然是可能的。这种相关文章可以从古今“类选”“类纂”一类的书本里去找。学生不能自己置备，学校的图书室不妨多多陈列，供给学生随时参读。

请再说另一种意义的相关文章。夏丏尊先生在一篇说给中学生听的题目叫作《阅读什么》的演讲辞里，有以下的话：

诸君在国文教科书里读到了一篇陶潜的《桃花源记》，……这篇文字是晋朝人做的，如果诸君觉得和别时代人所写的情味有些两样，要想知道晋代文的情形，就会去翻中国文学史；这时文学史就成了诸君的参考书。这篇文字里所写的是一种乌托邦思想，诸君平日因了师友的指教，知道英国有一位名叫马列斯的社会思想家，写过一本《理想乡消息》，和陶潜所写的性质相近，拿来比较；这时《理想乡消息》就成了诸君的参考书。这篇文字是属于记叙一类的，诸君如果想明白记叙文的格式，去翻看记叙文作法；这时记叙文作法就成了诸君的参考书。还有，这篇文字的作者叫陶潜，诸君如果想知道他的为人，去翻《晋书·陶潜传》或陶集；这时《晋书》或陶集就成了诸君的参考书。

这一段演讲里的参考书就是这里所谓另一种意义的相关文章。像这样把精读文章作为出发点，向四面八方发展开来，那么，精读了一篇文章，就可以带读许多书，知解与领会的范围将扩张到多么大啊！学问家的广博与精深差不多都从这个途径得来。中学生虽不一定要成学问家，但是这个有利的途径是该让他们去走的。

其次，关于语调与语文法的揣摩，都是愈熟愈好。精读文章既已到了纯熟的地步，再取语调与语文法相类似的文章来阅读，纯熟的程度自然更进一步。小孩子学说话，能够渐渐纯熟而没有错误，不单是从父母方面学来的；他从所有接触的人方面去学习，才会成功。在精读文章以外，再令读一些相类似的文章，比之于小孩子学说话，就是要他们从所有接触的人方面去学习。

三、应对教师的考问

学生应对考问是很通常的事情。但是对于应对考问的态度未必一致。有尽其所知所能，认真应对的；有不负责任，敷衍应对的；有提心吊胆，战战兢兢地只着眼于分数的多少的。以上几种态度，自然第一种最可取。把所知所能尽量拿出来，教师就有了确实的凭据，知道哪一方面已经可以了，哪一方面还得督促。考问之后，教师按成绩记下分数；分数原是备稽考的，分数多不是奖励，分数少也不是惩罚，分数少到不及格，那就是学习成绩太差，非赶紧努力不可。这一层，学生必须明白认识。否则误认努力学习只是为了分数，把切己的事情看作身外的事情，就是根本观念错误了。

教师记下了分数，当然不是指导的终结，而是加工的开始。对于不及格的学生，尤须设法给他们个别的帮助。分数少一点本来没有什么要紧；但是分数少正表明学习成绩差，这是热诚的教师所放心不下的。

考查的方法很多，如背诵、默写、简缩、扩大、摘举大意、分段述要、说明作法、述说印象，也举不尽许多。这里不想逐项细说，只说一个消极的原则，就是：不足以看出学生学习成绩的考问方法最好不要用。比如教了《泷冈阡表》之后，考问学生说，“欧阳修的父亲做过什么官?”这就是个不很有意义的考问。文章里明明写着“为道州判官，泗绵二州推官，又为泰州判官”，学生精读了一阵，连这一点也不记得，还说得上精读吗？学生回答得出这样的问题，也无从看出他的学习成绩好到怎样。所以说它不很有意义。

考问往往在精读一篇文章完毕或者月考期考的时候举行；除此之外，通常不再顾及，一篇文章讨究完毕就交代过去了。这似乎不很妥当。从前书塾里读书，既要知新，又要温故，在学习的过程中，匀出一段时间来温理以前读过的，这是个很好的办法。现在教学国文，应该采取它。在精读几篇文章之后，且不要上新的；把以前读过的温理一下，回味那已有的了解与体会，更寻求那新生的了解与体会，效益决不会比上一篇新的来得少。这一点很值得注意。所以附带在这里说一说。

论国文精读指导不只是逐句讲解*

教书逐句讲解，是从前书塾里的老法子。讲完了，学生自去诵读；以后是学生背诵，还讲，这就完成了教学的一个单元。从前也有些不凡的教师，不但逐句讲解，还从虚字方面仔细咬嚼，让学生领会使用某一些虚字恰是今语的某一种口气；或者就作意方面尽心阐发，让学生知道表达这么一个意思非取这样一种方式不可；或者对诵读方面特别注重，当范读的时候，把文章中的神情理趣，在声调里曲曲传达出来，让学生耳与心谋，得到深切的了解。这种教师往往使学生终身不忘；学生想到自己的受用，便自然而然感激那给他实益的教师。这种教师并不多，一般教师都只逐句讲解。

逐句讲解包括解释字词的意义、说明成语典故的来历这两项预备工作；预备工作之后，把书面的文句译作口头的语言，便是主要工作了。应用这样办法，论理必作如下的假定：假定学生无法了解那些字词的意义，假定学生无法考查那些成语典故的来历，假定学生不能把书面的文

* 原载《文史教学》1941 年第 1 期（创刊号），署名叶绍钧。

句译作口头的语言。不然，何必由教师逐一讲解？假定读书的目标只在能把书面的文句译作口头的语言；译得来，才算读懂了书。不然，何以把这一项认为主要工作而很少顾及其他？还有，假定教学只是授受的关系，学生是没有能力的，自己去探讨也无非徒劳，必待教师讲了授了，他用心地听了受了，才会了解他所读的东西。不然，何不让学生在听讲之外，再做些别的工作？——教师心里固然不一定意识到以上的假定；可是，如果只做逐句讲解的工作，就不能不承认有这几个假定。而从现代教育学的观点，这几个假定都是不合教学的旨趣的。

从前书塾教书，不能说没有目标。希望学生读通了，写通了，或者去应科举，取得功名；或者保持传统，也去教书；或者写作书信，应付实用：这些都是目标。但是能不能达到目标，教师似乎不负什么责任。一辈子求不到功名的，只怨自己命运不济，不怪教师；以误传误当村馆先生的，似是而非写糊涂书信的，自己也莫名其妙，哪里会想到教师给他吃的亏多么大？在这样情形之下，教师对于怎样达到目标（也就是对于教学方法），自然不大措意。现在的国文教学可不同了。国文教学悬着明晰的目标：养成阅读书籍的习惯，培植欣赏文学的能力，训练写作文章的技能。这些目标是非达到不可的，责任全在教师身上；而且所谓养成、培植、训练，不仅对一部分学生而言，必须个个学生都受到了养成、培植、训练，才算达到了目标。因此，教学方法须特别注重。如果沿袭从前书塾里的老法子，只逐句讲解，就很难达到目标。可是，熟悉学校情形的人都知道现在的国文教学，一般地说，正和从前书塾教书差不多。这不能说不是一个相当严重的问题。

阅读书籍的习惯不能凭空养成，欣赏文学的能力不能凭空培植，写作文章的技能不能凭空训练。国文教学所以要用课本或选文，就在将课本或选文作为凭借，然后种种工作得以着手。课本里收的，选文入选的，都是单篇短什，没有长篇巨著。这并不是说学生读一些单篇短什就够了。只因单篇短什分量不多，要做细琢细磨的研读功夫正宜从此入手；一篇读毕，又来一篇，涉及的方面既不嫌偏颇，阅读的兴趣也不致单调，所以取作精读的教材。学生从精读方面得到种种经验，应用这些经验，自己去读长篇巨著以及其他的单篇短什，不再需要教师的详细指导（不是说不需要指导），这就是略读。就教学而言，精读是主体，略读只是补充；但就效果而言，精读是准备，略读才是应用。精读与略读的关系如此，试看，只做逐句讲解的工作，是不是就尽了精读方面的指导责任？

所谓阅读书籍的习惯，并不是什么难能的事，只是能够按照读物的性质作适当的处理而已。需要翻查的，能够翻查；需要参考的，能够参考；应当条分缕析的，能够条分缕析；应当综观大意的，能够综观大意；意在言外的，能够辨得出它的言外之意；义有疏漏的，能够指得出它的疏漏之处：到此地步，阅读书籍的习惯也就差不多了。一个人有了这样的习惯，一辈子读书，一辈子受用。学生起初当然没有这样的习惯，所以要他们养成；而养成的方法，唯有让他们自己去尝试。按照读物的性质，作适当的处理，教学上的用语称为“预习”。一篇精读教材放在面前，只要想到这是一个凭借，要用来养成学生阅读书籍的习惯，自然就会知道非教他们预习不可。预习的事项无非翻查、分析、综合、体会、审度之类；应该取什么方法，认定哪一些着眼点，教师自当测知他们所不及，给他们指点，可是实际下手得让他们自己动天君，因为他们将来读书必须自己动天君。预习的事项一一做完了，然后上课。上课的活动，教学上的用语称为“讨论”，预习得对不对，充分不充分，由学生与学生讨论，学生与教师讨论，求得解决。应当讨论的都讨论到，须待解决的都得到解决，就没有别的事了。这当儿，教师犹如集会中的主席，排列讨论程序的是他，归纳讨论结果的是他，不过他比主席还多负一点责任，学生预习如有错误，他得纠正，如有缺漏，他得补充，如有完全没有注意到的地方，他得指示出来，加以阐发。教师的责任不在把一篇篇的文章装进学生脑子里去；因为教师不能一辈子跟着学生，把学生所要读的书一部部装进学生脑子里去。教师只要待学生预习之后，给他们纠正、补充、阐发；唯有如此，学生在预习的阶段既练习了自己读书，在讨论的阶段又得到切磋琢磨的实益，他们阅读书籍的良好习惯才会渐渐养成。如果不取这个办法，学生要待坐定在位子上，听到教师说今天讲某一篇之后，才翻开课本或选文来；而教师又一开头就读一句，讲一句，逐句读讲下去，直到完篇，别无其他工作：那就完全是另一回事了。

第一，这里缺少了练习阅读最主要的预习的阶段。学生在预习的阶段，固然不能弄得完全头头是道；可是教他们预习的初意本来不要求弄得完全头头是道，最要紧的还在让他们自己动天君。他们动了天君，得到理解，当讨论的时候，见到自己的理解与讨论结果正相吻合，便有独创成功的快感；或者见到自己的理解与讨论结果不甚相合，就作比量短长的思索；并且预习的时候决不会没有困惑，困惑而没法解决，到讨论的时候就集中了追求解决的注意力。这种快感、思索与注意力，足以鼓动阅读的兴趣，增进阅读的效果，都有很高的价值。现在不教学生预习，他们翻开课本或选文之后又只须坐在那里听讲，不用做别的工作；从形式上看，他们太舒服了，一切预习事项都由教师代劳；但是从实际上说，他们太吃亏了，几种有价值的心理过程都没有经历到。第二，这办法与养成阅读书籍的习惯那个目标根本矛盾。临到上课，才翻开课本或选文中的某一篇来；待教师开口讲了，才竖起耳朵来听；这个星期如此，下个星期也如此，这个学期如此，下个学期也如此，还不够养成习惯吗？可惜养成的习惯恰是目标的反面。目标要学生随时读书，而养成的习惯却要上课才翻书；目标要学生自己读书，而养成的习惯却要教师讲一句才读一句书。现在一般学生不很喜欢而且不很善于读书，如果说，原因就在国文教学专用逐句讲解的办法，大概也不是过火的话吧。并且逐句讲解的办法，对于一篇中的文句是平均看待的，就是说，对于学生能够了解的文句，教师也不惮烦劳，把他译作口头的语言，而对于学生不甚了解的文句，教师又不过把他译作口头的语言而止。如讲陶潜《桃花源记》，开头“晋太元中，武陵人捕鱼为业”，就说：“太元是晋朝孝武帝的年号，武陵是现在湖南常德县；晋朝太元年间，武陵地方有个捕鱼的人。”凡是逢到年号，总是说是某朝某帝的年号；凡是逢到地名，总是说是现在某地；凡是逢到与今语不同的字或词，总是说是什么意思。如果让学生自己去查一查年表、地图、字典、辞典，从而知道某个年号距离如今多少年；某一地方在他们居处的哪一方，距离多远；某一字或词的本义是什么，引申义又是什么；那就非常亲切了，得到很深的印象了。学生做了这番功夫，对于“晋太元中，武陵人捕鱼为业”那样的文句，自己已能了解，不须再听教师的口译。现在却不然，不管学生了解不了解，见文句总是照例讲，照例口译；学生听着听着，非但没有亲切之感与很深的印象，而且因讲法单调，不须口译的文句也要口译，而起厌倦之感。我们偶尔听人演说，说法单调一点，内容平凡一点，尚且感到厌倦，学生成月成年听类似那种演说的讲解与口译，怎得不厌倦呢？厌倦了的时候，身子虽在座位上，心神却离开了读物，或者“一心以为有鸿鹄将至”，或者什么都不想，像禅家的入定。这与养成读书习惯的目标不是相去很远吗？曾经听一位教师讲曾巩《越州赵公救灾记》，开头“熙宁八年夏，吴越大旱；九月，资政殿大学士右谏议大夫知越州赵公，前民之未饥，为书问属县……”在讲明了“熙宁”“吴越”“资政殿大学士”“右谏议大夫”“知”之后，便口译道：“熙宁八年的夏天，吴越地方遇到大旱灾；九月间，资政殿大学士……赵公，在百姓没有受到灾患以前，发出公文去问属县……”若照逐句讲解的原则，这并没有错。可是学生听了，也许会发生疑问：（一）遇到大旱灾既在夏天，何以到了九月间还说“在百姓没有受到灾患以前”呢？（二）白话明明说“在百姓没有受到灾患以前”，何以文句中的“前”字装到“民”字的前头去呢？这两个疑问，情形并不相同：（一）是学生自己糊涂，没有辨清“旱”和“饥”的分别；（二）却不是学生糊涂，他正看出了白话和文言的语法上的异点。而就教师方面说，对于学生可能发生误会的地方不给点醒，对于学生想要寻根究底的地方不给指导，都只是讲如未讲。专用逐句讲解的办法，不免常常有这样的情形，自然说不上养成读书习惯了。

其次，就培植欣赏文学的能力那个目标来说，所谓欣赏，第一步还在透切了解整篇文章，没有一点含糊，没有一点误会。这一步做到了，然后再进一步，体会作者意念发展的途径及其辛苦经营的功力。体会而有所得，那踌躇满志，与作者完成一篇作品的时候不相上下；这就是欣赏，这就是有了欣赏的能力。而所谓体会，得用内省的方法，根据自己的经验，而推及作品；又得用分析的方法，解剖作品的各部，再求其综合；体会决不是冥心盲索、信口乱说的事。这种能力的培植全在随时的指点与诱导。正如看图画听音乐一样，起初没有门径，只看见一堆形象，只听见一串声音，必得受了内行家的指点与诱导，才渐渐懂得怎么看，怎么听；懂得怎么看怎么听，这就有了欣赏图画与音乐的能力。国文精读教材固然不尽是文学作品，但是文学与非文学，界限本不很严，即使是所谓普通文，他既有被选为精读教材的资格，多少总带点文学的意味；所以，只要指点与诱导得当，凭着精读教材也就可以培植学生的欣赏文学的能力。如果课前不教学生预习，上课又只做逐句讲解的工作，那就谈不到培植。前面已经说过，不教学生预习，他们就经历不到在学习上很有价值的几种心理过程；专教学生听讲，他们就渐渐养成懒得去仔细咀嚼的习惯。综合起来，就是他们对于整篇文章不能做到透切了解。然而透切了解正是欣赏的第一步。再请用看图画、听音乐来比喻，指点与诱导固然仰仗内行家，而看与听的能力的长进，还靠用自己的眼睛实际去看，用自己的耳朵实际去听。这就是说，欣赏文学要由教师指一点门径，给一点暗示，是预习之前的事。实际与文学对面，是预习与讨论时候的事。现在把这些事一概捐除，单教学生逐句听讲，那末，纵使教师的讲解尽是欣赏的妙旨，在学生只是听教师欣赏文学罢了。试想，只听内行家讲他的对于图画与音乐的欣赏，而始终不训练自己的眼睛与耳朵，那欣赏的能力还不是只属于内行家方面吗？何况前面已经说过，逐句讲解，把它译作口头的语言而止，结果往往是讲如未讲，又怎么能是欣赏的妙旨？如归有光《先妣事略》末一句，“世乃有无母之人，天乎痛哉!”要与上面的话联带体会，才知道是表达孺慕之情的至性语。上面说母亲死后十二年，他补了学官弟子；这是一件重要事，必须告知母亲的，母亲当年责他勤学，教他背书，无非盼望他能得上进；然而母亲没有了，怎么能告知她呢？又说母亲死后十六年，他结了婚，妻子是母亲所聘定的，过一年生了个女儿；这又是一件重要事，必须告知母亲的，母亲当年给他聘定妻子，就只盼望他们夫妇和好，生男育女；然而母亲没有了？怎么能告知她呢？因为要告知而无从告知，加深了对于母亲的怀念。可是怀念的结果，对于母亲的生平，只有一二“仿佛如昨”，还记得起，其余的却茫然了；这似乎连记忆之中的母亲也差不多要没有了。于是说：“世乃有无母之人，天乎痛哉!”好像世间不应当有“无母之人”似的。由于怀念得深，哀痛得切，这样痴绝的话不同平常的话正是流露真性情的话。这是所谓欣赏的一个例子。若照逐句讲解的原则，轮到这一句，不过口译道：“世间竟有没有母亲的人，天啊！哀痛极了!”讲是讲得不错。但是，这篇临了，为什么突兀地来这么一句呢？母亲比儿子先死的，世间尽多，为什么这句中含着“世间不应当有‘无母之人’似的”的意思呢？对于这两个疑问都不曾解答。学生听了，也不过听了“世间竟有没有母亲的人，天啊！哀痛极了!”这么一句不相干的话而已；又哪里会得到什么指点与暗示，从而训练他们的欣赏能力？

再其次，就训练写作文章的技能那个目标来说。所谓写作，也不是什么了不得的事。从外面得来的见闻知识，从里面发出的意思情感，都是写作的材料；哪些材料值得写，哪些材料值不得写，得下一番选剔的功夫。材料既选定，用什么形式表现它才合式，用什么形式表现它就不合式，得下一番斟酌的功夫。斟酌妥当了，便连布局、造句、遣辞都解决了。写作不过是这么一个过程，粗略地说，只要能识字能写字的人，就该会写作。写作的技能所以要从精读方面训练，无非要学生写作得比较精一点。精读教材是挑选出来的，它的写作技能当然有可取之处；阅读时候看出那些可取之处，对于选剔与斟酌就渐渐增进了较深的识力；写作时候凭着那种识力来选剔与斟酌，就渐渐训练成较精的技能。而要看出精读教材的写作技能的可取之处，与欣赏同样（欣赏本来含有赏识技能的意思），第一步在对于整篇文章有透切的了解；第二步在体会作者意念发展的途径及其辛苦经营的功力。真诚的作者写一篇文章，决不是使花巧，玩公式，他的功力全在使情意与文字达到个完美的境界；换句话说，就是使情意圆融周至，毫无遗憾，而所用文字又恰正传达出那个情意。如范仲淹作《严先生祠堂记》，末句原作“先生之德，山高水长，”李泰伯看了，叫他把“德”字改为“风”字；又如欧阳修作《醉翁亭记》，开头历叙滁州的许多山，后来完全不要，只作“环滁皆山也”五字：历来传为写作技能方面的美谈。这些技能都不是徒然的修饰。根据《论语》“君子之德风”那句话，用个“风”字不但可以代表“德”字，并且增多了“君子之”的意思；还有，“德”字是呆板的，“风”字却是生动的，足以传达德被世人的意思，要指称高风亮节的严先生，自然用“风”字更好。再说《醉翁亭记》，醉翁亭既在滁州西南琅琊山那方面，何必历叙滁州的许多山？可是不说滁州的许多山，又无从显出琅琊山，唯有用个说而不详说的办法作“环滁皆山也”，最为得当。可见范仲淹的原稿与欧阳修的初稿都没有达到完美的境界，经李泰伯的代为改易与欧阳修的自己重作，才算达到了完美的境界。要从阅读方面增进写作的识力，就该在这等地方深切地注意。要从实习方面训练写作的技能，就该效法那些作者的求诚与不苟。无论写一个便条，记一则日记，作一篇《我的家庭》或《秋天的早晨》，都像李泰伯与欧阳修一样的用心。但是，国文教学仅仅等于逐句讲解的时候，便什么都谈不到了。逐句讲解既不足以培植欣赏文学的能力，也不足以训练写作文章的技能。纵使在讲过某一句的时候，加上去说“这是点题”或“这是题目的反面”，“这是侧击法”或“这是抑宾扬主法”，算是关顾到写作方面：其实于学生的写作技能并没有什么益处。因为这么一说，给与学生的暗示将是：写作只是使花巧、玩公式的事。什么“使情意圆融周至”，什么“所用文字恰正传达那个情意”，他们心中却没有一点影子。他们的写作技能又怎么训练得成功？

因为逐句讲解的办法仅仅包含（一）解释字词的意义，（二）说明成语典故的来历，（三）把书面的文句译作口头的语言三项工作，于是产生了两个不合理的现象：（一）认为语体没有什么可讲，便撇开语体，专讲文言；（二）对于语体，也像文言一样读一句讲一句。语体必须精读，在中学国文课程标准里素有规定；现在撇开语体，一方面是违背规定，另一方面是对不起学生——使他们受不到现代最切要的语体方面的种种训练。至于讲语体像讲文言一样，实在是个可笑的办法。除了各地方言偶有差异而外，纸面的语体与口头的语言几乎全同；现在还要把它口译，那无非逐句复读一遍而已。语体必须教学生预习，必须在上课时候讨论；可是，逐句复读一遍决不能算精读了语体。关于这一点，拟另外作一篇文章细谈。

逐句讲解是最省事的办法；如要指导学生预习，主持课间讨论，教师就麻烦得多。但是专用逐句讲解的办法达不到国文教学的目标，如前面所说；教师为忠于职责忠于学生，自该不怕麻烦，让学生在听讲之外，多做些事，多得些实益。教师自己，在可省的时候，正不妨省一点讲解的辛劳，腾出工夫来，给学生指导，与学生讨论，也就绰有余裕了。

略读的指导*

——《略读指导举隅》前言

国文教学的目标，在养成阅读书籍的习惯，培植欣赏文学的能力，训练写作文字的技能。这些事不能凭空着手，都得有所凭借。凭借什么？就是课本或选文。有了课本或选文，然后养成、培植、训练的工作得以着手。课本里所收的，选文中入选的，都是单篇短什，没有长篇巨著。这并不是说学生读了一些单篇短什就足够了。只因单篇短什分量不多，要做细磨细琢的研读功夫，正宜从此入手，一篇读毕，又读一篇，涉及的方面既不嫌偏颇，阅读的兴趣也不致单调；所以取作“精读”的教材。学生从精读方面得到种种经验，应用这些经验，自己去读长篇巨著以及其他的单篇短什，不再需要教师的详细指导，这就是“略读”。就教学而言，精读是主体，略读只是补充；但是就效果而言，精读是准备，略读才是应用。学生在校的时候，为了需要与兴趣，须在课本或选文以外阅读旁的书籍文章；他日出校之后，为了需要与兴趣，一辈子须

* 选自朱永新编：《叶圣陶教育名篇选》，人民教育出版社 2014 年版。原载叶绍钧、朱自清著：《略读指导举隅》，商务印书馆 1943 年版。本文作于 1941 年 3 月 1 日。

阅读各种书籍文章；这种阅读都是所谓应用。使学生在这方面打定根基，养成习惯，全在国文课的略读。如果只注意于精读，而忽略了略读，功夫便只做得一半，其弊害是想象得到的。学生遇到需要阅读的书籍文章，也许会因没有教师在旁作精读那样的详细指导，而致无所措手。现在一般学校，忽略了略读的似乎不少，这是必须改正的。

略读不再需要教师的详细指导，并不等于说不需要教师的指导。各种学科的教学都一样，无非教师帮着学生学习的一串过程。略读是国文课程标准里面规定的正项工作，哪有不需要教师指导之理？不过略读指导与精读指导不同。精读指导必须纤屑不遗，发挥净尽；略读指导却需提纲挈领，期其自得。何以需提纲挈领？唯恐学生对于当前的书籍文章摸不到门径，辨不清路向，马马虎虎读下去，结果所得很少。何以不必纤屑不遗？因为这一套功夫在精读方面已经训练过了，照理说，该能应用于任何时候的阅读；现在让学生在略读时候应用，正是练习的好机会。学生从精读而略读，譬如孩子学走路，起初由大人扶着牵着，渐渐的大人把手放了，只在旁边遮拦着，替他规定路向，防他偶或跌跤。大人在旁边遮拦着，正与扶着牵着一样的需要当心；其目的唯在孩子步履纯熟，能够自由走路。精读的时候，教师给学生纤屑不遗的指导，略读的时候，更给学生提纲挈领的指导，其目的唯在学生习惯养成，能够自由阅读。

仅仅对学生说，你们随便去找一些书籍文章来读，读得越多越好；这当然算不得略读指导。就是斟酌周详，开列个适当的书目篇目，教学生自己照着去阅读，也还算不得略读指导。因为开列目录只是阅读以前的事；在阅读一事的本身，教师没有给一点帮助，就等于没有指导。略读如果只任学生自己去着手，而不给他们一点指导，很容易使学生在观念上发生误会，以为略读只是“粗略地”阅读，甚而至于是“忽略地”阅读；而在实际上，他们也就“粗略地”甚而至于“忽略地”阅读，就此了事。这是非常要不得的，积久养成不良习惯，就终身不能从阅读方面得到多大的实益。略读的“略”字，一半系就教师的指导而言：还是要指导，但是只须提纲挈领，不必纤屑不遗，所以叫作“略”。一半系就学生的功夫而言：还是要像精读那样仔细咬嚼，但是精读时候出于努力钻研，从困勉达到解悟，略读时候却已熟能生巧，不需多用心力，自会随机肆应，所以叫作“略”。无论教师与学生都须认清楚这个意思，在实践方面又须各如其分，做得到家，略读一事才会收到它预期的效果。

略读既须由教师指导，自宜与精读一样，全班学生用同一的教材。假如一班学生同时略读几种书籍，教师就不便在课内指导；指导了略读某种书籍的一部分学生，必致抛荒了略读别种书籍的另一部分学生；各部分轮流指导固也可以，但是每周略读指导的时间至多也只能有两小时，各部分轮流下来，必致每部分都非常简略。况且同学间的共同讨论是很有帮助于阅读能力的长进的，也必须阅读同一的书籍才便于共同讨论。一个学期中间，为求精详周到起见，略读书籍的数量不宜太多，大约有二三种也就可以了。好在略读与精读一样，选定一些教材来读，无非“举一隅”的性质，都希望学生从此学得方法，养成习惯，自己去“以三隅反”；故数量虽少，并不妨事。学生如果在略读教材之外，更就兴趣选读旁的书籍，那自然是值得奖励的；并且希望能够普遍地这么做。或许有人要说，略读同一的教材，似乎不能顾到全班学生的能力与兴趣。其实这不成问题。精读可以用同一的教材，为什么略读就不能？班级制度的一切办法，总之以中材为标准；凡是忠于职务，深知学生的教师，必能选取适合于中材的教材，供学生略读；这就没有能力够不够的问题。同时，所取教材必能不但适应学生的一般兴趣，并且切合教育的中心意义；这就没有兴趣合不合的问题。所以，略读同一的教材是无弊的，只要教师能够忠于职务，能够深知学生。

课内略读指导，包括阅读以前对于选定教材的阅读方法的提示，及阅读以后对于阅读结果的报告与讨论。作报告与讨论的虽是学生，但是审核他们的报告，主持他们的讨论，仍是教师的事；其间自不免有需要订正与补充的地方，所以还是指导。略读教材若是整部的书，每一堂略读课内令学生报告并讨论阅读那部书某一部分的实际经验；待全书读毕，然后令作关于全书的总报告与总讨论。至于实际阅读，当然在课外。学生课外时间有限，能够用来自修的，每天至多不过四小时。在这四小时内，除了温理旁的功课，作旁的功课的练习与笔记外，分配到国文课的自修的，至多也不过一小时。一小时够少了，而精读方面也得自修、预习、复习、诵读、练习，这些都是非做不可的；故每天的略读时间至多只能有半小时。每天半小时，一周便是三小时（除去星期放假）。每学期上课时间以二十周计，略读时间仅有六十小时。在这六十小时内，如前面所说的，要阅读二三种书籍，篇幅太多的自不相宜；如果选定的书正是篇幅太多的，那只得删去若干，选读它的一部分。不然，分量太多，时间不够，学生阅读势必粗略，甚而至于忽略；或者有始无终，没有读到完篇就丢开；这就会养成不良习惯，为终身之累。所以漫无计算是要不得的。与其贪多务广，以致发生流弊，不如预作精密估计，务使在短少时间之内把指定的教材读完，而且把应做的工作都做到家，绝不草率从事，借此养成阅读的优良习惯，来得有益得多。学生有个很长的暑假，又有个相当长的寒假；在这两个假期内，可以自由阅读很多的书。如果略读时候养成了优良习惯，到暑假寒假期间，各就自己的需要与兴趣去多多阅读，那一定比不经略读的训练多得吸收的实效。归结起来说，就是：略读的分量不宜过多，必须顾到学生能用上的时间；多多阅读固宜奖励，但是得为时间所许可，故以利用暑假寒假最为适当。

书籍的性质不一，因而略读指导的方法也不能一概而论。就一般说，在阅读以前应该指导的有以下各项。

一、版本指导

一种书往往有许多版本。从前是木刻，现在是排印。在初刻初排的时候或许就有了错误，随后几经重刻重排，又不免辗转发生错误；也有逐渐的增补或订正。读者读一本书，总希望得到最合于原稿的，或最为作者自己惬意的本子；因为唯有读这样的本子才可以完全窥见作者的思想感情，没有一点含糊。学生所见不广，刚与一种书接触，当然不会知道哪种本子较好；这须待教师给他们指导。现在求书不易，有书可读便是幸事，更谈不到取得较好的本子。正唯如此，这种指导更不可少；哪种本子校勘最精审，哪种本子是作者的最后修订稿，都得给他们说明，使他们遇到那些本子的时候，可以取来复按、对比。还有，这些书经各家的批评或注释，每一家的批评或注释自成一种本子，这中间也就有了优劣得失的分别。其需要指导，理由与前说相同。总之，这方面的指导，宜运用校勘家、目录家的知识，而以国文教学的观点来范围它。学生受了这样的熏陶，将来读书不但知道求好书，并且能够抉择好本子，那是受用无穷的。

二、序目指导

读书先看序文，是一种好习惯。学生拿到一部书，往往立刻看本文，或者挑中间有趣味的部分来看，对于序文，认为与本文没有关系似的；这是因为不知道序文很关重要的缘故。序文的性质常常是全书的提要或批评，先看一遍，至少对于全书有个概括的印象或衡量的标准；然后阅读全书，就不至于茫无头绪。通常读书，其提要或批评不在本书而在旁的地方的，尚且要找来先看；对于具有提要或批评的性质的本书序文，怎能忽略过去？所以在略读的时候，必须教学生先看序文，养成他们的习惯。序文的重要程度，各书并不一致。属于作者的序文，若是说明本书的作意、取材、组织等项的，那无异于“编辑大意”“编辑例言”，借此可以知道本书的规模，自属非常重要。有些作者在本文之前作一篇较长的序文，其内容并不是本文的提要，却是阅读本文的准备知识，犹如津梁或门径，必须通过这一关才可以涉及本文；那就是“导言”的性质，重要程度也高。属于编订者或作者师友所作的序文，若是说明编订的方法，抉出全书的要旨，评论全书的得失的，都与了解全书直接有关，重要也不在上面所说的作者自序之下。无论作者自作或他人所作的序文，有些仅仅叙一点因缘，说一点感想，与全书内容关涉很少；那种序文的本身也许是一篇好文字，对于读者就比较不重要了。至于他人所作的序文，有专事赞扬而过了分寸的，有很想发挥而不得要领的；那种序文实际上很不少，诗文集中尤其多，简直可以不必看。教师指导，要教学生先看序文，更要审查序文的重要程度，与以相当的提示，使他们知道注意之点与需要注意力的多少。若是无关紧要的序文，自然不叫他们看，以免浪费时力。

目录表示本书的眉目，也具有提要的性质。所以也须养成学生先看目录的习惯。有些书籍，固然须顺次读下去，不读第一卷就无从着手第二卷。有些书籍却不然，全书分作许多部分，各部分自为起讫，其前后排列或仅大概以类相从，或仅依据撰作的年月，或竟完全出于编排时候的偶然；对于那样的书籍，就不必顺次读下去；可以打乱全书的次第，把有关某一方面的各卷各篇聚在一起读。读过以后，再把有关其他方面的各卷各篇聚在一起读，或许更比顺次读下去方便且有效得多。要把有关的各卷各篇聚在一起，就更有先看目录的必要。又如选定教材若是长篇小说，假定是《水浒》，因为分量太多，时间不够，不能通体略读，只好选读它的一部分，如写林冲或武松的几回。要知道哪几回是写林冲或武松的，也得先看目录。又如选定教材的篇目若是非常简略，而其书又适宜于不按照次第来读的，假定是《孟子》，那就在篇目之外，最好先看赵岐的“章指”。“章指”并不编列在目录的地位；用心的读者不妨抄录二百几十章的“章指”，当它是个详细的目录提要。有了这样详细的目录提要，因阅读的目标不同，就可以把二百几十章作种种的组合，为某一目标取某一组合来精心钻研。目录的作用当然还有，可以类推，不再详说。教师指导的时候，务须相机提示，使学生能够充分利用目录。

三、参考书籍指导

参考书籍，包括关于文字的音义、典故成语的来历等所谓工具书，以及与所读书有关的必须借彼而后明此的那些书籍。从小的方面说，阅读一书而求其彻底了解，从大的方面说，做一种专门研究，要从古今人许多经验中得到一种新的发现，一种系统的知识，都必须广博地翻检参考书籍。一般学生读书，往往连字典词典也懒得翻，更不用说跑进图书室去查阅有关书籍了。这种“读书不求甚解”的态度，一时未尝不可马虎过去；但是这就成了终身的病根，将不能从阅读方面得到多大益处；若做专门研究工作，更难有满意的成就。所以，利用参考书籍的习惯，必须在学习国文的时候养成。精读方面要多多参考，略读方面还是要多多参考。起初，学生必嫌麻烦，这要翻检，那要搜寻，不如直捷读下去来得爽快；但是渐渐成了习惯，就觉得必须这样多多参考，才可以透彻地了解所读的书，其味道的深长远胜于“不求甚解”；那时候，让他们“不求甚解”也不愿意了。

国文课内指导参考书籍，当然不能如专家做研究工作一样，搜罗务求广博，凡有一语一条用得到的材料都舍不得放弃，开列个很长的书目。第一，须顾到学生的能力。参考书籍用来帮助理解本书，若比本书艰深，非学生能力所能利用，虽属重要，也只得放弃。譬如阅读某一书，须做关于史事的参考，与其教学生查“二十四史”，不如教他们翻一部近人所编的通史；再退一步，不如教他们看他们所读的历史课本。因为通史与历史课本的编辑方法适合于他们的理解能力；而“二十四史”本身还只是一堆材料，要在短时期间从中得到关于一件史事的概要，事实上不可能。曾见一些热心的教师给学生开参考书目，把自己所知道的，巨细不遗，逐一开列，结果是洋洋大观，学生见了唯有望洋兴叹；有些学生果真去按目参考，又大半不能理解，有参考之名，无参考之实。这就是以教师自己为本位，忽略了学生能力的弊病。第二，须顾到图书室的设备。教师提示的书籍，学生从图书室立刻可以检到，既不耽误工夫，且易引起兴趣。如果那参考书的确必要，又为学生的能力所能利用，而图书室没有，学生只能以记忆书名了事；那就在阅读上短少了一分努力，在训练上错过了一个机会。因此。消极的办法，教师提示参考书籍，应以图书室所具备的为限；积极的办法，就得促图书室有计划地采购图书——各科至少有最低限度的必要参考书籍，国文科方面当然要有它的一份。这件事很值得提倡。现在一般学校，不是因经费不足，很少买书，就是因偶然的机遇与教师的嗜好，随便买书；有计划地为供学生参考而采购的，似乎还不多见。还有个补救的办法，图书室没有那种书籍，而地方图书馆或私家藏书却有，教师不妨指引学生去借来参考。

图书室购备参考书籍，即使有复本，也不过两三本；一班学生同时要拿来参考，势必争先恐后，后拿到手的，已经浪费了许多时间。为解除这种困难，可以用分组参考的办法：假定阅读某种书籍需要参考四部书，就分学生为四组，使每组参考一部；或待相当时间之后互相交换，或不再交换，就使每组报告参考所得，以免他组自去参考。

指定了参考书籍，教师的事情并不就此完毕。如果那种书籍的编制方法是学生所不熟悉的，或者分量很多，学生不容易找到所需参考的部分的，教师都得给他们说明或指示。一方面要他们练习参考，一方面又要他们不致茫无头绪，提不起兴趣；唯有如上所说相机帮助他们，才可以做到。

四、阅读方法指导

各种书籍因性质不同，阅读方法也不能一样。但是就一般说，总得像精读时候的阅读那样，就其中的一篇或一章一节，逐句循诵，摘出不了解的处所；然后应用平时阅读的经验，试把那些不了解的处所自求解答；得到了解答，再看注释或参考书，以检验解答的对不对；如果实在无法解答，那就径看注释或参考书。不了解的处所都弄清楚了，又复读一遍，明了全篇或全章全节的大意。最后细读一遍，把应当记忆的记忆起来，把应当体会的体会出来，把应当研究的研究出来。全书的各篇或各章各节，都该照此办法。略读原是用来训练阅读的优良习惯，必须脚踏实地，毫不苟且，才有效益；决不能让学生胡乱读过一遍就算。唯有开始脚踏实地，毫不苟且，到习惯既成之后才会“过目不忘”，“展卷自得”。若开始就草草从事，说不定将一辈子“过目辄忘”“展卷而无所得”了。还有一层，略读既是国文功课方面的工作，无论阅读何种书籍，都宜抱着研究国文的态度。平常读一本数学课本，不研究它的说明如何正确；读一本史地课本，也不研究它的叙述如何精当。数学课本与史地课本原可以在写作技术方面加以研究；因作者的造诣不同，同样是数学课本与史地课本，其正确与精当的程度实际上确也大有高下。但是在学习数学、学习史地的立场，自不必研究那些；如果研究那些，便转移到学习国文的立场，抱着研究国文的态度了。其他功课的阅读都只须顾到书籍的内容。国文功课训练阅读，独须内容形式兼顾，并且不把内容形式分开来研究，而认为不可分割的两方面；经过了国文功课方面的训练，再去阅读其他功课的书籍，眼力自也增高。认清了这一层，对于选定的略读书籍自必一律作写作技术的研究。被选的书总有若干长处；读者不仅在记得那些长处，尤其重要的在能看出为什么会有那些长处。同时不免或多或少有些短处；读者也须能随时发现，说明它的所以然，这才可以做到读书而不为书所蔽。——这一层也是就一般说的。

现在再分类来说。有些书籍，阅读它的目的在从中吸收知识，增加自身的经验；那就须运用思考与判断，认清全书的要点，不歪曲也不遗漏，才得如愿。若不能抉择书中的重要部分，认不清全书的要点，或忽略了重要部分，却把心思用在枝节上，所得结果就很少用处。要使书中的知识化为自身的经验，自必从记忆入手；记忆的对象若是阅读之后看出来的要点，因它条理清楚，印入自较容易。若不管重要与否，而把全部平均记忆，甚至以全部文句为记忆的对象，那就没有纲领可凭，徒增不少的负担，结果或且全部都不记忆。所以死用记忆决不是办法，漫不经心地读着读着，即使读到烂熟，也很难有心得；必须随时运用思考与判断，接着择要记忆，才合于阅读这一类书籍的方法。

又如小说或剧本，一般读者往往只注意它的故事；故事变化曲折，就感到兴趣，读过以后，也只记住它的故事。其实凡是好的小说和剧本，故事仅是迹象，凭着那迹象，作者发挥他的人生经验或社会批判，那些才是精魂。阅读小说或剧本而只注意它的故事，专取迹象，抛弃精魂，决非正当方法。在国文课内，要培植欣赏文学的能力，尤其不应如此。精魂就寄托在迹象之中，对于故事自不可忽略；但是故事的变化曲折所以如此而不如彼，都与作者发挥他的人生经验和社会批判有关，这一层更须注意。初学者还没有素养，一时无从着手；全仗教师给他们易晓的暗示与浅明的指导，渐渐引他们入门。穿凿附会固然要不得，粗疏忽略同样要不得。凭着故事的情节，逐一追求作者要说而没有明白说出来的意思，才会与作者的精神相通，才是阅读这一类书籍的正当方法。有些学生喜欢看低级趣味的小说之类，叫他们不要看，他们虽然答应了，一转身还是偷偷地看。这由于没有学得阅读这类书籍的方法，注意力仅仅集中在故事上的缘故。他们如果得到适当的暗示与指导，渐渐有了素养，就会觉得低级趣味的小说之类在故事之外没有东西，经不起咀嚼；不待他人禁戒，自然就不喜欢看了。——这可以说是消极方面的效益。

又如诗集，若是个人的专集，按写作年月，顺次看诗人意境的扩大或转换，风格的确立或变易，是一种读法。按题材归类，看诗人对于某一题材如何立意，如何发抒，又是一种读法。按体式归类，比较诗人对于某一类体式最能运用如意，倾吐诗心，又是一种读法。以上都是分析研究方面的事，而文学这东西，尤其是诗歌，不但要分析地研究，还得要综合地感受。所谓感受，就是读者的心与诗人的心起了共鸣，仿佛诗人说的正是读者自己的话，诗人宣泄的正是读者自己的情感似的。阅读诗歌的最大受用在此。通常说诗歌足以陶冶性情，就因为深美玄妙的诗歌能使读者与诗人同其怀抱。但是这种受用不是没有素养的人所能得到的；素养不会凭空而至，还得从分析的研究入手。研究愈精，理解愈多，才见得纸面的文字——是诗人心情动荡的表现；读它的时候，心情也起了动荡，几乎分不清那诗是诗人的还是读者自己的。所读的若是总集，也可应用类似前说的方法，发现各代诗人取材的异同、风格的演变，比较各家各派意境的浅深、抒写的技巧；探讨各种体式如何与内容相应，如何去旧而谋新：这些都是研究的事，唯有经过这样研究，才可以享受诗歌。我国历代诗歌的产量极为丰富；读诗一事，在知识分子中间差不多是普遍的嗜好。但是就一般说，因为研究不精，感受不深，往往不很了然什么是诗。无论读和写，几乎都认为凡是五字一句、七字一句，而又押韵的文字便是诗；最近二十年通行了新体诗，又都认为凡是分行写的白话便是诗。连什么是诗都不能了然，哪里还谈得到享受？更哪里谈得到写作？中学生固然不必写诗，但是有享受诗的权利；要使他们真能享受诗，自非在国文课内认真指导不可。

又如古书，阅读它而要得到真切的了解，必须明了古人所处的环境与所怀的抱负。陈寅恪先生作审查一本中国哲学史的报告，中间说："古人著书立说，皆有所为而发；故其所处之环境，所受之背景，非完全明了，则其学说不易评论。而古代哲学家去今数千年，其时代之真相极难推知。吾人今日可依据之材料，仅为当时所遗存最小之一部；欲借此残余断片以窥测其全部结构，必须备艺术家欣赏古代绘画雕刻之眼光及精神，然后古人立说之用意与对象始可以真了解。所谓真了解者，必神游冥想，与立说之古人处于同一境界，而对于其持论所以不得不如是之苦心孤诣，表一种之同情，始能批评其学说之是非得失，而无隔阂肤廓之论。否则数千年前之陈言旧说，与今日之情势迥殊，何一不可以可笑可怪目之乎？"这里说的是专家研究古代哲学应持的态度，并不为中学生而言；要达到这种境界，必须有很深的修养与学识，一般知识分子尚且不易做到，何况中学生？但是指导中学生阅读古书，不可不酌取这样的意思，以正他们的趋向——尽浅不妨，只要趋向正，将来可以渐求深造。否则学生必致辨不清古人的是非得失，或者一味盲从古人，成个不通的“新顽固”，或者一味抹杀古人，骂古人可笑可怪，成个浅薄的妄人。这岂是教他们阅读古书的初意？所谓尽浅不妨，意思是就学生所能领会的，给他们适当的指导。如读《孟子·滕文公上》“或劳心，或劳力；劳心者治人，劳力者治于人；治于人者食人，治人者食于人；天下之通义也。”一节，若以孟子这个话为天经地义，而说从前君主时代，竭尽天下的人力物力以供奉君主是合理的，现代的民权思想与民主政治是要不得的；这便是糊涂头脑。若以孟子这个话为胡言乱语，而说后代劳心者与劳力者分成两个阶级，劳心阶级地位优越，劳力阶级不得抬头，都是孟子的遗毒；这也是偏激之论。要知道孟子这一章在驳许行的君臣并耕之说，他所持的论据是与许行相反的“分工互助”。劳力的百工都有专长，劳心的“治人者”也有他的专长，各出专长，分任工作，社会才会治理：这是孟子的政治理想。时代到了战国，社会关系渐趋繁复，许行那种理想当然行不通。孟子看得到这一点，自是他的识力。要怎样才是他理想中的“治人者”？看以下“当尧之时”一大段文字便可明白，就是：像尧舜那样一心为民，干得有成绩，才算合格。这是从他“民为贵”的根本观点而来的；正因“民为贵”，所以为民除疾苦、为民兴教化的人是“治人者”的模范。于此可见他所谓“治人者”至少含有“一心为民，干政治具有专长的人”的意思，并不泛指处在君位的人，如古代的酋长或当时的诸侯。至于“食人”“食于人”，在他的意想中，只是表示互助的关系而已，并不含有“注定被掠夺”“注定掠夺人家”

的意思。——如此看法，大概近于所谓“了解的同情”，与前面说起的糊涂头脑与偏激之论全然异趣。这未必深奥难知，中材的高中二三年生也就可以领会。多做类似的指导，学生自不致走入泥古诬古的歪路了。

五、问题指导

无论阅读何种书籍，要把应当记忆的记忆起来，把应当体会的体会出来，把应当研究的研究出来，总得认清几个问题——也可以叫作题目。如读一个人的传记，这个人的学问、事业怎样呢？或读一处地方游记，那地方的自然环境、社会情形怎样呢？都是最浅近的例子。心中存在着这些问题或题目，阅读就有了标的，辨识就有了头绪。又如读《爱的教育》，可以提出许多问题或题目：作为书中主人翁的那个小学生安利柯，他的父亲常常勉励他，教训他——父亲希望他成个怎样的人呢？书中写若干小学生，家庭环境不同，品性习惯各异——品性习惯受不受家庭环境的影响呢？书中很有使人感动的地方，为什么能使人感动呢？诸如此类，难以说尽。又如读《孟子》，也可以提出许多问题或题目：孟子主张“民为贵”，书中的哪些篇章发挥这个意思呢？孟子的理想中，把政治分为王道的与霸道的两种，两种的区别怎样呢？孟子认为“王政”并不难行，他的论据又是什么呢？诸如此类，难以说尽。这些是比较深一点的。善于读书的人，一边读下去，一边自会提出一些问题或题目来，作为阅读的标的、辨识的头绪，或者初读时候提出一些，重读时候另外又提出一些。教学生略读，当然希望学生也能如此；但是学习习惯未成，功力未到，恐怕他们提不出什么，只随随便便地胡乱读一阵了事，就有给他们提示问题的必要。对于一部书，可提出的问题或题目，往往如前面说的，难以说尽。提得太深了，学生无力应付；提得太多了，学生又无暇兼顾。因此，宜取学生能力所及的，分量多少又得顾到他们的自修时间。凡所提示的问题或题目，不只教他们“神游冥想”，以求解答；还要让他们利用所有的凭借，就是序目、注释、批评及其他参考书。在教师揭示之外，学生如能自己提出，当然大可奖励。但是提得有无价值，得当不得当，还须由教师注意与指导。为养成学生的互助习惯与切磋精神起见，也可分组研究；令每组解答一个同题或题目，到上课时候报告给大家知道，再听同学与教师的批判。

以上说的，都是教师给学生的事前指导。以后就是学生的事情了——按照教师所指导的去阅读，去参考，去研究。在这一段过程中，学生应该随时作笔记。说起笔记，现在一般学生似乎还不很明白它的作用；只因教师吩咐要作笔记，他们就在空白本子胡乱写上一些文字交卷。这种观念必须纠正。要让他们认清，笔记不是教师向他们要的赋税，而是他们读书学习不能不写的一种记录。参考得来的零星材料，临时触发的片段意思，都足以供排比贯穿之用，怎能不记录？极关重要的解释与批评，特别欣赏的几句或一节，就在他日还值得一再检览，怎能不记录？研究有得，成了完整的理解与认识，若不写下来，也许不久又忘了，怎能不记录？这种记录都不为应门面，求分数，讨教师的好；而只为于他们自己有益——必须这么做，他们的读书学习才见得切实。从上面的话看，笔记大概该有两大部分：一部分是碎屑的摘录；一部分是完整的心得——说得堂皇一点，就是“读书报告”或“研究报告”。对于初学，当然不能求其周密深至；但是敷衍塞责的弊病必须从开头就戒除，每抄一条，每写一段，总得让他们说得出个所以然。这样成了习惯，终身写作读书笔记，便将受用无穷，无论应付实务或研究学问，都可以从笔记方面得到许多助益。而在上课讨论的时候，这种笔记就是参加讨论的准备；有了准备，自不致茫然无从开口，或临时信口乱说了。

学生课外阅读之后，在课内报告并讨论阅读一书某一部分的实际经验；待全书读毕，然后作全书的总报告与总讨论，前面已经说过。那时候教师所处的地位与应取的态度，《精读指导举隅》曾经提到，不再多说，现在要说的是成绩考查的事。教师指定一本书教学生阅读，要他们从书中得到何种知识或领会，必须有个预期的标准；那个标准就是判定成绩的根据。完全达到了标准，成绩很好，固然可喜；如果达不到标准，也不能给他们一个不及格的分数就了事，必须研究学生所以达不到标准的原因——是教师自己的指导不完善呢，还是学生的资质上有缺点，学习上有疏漏？——竭力给他们补救或督促，希望他们下一次阅读的成绩比较好，能渐近于标准。一般指导自然愈完善愈好；对于资质较差，学习能力较低的学生的个别指导，尤须有丰富的同情与热诚。总之，教师在指导方面多尽一分力，无论优等的次等的学生必可在阅读方面多得一分成绩。单是考查，给分数，填表格，没有多大意义；为学生的利益而考查，依据考查再打算增进学生的利益，那才是教育家的存心。

以上说的成绩，大概指了解、领会以及研究心得而言。还有一项，就是阅读的速度。处于事务纷繁的现代，读书迟缓，实际上很吃亏；略读既以训练读书为目标，自当要求他们速读，读得快，算是成绩好，不然就差。不用说，阅读必须以精细正确为前提；能精细正确了，是否敏捷迅速却是判定成绩应该注意的。

读些什么书*

本志这一期出版的时候，读者诸君已经放了寒假了。平时在学校里，因为课程多，各科的练习忙，很少有阅读课外书籍的时间；心里虽然想阅读，可是事实上办不到，很觉得难受。寒假没有暑假那么长，但是也有几个星期，正好用来弥补这个缺憾；就是说，在寒假里应该有头有尾阅读几本书。

阅读什么书呢？读者诸君或许要这样问。我们以为举出一些具体的书来回答，是不很妥当的。第一，这中间或许会掺杂着我们的偏见；第二，不一定适合读者诸君的口味；第三，举出的书，读者诸君未必就弄得到手。因此我们只能提出几个项目，给读者诸君作为选书的参考。

关于各科的参考书是可以选读的。在学校里只读教科书；教科书是各科知识的大纲，详细的项目和精深的阐发，都没有包容进去。例如本国史教科书，对于一代的政治、文化、人情、风俗，至多用几百个字来叙述就完事了；少的时候，只用一句两句话就带过了。单凭那几百个字

* 原载《国文杂志》第2期，1942年2月，未署名。

或一句两句话，固然也可以算知道了历史；但是知道的只是些笼统的概念，或者知其然而不知其所以然，实在不能算知道了历史；如果选一些专讲某代的政治、文化、人情、风俗的参考书来读，由于已经知道了大纲，决不至于摸不着头脑，而阅读的结果就是明白得详细而且透彻。

关于当前种种问题的书是可以选读的。教科书中大多说些原理原则的话，对于随时遇到的具体问题，或者附带提到，或者简直不说。例如日本是我国的大敌，我国与它作战已经四年半，最近它又发动太平洋大战，与一切民主国家为敌；它的凭借究竟怎样，它那狂妄的欲念怎样才可以扑灭，这些都是我国人亟待解答的具体问题；但是本国史、外国史和外国地理的教科书中，对于这些仅有简略的叙述，没有综合的解答。如果选一些专谈日本问题的书来读，就可以得到许多精确的认识，从精确的认识发而为种种行动，自然会有切实的力量。日本问题只是例子罢了，此外如建国问题、大战后世界秩序问题等等，现代青年都得郑重注意。必须注意当前的问题，青年才能够认识时代；认识了时代，自身才能够参加进去，担负推动时代的任务。

关于修养的书是可以选读的。所谓修养，其目的无非要明了自己与人群的关系；要应用合理的态度和行为来处理一切。修养的发端在于“知”；如果不“知”，种种关系就不会明了，怎样才是合理也无从懂得。修养的完成在于“行”；如果“知”而不“行”，所知就毫无价值。读关于修养的书，假定是《论语》，好比与修养很有功夫的孔子面对面，听他谈一些修养方面的话，在“知”的扩展上是很有益处的。“知”了，又能化而为“行”，那就一辈子受用不尽了。

关于文学的书是可以选读的。文学的对象是人生。文学的特点是把意念形象化，不用抽象的表达。所以读文学可以认识人生，感知人生。善于读文学的人，他所见的人生一定比不读文学的人来得深广。这当然指上品的文学而言。同样是诗，有优劣的分别；同样是小说，也大有好坏。我们没有这么多的精力和时间来读一切坏的劣等的作品（就是有这么多的精力和时间也无须读那些），自应专选上品的来读。还有，不要以为自己准备学工学农，就无须理会文学。要知道学工学农也是人生；无论是谁，能够接触以人生为对象的文学，是一种最为丰美最有价值的享受。

就以上提出的几个项目来选择，至少可以选到三四本书，尽够寒假中阅读了。如果能够认真阅读的话，除了吸收书中的内容而外，阅读和写作的能力也自然会长进。常常有人这样问：要使国文程度长进，该读些什么书？我们的回答是：认真读前面提到的几类书，就可以了；专为要人家长进国文程度而写作的书是没有的。

给中学生介绍古书*

——读《经典常谈》

学校国文教室的黑板上，常常写着如下一类的粉笔字："三礼：《周礼》《仪礼》《礼记》。""三传：《公羊传》《穀梁传》《左传》。"学生看了，就抄在笔记簿上。

学期考试与入学考试，国文科常常出如下一类的测验题目："《史记》何人所作？《资治通鉴》何人所作？""什么叫'四书'？什么叫'四史'？""司马相如何代人？杜甫何代人？他们有哪一方面的著作？"与考的学生只消写上人名、书名、朝代名就是。写错了或者写不出当然没有分数。

曾经参观一个中学，高中三年级上"中国文学史"课，用的是某大学的讲义《中国文学史要略》，方讲到隋唐。讲义中提及孔颖达的《五经正义》、杜佑的《通典》、王通的《中说》等，没有记明卷数，教师就一一写在黑板上，让学生一一抄在本子上。在教室里立了大约半点钟，

* 原载《中学生》战时月刊第66期，1943年6月。原题为《读〈经典常谈〉》，署名圣陶。

没听见教师开一声口，只看见他写的颇为老练的一些数目字。

书籍名、作者名、作者时代、书籍卷数，不能不说是一种知识。可是，学生得到了这种知识有什么受用，咱们不妨想一想。参与考试，如果遇到这一类的测验题目，就可以毫不迟疑地答上去，取得极限的分数，这是一种受用。还有呢？似乎没有了。在跟人家谈话的当儿，如果人家问你："什么叫'四史'？"你回答得出"就是《史记》《汉书》《后汉书》《三国志》"，你的脸上自然也会有一副踌躇满志的神色。可惜实际上谈话时候把这种问题作话题的并不多。

另外一派人不赞成这种办法，说这种办法毫无道理，不能叫学生得到真实的受用。这个话是千真万确的。他们主张，学生必须跟书籍直接打交道，好比朋友似的，你必须跟他混在一块，才可以心心相通，彼此影响，仅仅记住他的尊姓大名，就与没有这个朋友一样。这个话当然也没有错。可是他们所说的书籍范围很广，差不多从前读书人常读的一些书籍，他们主张现在的学生都应该读。而且，他们开起参考书目来就是一大堆。就说《史记》吧，关于考证史事的有若干种，关于评议体例的有若干种，关于鉴赏文笔的有若干种。他们要学生自己去摸索，把从前人走过的路子照样走一遍，结果才认识《史记》的全貌。这儿就有问题了。范围宽广，从前读书人常读的一些书籍都拿来读，跟现代的教育宗旨合不合，是问题。每一种书籍都要由学生自己去摸索，时间跟能力够不够，又是问题。这些问题不加注意，徒然苦口婆心地对学生说："你们要读书啊!"其心固然可敬，可是学生还是得不到真实的受用。

现代学生的功课，有些是从前读书人所不做的，如博物、理化、图画、音乐之类。其他的功课，就实质说，虽然就是从前读书人学的那一些，可是书籍不必再用从前人的本子了。一部公民教本可以包括圣经贤传的精义、吾族的固有伦理；一部历史教本就可以摄取历代史籍的大概、经籍子籍的要旨。这自然指编撰得好的而言；现在有没有这样好的教本，那是另一问题。试问为什么要这么办？为的是从前书籍浩如烟海，现代的学生要做的功课多，没有时间一一去读它。为的是现代切用的一些实质，分散在潜藏在各种书籍里，让学生淘金似的去淘，也许淘不着，也许只淘着了一点儿。尤其为的是从前的书籍，在现代人看来，有许多语言文字方面的障碍；先秦古籍更有脱简错简，传抄致误，清代学者校勘的贡献虽然极大，但是否完全恢复了各书的原样，谁也不敢说定；现代学生不能也不应个个劳费精力在训诂校勘上边，是显而易见的。所以，为实质的吸收着想，可以干脆说一句，现代学生不必读从前的书。只要教本跟其他学生用书编撰得好，教师和帮助学生的一些人们又指导得法，学生就可以一辈子不读《论语》《孟子》，却能知道孔子、孟子的学说；一辈子不读《史记》《汉书》，却能明晓古代的历史。

可是，有些书籍的实质和形式是分不开的，你要了解它，享受它，必须面对它本身，涵泳得深，体味得切，才有得益。譬如《诗经》，就不能专取其实质，翻为现代语言，让学生读“白话《诗经》”。翻译并不是不能做，并且已经有人做过，但到底是另外一回事；真正读《诗经》，还得直接读“关关雎鸠”。又如《史记》，作为历史书，尽可用“历史教本”“中国通史”之类来代替；但是它同时又是文学作品，作为文学作品，就不能用“历史教本”“中国通史”之类来代替，从这类书里知道了楚汉相争的史迹，并不等于读了《项羽本纪》。我想，要说现代学生应该读些古书，理由应该在这一点上。

还有一点。如朱自清先生在这本《经典常谈》的序文里说的："在中等以上的教育里，经典训练应该是一个必要的项目。经典训练的价值不在实用，而在文化。有一位外国教授说过，阅读经典的用处，就在教人见识经典一番。这是很明达的议论。再说做一个有相当教育的国民，至少对于本国的经典也有接触的义务。"一些古书，培育着咱们的祖先，咱们跟祖先是一脉相承的，自当尝尝他们的营养料，才不至于无本。若讲实用，似乎是没有，有实用的东西都收纳在各种学科里了；可是有无用之用。这可以打个比方。有些人不怕旅行辛苦，道路几千，跑上峨眉金顶看日出，或者跑到甘肃敦煌，看石窟寺历代的造像跟壁画。在专讲实用的人看来，他们干的完全没有实用，只有那股傻劲儿倒可以佩服。可是他们从金顶下来，打敦煌回转，胸襟扩大了，眼光深远了，虽然还是各做他们的事儿，却有了一种新的精神。这就是所谓无用之用。读古书读的得其道，也会有类似的无用之用。要说现代学生应该读些古书，这是一个理由。

这儿要注意，"现代学生应该读些古书"，万不宜忽略"学生"两字跟一个"些"字。说"学生"，就是说不是专家，其读法不该跟专家的一样（大学里专门研究古书的学生当然不在此限）。说"些"，就是说分量不能多，就是从前读书人常读的一些书籍也不必全读。就阅读的本子说，最好辑录训诂校勘方面简明而可靠的定论，让学生展卷了然，不必在一大堆参考书里自己去摸索。就阅读的范围说，最好根据前边说的两个理由来选定，只要精，不妨小，只要达到让学生见识一番这么个意思就成。这本《经典常谈》的序文里说："我们理想中一般人的经典读本——有些该是全书，有些只该是选本节本——应该尽可能地采取他们的结论；一面将本文分段，仔细地标点，并用白话文作简要的注释。每种读本还得有一篇切实而浅明的白话文导言。”现代学生要读些古书，急切需用这样的读本。口口声声嚷着学生应该读古书的先生们，似乎最适宜负起责任来，编撰这样的读本。可是他们不干，只是“读书啊！读书啊!”地直嚷；学生实在没法接触古书，他们就把罪名加在学生头上：“你们自己不要好，不爱读书，叫我有什么办法?”我真不懂得他们的所以然。

朱先生的《经典常谈》，却是负起这方面的责任来的一本书。它是一些古书的“切实而浅明的白话文导言”。谁要知道某书是什么，它就告诉你这个什么，看了这本书当然不就是读了古书，可是古书的来历，其中的大要，历来对于该书有什么问题，直到现在为止，对于该书已经研究到什么程度，都可以有个简明的概念。学生如果自己在一大堆参考书里去摸索，费力甚多，所得未必会这么简明。因这本书的导引，去接触古书，就像预先看熟了地图跟地理志，虽然到的是个新地方，却能头头是道。专家们未必看得起这本书，因为“这中间并无编撰者自己的创见，编撰者的工作只是编撰罢了”（序文中语）；但是这本书本来不是写给专家们看的，在需要读些古书的学生，这本书正适合他们的理解能力跟所需分量。尤其是“各篇的讨论，尽量采择近人新说”（序文中语），近人新说当然不单为它“新”，而为它是最近研究的结果，比较可作定论；这使学生在入门的当儿，便祛除了狭陋跟迂腐的弊病，是大可称美的一点。

这本书所说经典，不专指经籍；是用的“经典”二字的广义，包括群经、先秦诸子、几种史书、一些集部，共十三篇。把目录抄在这儿：

《说文解字》第一；《周易》第二；《尚书》第三；《诗经》第四；“三礼”第五；“春秋三传”第六（国语附）；“四书”第七；《战国策》第八；《史记》《汉书》第九；诸子第十；辞赋第十一；诗第十二；文第十三。前头十一篇都就书讲；末了“诗”“文”两篇却只叙述源流，不就书讲，“因为书太多了，没法子一一详论，而集部书的问题，也不像经、史、子的那样重要，在这儿也无需详论”（序文中语）。

文字并不可靠　教本少用为妙*

——在“抢救在学青年”座谈会上的发言

方才舒新城先生说到教材须视教育目标而定，而教育目标千变万化，甚至人人不同，各人都有一套教育观。不过我总觉得中国的情形似乎还没有这么复杂，仅不过是某些人想教出些顺民来，而另一部分人则需要民主，单是这二种分野而已；而这二种分野的确是无法强同，无法妥协调和的。

我是主张读书不必进学校的。这意见在上次座谈会中曾说到过，因为据我的看法，现行的教育制度完全是继承过去的旧精神。前清末年废科举、兴学校，而在实质上这学校还是继承科举的一套，精神丝毫没有改变；而这精神，起自汉唐下达明清而历代皆然。这种教育“精神”是要学生读一种死的东西，读了之后考一下，考得出的，由统治者雇用为高级或低级的帮手，考不出的那就一辈子倒霉。试看现在进学校读书的目的，还不是和以前的科举时代一样。过去考中了县试称县学生，再中

---

* 原载《文汇报》1946 年 8 月 18 日。

乡试则称举人，然后进京考中则称进士，可以做官；现在呢，则有各等各级的文凭，还有外国文凭，那是最硬的了，不过现在怕也并不怎么硬得起来，总之，这一批执有文凭的人，就可以作为政治上统治者的帮手。以前统治的方面狭，所需的帮手还少；现在则统治范围广了，物价、交通、衣食住行等等方面都要管制得无微不至，所需帮手也就更多；而这些帮手的取得，是通过人事关系，另一层是必须科举出身。事实昭彰，我这说法决不夸大。

而且不仅是精神相通，就是方法也是一致的，过去是专读儒家的书，钻研老庄的人都不会有什么出路。而读了之后，也并不要它有什么用处，不要身体力行，更不问是否受用，只要他能记忆，能在一句中发挥出二句三句，能够为圣人立言，这就可以去应考。而现在的情形又何尝不是如此，进学校的人，不要说文科，就是理工科也是这样，只要能记得住，写得成卷子，考得出，就称是好的，根本不用研究，更不管是否有用。

因之，我认为不想考科举，不想作统治者的帮手的人，大可不必进学校。不过，这说法似乎太过激，事实是有许多人虽则不想考科举，作统治者的帮手，他还是非进学校不可。那么退一步说，学校应该改良，主要的是必须少用教科书，用得越少越好，最好完全不用。为什么呢？因为我觉得有许多功课是不必通过文字的，甚至理科方面的东西也如此；而且，不仅不需要文字，就是连语言也都讲不清楚。现在“国定本”中有一种所谓“国常”的，那又是聪明人想出来的办法，把国语与常识合并起来，“国语”所讲的就是“常识”，“常识”就附在“国语”里，加些图表就算数了，这是颇为可笑的。譬如“橘子”，在旁边画一个圈圈算是橘子。橘子就是一个圈圈，通过“橘”字，通过图画，通过讲解，孩子们所识得的只是一个圈圈，那就何不把一只橘子放在桌子上让孩子们看，岂不简单明了得多？

真的，许多东西用语言文字是绝对说不清的。像一只杯子，你怎么用文字来正确地说清楚它的形状呢？而现在的教科书是最笨的书，就是想把茶杯写成文字，由文字来认识茶杯。要讲清一个茶杯，恐怕一百个字还不够；在这一百个字当中，有生字，有虚字，而等到学生把生字认得记得了，把虚字弄清楚了，整个茶杯也就没有了。

所以，透过教科书看中国教育，小学的科目一切都是“国语”，材料是常识的国语、算学的国语等等；中学则一切都是国文，除了英文：是化学的国文、物理的国文、历史的国文等；大学呢，我虽没有讲过，但在中学时已看到一种风气，就是一切都是英文，除了国文：是解析几何的英文、政治的英文、经济的英文等等。我曾经在内地见到某大学的教授讲“教育学”，因为没有课本，就写在黑板上，先生先写了一黑板的英文，学生抄下来，抄好后再逐字逐句地解释，学生就记中文的笔记；解释好了再写一黑板，再抄再讲，据说每一节课最多可讲完三黑板，少则二黑板。这岂不是在教英文，哪里还有什么“教育学”的影子？其他科目，还不都是一样，除了国文。这样的教育除了使学生记得住考得出之外，还有什么用处，不要说使学生永远受用；对他将来发生良好的影响是绝不可能的，就是能在日常生活中有点用处也是不可能的。那么，这样的教本教材还有什么用处，教科书又要它干吗？

通过文字决不能认识事物，要认识事物不能借助于文字。这样，学校的先生又将做些什么呢？我认为先生应该是一幕戏的导演，更应该是演戏中的一个角色，他应该指导学生怎样排演，并且跟着他们一起演。不过，刚才俞先生已提到过，现在先生连饭都吃不饱，照顾生命都还忙不过来，又哪来这份兴致，所以只能沿用陈法，把数十年前的知识，遵循千百年前的精神，通过语言文字，敷衍故事地“教”给学生，决不关心到学生是否受用，但以考试成绩为指标。

事实是如此。我说的还都是空话，不过，无论如何，文字语言的障碍是必须扫除的，要使学生能在实际生活中认识事物时，那是真正有用的教育，单靠文字实在没有用处。

给少年儿童更多的课外读物*

学校、团、队和图书馆、阅览室各方面常给少年儿童介绍些课外读物。同时用不同的方式对少年儿童进行阅读指导。读过之后还开个会，让少年儿童谈谈阅读的心得，交流阅读的经验。这种情形越来越普遍，真是少年儿童莫大的幸福。从前的少年儿童哪曾受到这样的关怀？唯有在今天，少年儿童的道德品质和文化知识各方面受到充分的培育，为往后的发展开辟了无限的前途。

介绍给少年儿童的课外读物，绝大部分是革命故事，各方面模范人物的故事，富于现实意义的文艺作品。少年儿童非常喜爱这一类读物。他们整个儿心灵钻进读物里去，仿佛生活在那些场景之中，跟那些英雄人物结成亲密的友谊，有时候仿佛跟英雄人物合而为一，英雄人物的行动、思想、欢乐、哀愁，好像就是自己的行动、思想、欢乐、哀愁。这样的潜移默化，影响最深远，好处说不尽。因此，少年儿童社会主义觉悟的提高，共产主义道德品质的培养，阅读这一类读物肯定是重要途径

---

* 选自刘国正主编：《叶圣陶教育文集》，人民教育出版社 1994 年版。原载《光明日报》1959 年 6 月 1 日。

之一。

由于著作界和出版界的努力，今后这一类读物出版将更多。介绍工作似乎注意两点：一是及时，二是精选。随时留心新的出版物，发现值得号召少年儿童阅读的，立刻推荐，使他们先睹为快，这是及时。数量既然多了，选择不妨从严，相互比较之后，推荐一些更好的，淘汰一些次好的，这是精选。此外，阅读指导似乎该精益求精。这一类读物对少年儿童的好处既然在潜移默化，就得让他们在认真阅读之中自己有所领会，而不宜把他们能够领会的先给指出来。自己领会出于主动，印象深，经人家先给指出来然后去领会，未免被动，印象可能浅些。假如上述的想法可以得到承认，那么阅读指导就该从某一读物的具体情况出发，给少年儿童种种的启发，或者给指出些着眼的关键，或者给提出些思考的问题，使他们自由阅读而不离乎正轨，自己能得到深切的领会。打个比方，阅读指导犹如给走路的人指点某一条路怎么走，而不是代替他走，走路的人依照指点走去，非但不走冤枉路，而且见得广，懂得多，心旷神怡，连声说“不虚此行”，同时衷心感激给他指点的人。总之，阅读指导是思想工作又是技术工作，越深入，越细致，受指导的方面得益越大，前面说要精益求精，就是为此。

给少年儿童介绍课外读物，范围还要扩大些，过去的情形嫌不够广。

要介绍一些地理方面（包括天文方面）的读物，如旅行记、探险记、星空巡礼记之类。要介绍一些历史方面的读物，如历史故事、创造发明故事、历代名人传略之类。要介绍一些有关生物的读物，小至一种昆虫，大至成片森林，凡可以引起观察研究的兴趣的都好。要介绍一些有关物理、化学的读物，电灯为什么发光，钢铁为什么生锈，诸如此类，凡可以养成查根究底的习惯的都好。要介绍一些有关工业、农业的读物，工厂里怎么样操作，田地里怎么样耕种，怎么样改进应用的工具，怎么样提高产品的质量，诸如此类，凡可以加强动手的欲望，巩固劳动的习惯的都好。

以上说的各类读物，就知识的门类而言，不超出小学高年级和初级中学设置的课程。课堂里教的是最基本最主要的东西，各种课本是这些东西的扼要的记载和说明，都要求学生能够记住它，消化它。再给他们一些有关的课外读物，内容比课本丰富些，写法比课本生动些，他们阅读的时候感到触类旁通的乐趣，读过之后怀着再读同类的其他读物的强烈愿望。这样，不但课内学得的东西更加巩固，求知欲也更加旺盛了。说起求知欲该是教育工作者必须注意的事儿。知识那么多，哪里教得尽？样样知识一定要待老师教了才懂得，也不是办法，教育虽然着重在“教”字，最终目的却在受教育者“自求得之”。因此，课堂教学除把最基本最主要的东西教给学生外，要随时顾到促进学生的求知欲。而介绍以上说的各类课外读物，也是促进求知欲的一个方法。唯有老守在屋子里的人，经常少见少闻，才能安于少见少闻。出去跑跑，接触异方殊俗，经历名山大川，知道世界那么广大，未知远胜已知，就尽想往外跑，再不愿守在屋子里了。多给少年儿童介绍些课外读物，就好比推动他们出去跑跑，要他们从而发生无穷的兴趣，立下跑遍全世界的宏愿。再说，如想象力，如创造力，不是也要注意培养的吗？这些能力都以求知欲为根基，如果对求知很淡漠，视而不见，听而不闻，还有什么想象和创造？课外读物既能促进求知欲，也就有培养想象力和创造力的功效。就这么附带说一句，不再细说。

以上说的各类读物，目前还不太多。在不太多的数量中，也还有不很适于少年儿童的，虽然写作意图是专供少年儿童阅读。但是，如果扩大选择的范围，不管写作意图是不是专供少年儿童阅读，只要跟少年儿童的需要和接受能力大致相宜的就入选，那一定能选出一批来，各门各类或多或少都有一些。

阅读指导当然还是要。知识性的读物该怎么样进行阅读指导，跟文艺性的读物的阅读指导有什么异同，要仔细研究。如果某学校某地区的少年儿童从来没有接触过这一类读物，开始介绍给他们的时候，似乎该作一番郑重而适当的宣传鼓动。慎之于始，经常是取得成功的好经验。

以下说另外一点意思。少年儿童要阅读知识性的读物，可是知识性的读物不太多，这种情况要从速改变。近年来特地为少年儿童写书的作家多起来了，他们应该受到热烈的感谢。希望他们在童话、小说、诗歌之外，也写一些旅行记、历史故事、创造发明故事之类的书，这些书虽说是知识性的，并不排斥文艺性，而且文艺性越强越好。希望工程师、农艺家、各方面的建设工作者和研究工作者都来为少年儿童写书，他们从辛勤劳动中得到的经验和成就，只要拿出一点一滴来，就是少年儿童智慧方面很好的润泽。有些同志往往这样说，事情倒是应该做也愿意做，可惜他们不了解少年儿童。实际未必然。谁都是从少年儿童时期成长起来的，回忆一番，就有亲切的了解。再说，谁的周围都有些少年儿童，虽说关系有深有浅，接触有久有暂，总不会对他们绝然不了解。根据了解，设身处地地为少年儿童着想，该写些什么，该怎么样写，自然都有眉目了。学校教师最了解少年儿童，更是义不容辞。固然，写书的事未必人人能做，可也没规定谁才配做。尝试去做，多考虑，多商量，锲而不舍，不能做的就变为能做了。

出版少年儿童读物的出版社要注意组织这方面的稿子，在选题计划中，知识性的读物要占一定的分量。教育的方针政策，学校和少年儿童的实际情况，都要很好地掌握，选题计划才能真正切合需要。对于适于写稿的作者，最要紧的是想办法鼓起他们的积极性，使他们深切感到非为少年儿童写些东西不可。书该怎么样写，取材怎么样，体例怎么样，笔调怎么样，当然是作者的事，但是出版社也要好好研究，把研究所得提供作者参考。稿子写成了，请教育工作者看看，请少年儿童看看，听听他们的意见。斟酌他们的意见，再行加工，直到无可加工了，然后出版。所以要这样做，无非为广大的少年儿童着想，希望他们得到最大的利益。

报刊方面做评介工作，也要注意这一类知识性的读物。过去的情形是文艺性的读物注意得多，知识性的读物注意得少。一篇简要精当的评介文章登出去，好的读物就像长了翅膀，飞到广大读者心灵的窗户前，等候开窗欢迎。报刊有义务使好的读物长翅膀。

给少年儿童更多的课外读物，说得严重点儿，这是对世界的明天负责任的大事。为庆祝今年的国际儿童节，特地写这篇短文，向有关各方面请教。

怎样教语文课*

——在呼和浩特跟语文教师的讲话

在语文教学中，近年来提出一个“文与道”的问题，大家讨论得很起劲，《文汇报》和《光明日报》上发表了很多文章。“文与道”的问题，原来不是语文教学方面的问题，而是文学创作方面的问题，即为什么要写文章和写些什么的问题。古代韩愈曾主张“文以载道”，也就是说，作文章无非是要阐明“道”。古代所谓的“道”，具体内容是什么，我们且不去管它。用现代的话说，“道”就是政治思想。那么“文以载道”，就是说文章要表达政治思想，要为政治服务。另外有一派人不作这样想，他们从孔子的话“盍各言尔志”中取两个字，主张“文以言志”。他们认为写文章是表达自己的思想情感，不一定要讲什么大道理，有什么思想情感，就表达什么思想情感。一派“载道”，一派“言志”。但是实际上，主张“言志”的人所写的文章，谈的也是他们自己的“道”。可以这么说，没有无“道”的文章。换句话说，写文章总是反映

---

* 选自叶圣陶著：《叶圣陶集》（第13卷），江苏教育出版社2004年版。本文作于1961年9月8日。入选本书时略有删节。

作者的世界观。说得浅显一点，世界观就是人们对事物和周围环境的看法，大至宇宙世界，小至一花一草。有什么样的世界观就会写出什么样的文章，决不能脱离自己的世界观而写出文章来。在一篇文章中，或者明显地，直接地，或者曲折地，隐晦地，归根结底都是反映作者的看法。写山水的诗，也是反映作者的看法。写文章不比简单的拍照。即使以拍照来说，为什么要取这样一个场面，不取另外一个场面，为什么要从这个角度拍，不从另外一个角度拍，也都反映拍照的人的看法。因此，可以说文章没有不反映作者的看法的。

我们在学校中教语文，应如何对待“文与道”的问题呢？报纸上登的文章很多了。有些文章似乎把作者和教学工作者混起来了，好像是在谈创作问题。我认为对语文教学来说，只要把文章讲透了，也就是“文”与“道”兼顾了。那么怎样才算把文章讲透了呢？所谓讲透，就是让学生充分领会和消化文章的内容，变成他们自身的东西，化为他们生活中的一部分。比如教了某篇讲公社的文章。文章把公社描写得很好。老师把这篇文章讲了以后，仅使学生对公社的性质、组织有更明确的认识还不够，还应通过这篇文章使学生思想情感上有所变化和提高，从内心受到感染，更加热爱公社。同时还应把这篇文章的思维方法、语言的运用方法讲透。使学生学习了这篇文章以后，在思维方法和语言运用上也有变化和提高，能在生活中运用这种思维方法思考问题，运用这种语言说话写文章。在讲解的时候，一定要靠讲明语言的运用和作者的思路——思维的发展来讲内容。要知道作者为什么要这么说而不那么说，为什么用这一个词而不用那一个词，为什么用这种口气而不用那种口气，所有这些，都跟文章表达的内容密切相关，不能把两者分开来讲，这一堂讲思想内容，另一堂专门讲语言；只有把两者结合起来，这堂课才算成功。总之，讲一课书，不仅是使学生多知道一些东西而已，重要的在使学生真实受用，不只是一天两天受用，而是一辈子受用。实际上，不仅是教语文如此，教其他各科都如此，要使学生一辈子受用。

讲透课文，这件事的本身就是一项重要的政治工作。在学校里，历史、地理、物理、化学等课是分科教学的；而在语文课本中，也选入一些关于社会科学和自然科学的文章。这些文章与各科的课本不同，往往富有文学意味。学校中单设有政治课，而语文教材中也选入一些政论文。因此，语文课除了该科本身的教学任务外，还要使学生获得各科的知识和教养，又不是代替各科。再说，人从会说话起就开始动脑筋，想心思，能养成良好习惯，终身受用不尽。如果我们通过语文课，训练学生从小就好好动脑筋，提高他们的思维能力和说话能力，这对他们的学习和将来的工作都有极大的好处。我们常说某人的语文水平跟不上知识水平，就是指思维能力和说话能力跟不上。因此，中央和各级教育部门都很注意语文训练，并已收到了一定的效果，但是还不够。有些人写不好工作中需用的文稿，有些人大学毕业了，当了助教，不能独立阅读必须参考的古籍，还得请人教。如果我们能在普通教育阶段，就把学生的语文水平提高到应有的水平，那不就是完成了一项很大的政治工作吗？至于讲一篇课文是否要外加政治思想内容，我想不需要了，把课文本身讲透就尽够了。刚解放的几年，很盛行离开课文讲一些大致与课文相同的政治道理。这个风气直到现在还没有完全改变。上半年我在四川参观一所学校，教师讲一篇诗《一家人》，这一家的成员都是公社的先进模范人物。教师的讲法并不是通过讲透课文使学生受到感染，有动于衷，发出“唔!”“啊!”的感叹，真正爱慕这一家人，从而更热爱公社。教师的讲法是离开了课文大讲其公社，而把课文作为公社如何美好的例证。这位教师实际上是忘记了自己是在教语文课了。

有些教师往往说，“某篇文章看不出它有什么政治思想意义”，实际上是把政治思想意义看得太狭窄了。我是参加编课本的工作的，在编辑工作中也有类似的情形。总认为只有和当前形势和中心任务有关的文章才富有政治思想意义。要多一些政治，用心当然是好的。但是实际上，这样做不是政治多了而是政治少了，直到最近听了几次报告，才明白这个道理。再说，这种必须结合当前形势和中心任务的要求，报纸可以做到，杂志也可以做到，教科书是很难做到的，因为从编辑到出版总得花一年的时间。政治思想的范围是很广的。我们需要记住，我们所培养的是建设社会主义的接班人。他们要担当各方面的工作，所需要的知识是很广的。只要这样想，就可以跳出狭窄的小圈子，选材的范围自然会扩大了，凡是有助于培养合格的接班人的有教育意义的文章都可以选。而且除了课本之外，还有补充教材和乡土教材的教学时间，各地可以根据具体情况，选一些有关当前形势和中心任务的教材来讲授。看来这个想法，将会成为大家共同的想法。

语文课和其他课程有所不同，比如数学，不能没有加减乘除，比如历史，不能短少汉朝唐朝，而语文课则不然。中学六年，假定要教三百篇文章，是否非教课本上所选的三百篇不可呢？不一定。不教课本上这三百篇，而另选三百篇也可以，只要文章是好的，同样可以提高学生的政治思想和语文水平。这是说语文课的教材不像数学、历史等课的教材那样固定。当然，选入语文课本的文章，通过教学实践的检验，教学效果好的会越来越多，可以固定下来的篇目也会越来越多。

上边的话是从讲透说起的。现在再说说这个“讲”字。过去的所谓“讲”，就是教师讲给学生听。私塾中讲“四书”“五经”。“四书”大概先讲《论语》。“五经”大概先讲《左传》。讲的办法是逐句逐句地讲。到清末兴办新学堂，新学堂里分设各门课程，其中有一门就是国文。国文的讲法继承了讲“四书”“五经”的传统，也是逐句逐句地讲。这种讲法是不好的，只有少数优秀的教师不采用这种讲法。讲文言文，用逐句逐句讲的办法似乎还过得去，到了“五四”运动以后，小学课本全换成了语体文，中学里是语体文文言文都教，再用逐句逐句讲的办法，问题就出来了。比如“一天早上”该怎么讲呢？所以当时语文教师说语体文没法教。有的教师干脆把课本里的语体文放过不讲，只讲文言文，因为逐句逐句地讲还可以消磨四十五分钟。现在一部分学校中还在用逐句逐句讲的办法。我认为教文言文也不应该逐句逐句讲，至于逐句逐句讲语体文，那简直是浪费学生的时间和精力。所谓讲，应当理解为给学生以指点和引导，使学生逐步达到能自己阅读。假如一篇文章，学生能充分理解，那么教师就用不着讲了。解放后有一个时期，有些人反对学生预习，认为学生预习了，教师的主导作用就不能发挥了。现在是大部分人倾向于主张预习，我也主张预习。学生预习而领会了的就不必再讲。去年教育部派人到各地了解语文教学情况，也找了一些学生座谈。有一个学生说：“老师讲的太多了，对我们没有好处。我们预习《粮食的故事》一课，读过几遍非常感动，几乎掉下泪来。后来老师在课堂上讲解，左分析，右分析，把一篇文章拆得零零碎碎，讲了些空泛道理，我们听了，反而把感动冲淡了。”这样看来，学生能够理解和领会的东西，教师完全可以不讲。学生了解不透领会不深的地方，才需要教师给以指点和引导，但是也不宜讲得很多很琐碎。教师要善于引导学生自己多动脑筋，适当地多动脑筋，脑筋是不会受伤的。学生自己动脑筋，得到的东西格外深刻，光听老师讲，自己不思考，得到的东西就不太深刻。经过老师指导，学生还是不能自己了解自己领会，那就只好由老师讲了，还得注意讲得多而啰唆不如讲得少而精。总之，讲的目的，在于达到不需要讲。如果一个老师能做到上课不需要讲，只做一些指点和引导，学生就能深刻理解，透彻领会，那就是最大的成功。这样做能使学生读了若干文章以后，能触类旁通，自己去领会别的文章。学生必须学会自己读书，不能老是带着一位老师给他讲，所以我们要培养学生独立读书的能力。

要做到讲好，教师只熟悉一套课本是很不够的。你要讲透一篇文章，首先自己要喜爱这篇文章，知道这篇文章好在什么地方，对这篇文章有深刻的感受。作者写一篇文章，来源是多方面的，如思想修养、生活经验、组织能力、写作技巧等等。在这种种方面，教师如果有和作者相差不太远的水平，就能很好地理解这篇文章，把文章讲透，根据学生的实际指导学生阅读。死守一套课本就做不到这样。因此，要求教师多多读书，不断提高自己，力求达到与作者相差不远的水平。有的教师说："我只有一杯水，要教给学生一杯水，那是很难教好的。要教给学生一杯水，我至少要有一桶水，这样才能随机肆应，左右逢源。"这个意思很好。当然并不意味着教师要留一手，而是说只有教师自己懂得多，懂得广，懂得深，才能真正教好课文。

各地都有老师提出：政论文应该如何教？我认为政论文也和其他课

文一样地教。现在觉得政论文不容易教，恐怕是有些老师对政治理论、方针政策和当前形势的学习不够，政治和历史知识还嫌欠缺的缘故。还有些人说教政论文怕讲错了犯错误，实际上你并不是写政论文而是讲人家的政论文，要是你能像其他文章一样地理解透彻，怎么会讲错呢？所以说，认为政论文不容易教，主要是个学习问题。学习要看怎样学，如果没有很好地动脑筋，真正下功夫去学，即使经常捧着书本还是得不到什么东西。有些人不看《人民日报》的社论，有些人看了，可是不求甚解，有些人不关心党的政策，不关心国内外的形势，这就很难怪对政论文觉得无从下手了。要能够很好地理解和分析政论文，非得加强学习下苦功不可。

政论文往往有一百个字以上的长句子，这就需要运用语法知识把它剖析清楚，看哪些是主语，哪些是主要动词，哪些是句子的主要成分，哪一个词语是修饰哪一部分的，限制哪一部分的。然后再看第二句和第一句是什么关系，第三句和第二句又是什么关系，第二段和第一段是什么关系，第三段和第二段又是什么关系，以至通篇是如何结构的。重要的地方可以用红笔蓝笔分别画出来。只要经常这样练习，有几个月的工夫就熟练了。碰到一篇文章，一看就会知道这篇文章为什么提出这个问题，论点论据有哪些，思路是怎样展开的，怎样推理和得出结论的。这个办法并不难做，大家不妨试试看。

现在大家都很注意语文课中的基本训练。基本训练确然要加强。在基本训练中，最重要的还是思维的训练，不要只顾到语言文字方面，忽略了思维的训练。各门功课都和思维的训练有关，特别是语文课是着重训练思维的。语言是和思维分不开的。语言是思维的固定形式。只有想清楚了，才能说清楚。我们常说某人说话写文章没有条理。没有条理，就因为他没有养成很好的思维习惯，乱七八糟地想了，也就乱七八糟地说了写了。所以教语文的一项很重要的任务就是训练学生的思维，训练思维的材料就是课文。一篇篇的课文都是作者动了脑筋写出来的。在学习一篇文章时，就要学习作者是怎样动他的脑筋的，看作者是怎样想和怎样写的。教师一方面给学生指点和引导，一方面督促学生练习，这就是训练。语言的训练，要让学生在语言实践中去领会，去比较，这从小学阶段起就应注意。小孩从小就学会说话，说一些简单的话是不会违反语法的，但是说一些复杂的话，就不免要犯语法上的错误。我们给学生一些语法训练，目的就在使他们由不自觉达到自觉，即使说复杂的话也能百分之百的准确，不犯语法错误。如果使学生自觉地知道为什么这句问话后边该用“吗”，那句问话后边该用“呢”，那么他们在任何时候用“吗”用“呢”都不会用错了。在中学里，还要教一些修辞的知识，篇章结构的知识，这些方面的知识化为思维和语言的习惯了，运用的时候就会自觉地不犯错误。对于我们当老师的来说，应当系统地学习语法、修辞等知识，达到非常熟练。但是在教学生时，不宜像你自己学习的时候一个样，只要教一些最简要的，主要在使学生能实际运用。我们过去编的一部汉语课本就没有注意这一点。学生不是专门研究语法、修辞的，所以教师不需要把自己所知道的全都教给学生，只要让学生知道和掌握所需要的最基本的东西就够了。前边说过，在语文课的基本训练中，语言文字的训练和思维的训练关系很密切，所以我希望老师们把心理学中语言和思维的关系问题好好地看看。这也不是为了教给学生，而是为了指导学生和改进我们的语文教学工作。

在基本训练方面，有人说有些老师要求得不严格。所谓要求严格，并不是说要留很多作业，让学生连吃饭睡觉和玩的时间都没有，而是说学生应该掌握的东西如果还没有掌握，教师就决不放手，直到学生切实把这些知识变成生活里的东西才罢休，不能认为教过一次就算了。比如写字问题，现在有些学生写字很不认真，潦潦草草，一篇文章里有几十个错别字。这不仅是基本训练不够的问题，也是学习态度不够端正的问题。如果一个学校的风气好，各科老师都注意这个问题，学生的学习态度端正，写起字来就不会那么潦草，不会那么多错误。兰州职工子弟小学有一位李景兰老师，她教的学生个个写字都好，错字也很少。原因是这位老师把学生的学习态度培养好了。假若一个班的学生学习态度好，不仅写字写得好，读书也一定认真仔细。反之，写字马虎潦草的学生，他们读起书来难道会认真仔细吗？对于一个个字，你要是不动脑筋去分辨，写字时不能心到手到，那总是容易写错的。仔细辨认，养成手到心到的习惯，那就不会错了。对于错别字问题，大家很伤脑筋。这个问题要从根本上解决，就是端正学习态度，造成事事认真的风气。我们对写字的要求很简单，只要求笔画清楚，不错，无论横写竖写，行款整齐，这就够了，并不要求学生成为书法家。写字的基础在小学就应该打好。

作文教学应当和阅读教学联系起来。把课文讲好，使学生学习每篇文章的思路是怎样发展的，语言是怎样运用的，这就是很好的作文指导。不要把指导阅读和指导作文看成两回事。平时让学生作文，出题非常重要。要让学生写他们知道的或者经历过的事物。如组织学生到什么地方去参观，就让学生写参观所看到的东西。总之，要让学生写脑子里有的东西。现在学校里，老师和学生经常接触，不像旧社会的学校那样，师生只在课堂上见见面，现在的老师是完全有条件知道学生脑子里有什么没有什么的。

作文教学要收效，我认为首先要做到以下两点：第一，让学生深刻理解作文的重要。在现代的社会里，光靠口说是不够的，处处需要动笔写。动笔写文章应该是人人必须具备的一种技能。第二，让学生喜欢作文，对作文深感兴趣。现在有些学生怕作文，我家几个孙子里就有怕作文的。学生怕作文，不能完全怪学生，恐怕老师也有责任。比如出的作文题，学生没有什么可说的，或者学生作文中有些优点，没有适当地给他鼓励，这些都会使学生扫兴，渐渐讨厌作文。如果学生觉得作文并不重要，又没有兴趣，作文还能作好吗？所以教师应千方百计地引导学生，使他们懂得作文的重要，使他们喜欢作文。至于如何做到这两点，请老师们多想办法。

要教好作文，老师自己也要常常动笔，深切体会作文的甘苦。这样才能做切实的指导，光给学生讲一些作文的方法是不够的。

再说作文的批改问题。在作文教学中，事先指导得好，批改就容易，事先指导得不好，那高高的一叠作文本，批改起来真有点儿可怕。批改的时候，通行在学生的作文后边加批语，这是旧社会传下来的，不管是否需要，往往空空洞洞地批八个大字，如“清畅流利”之类。这实在没有多大意义，不如实事求是，在横头加一些小批语，指出学生作文中的优点或毛病。对全篇确有可说的，就加批语，如学生进步很快，总的优点在哪儿等。如没有什么可说的，就可以不批。

教师改作文，对于那些改动的地方，必须说得出所以改动的理由来。为什么这几个字多了？为什么这句话不通顺？为什么这个词用得不对？为什么要添几个字或者去掉几个字？老师要想清楚了再改动。所谓改动，实际是改学生的思维，是帮助学生把那些想得不完整的地方改正过来。教师不要替学生写文章，不要把学生的文章勾掉抹掉，再大段大段地替他说些话。假如学生作文中出现了一些反动的话，这就不是怎么给他改的问题了。必须引起所有学校教师的注意，共同来找一下原因，研究这个学生为什么会说出这样的话来。这应当是全校教育工作中的问题，不只是语文教学中的问题。在批改方面还有很重要的一点，就是必须想种种办法使学生注意和了解他的作文为什么要这么改。这一点要是做不到，学生对改过的地方毫不理会，那么你辛辛苦苦的批改功夫就白下了。每个学生如果能每个学期轮到一回，当面看老师批改，或者与老师共同商量着改，那是很有好处的。或者老师和几个学生在一起改，让一个学生读，大家来听。看哪里多了字，哪里少了字，哪个词用得不确切，哪里不通顺，毛病在什么地方。找出这些毛病以后，如果学生经过思索自己能改正，教师就不用改了。如果学生感到困惑，不知道该怎么改才合适，教师再给他启发指导，或帮助他改。这个办法对学生的帮助很大，不仅在学校里，对自己的子弟也可以试一试。如果能多来几回，学生的作文一定会进步很快。

还有一个问题，如果学生喜欢写文艺作品，教师是没有理由反对的，应该帮助他。但是必须明确，语文课并不是要学生搞创作，并不是培养作家的。那是另外一回事。

语文是一门怎样的功课*

“语文”作为学校功课的名称，是1949年开始的。解放以前，这门功课在小学叫“国语”，在中学叫“国文”。为什么有这个区别？因为小学的课文全都是语体文，到了中学，语体文逐步减少，文言文逐步加多，直到把语体文彻底挤掉。可见小学“国语”的“语”是从“语体文”取来的，中学“国文”的“文”是从“文言文”取来的。

1949年改用“语文”这个名称，因为这门功课是学习运用语言的本领的。既然是运用语言的本领的，为什么不叫“语言”呢？口头说的是“语”，笔下写的是“文”，二者手段不同，其实是一回事。功课不叫“语言”而叫“语文”，表明口头语言和书面语言都要在这门功课里学习的意思。“语文”这个名称并不是把过去的“国语”和“国文”合并起来，也不是“语”指语言，“文”指文学（虽然教材里有不少文学作品）。

口头语言和书面语言都有两方面的本领要学习：一方面是接受的本领，听别人说的话，读别人写的东西；另一方面是表达的本领，说给别

---

* 选自叶圣陶著：《叶圣陶集》（第16卷），江苏教育出版社2004年版。本文是作者1980年在小学语文教学研究会成立会上的书面发言。

人听，写给别人看。口头语言的说和听书面语言的读和写，四种本领都要学好。有人看语文课的成绩光看作文，这不免有点儿片面性；听、说、读、写四种本领同样重要，应该作全面的考查。有人把阅读看作练习作文的手段，这也不很妥当；阅读固然有助于作文，但是练习阅读还有它本身的目的和要求。忽视口头语言，忽视听和说的训练，似乎是比较普遍的情况。希望大家重视起来，在小学尤其应该重视。

现在大家都说学生的语文程度不够，推究起来，原因是多方面的。而语文教学还没有形成一个周密的体系，恐怕是多种原因之中相当重要的一个。不知道我说得对不对。语文课到底包含哪些具体的内容；要训练学生的到底有哪些项目，这些项目的先后次序该怎么样，反复和交叉又该怎么样；学生每个学期必须达到什么程度，毕业的时候必须掌握什么样的本领：诸如此类，现在都还不明确，因而对教学的要求也不明确，任教的老师只能各自以意为之。

如果大家认为我的看法大致不错，现在小学语文教学研究会成立了，是否可以把我所说的作为研究的课题，在调查、研究、设计、试验各方面花它两三年的工夫，给小学语文教学初步建立起一个较为周密的体系来。

祝同志们工作顺利，身体健康，精神愉快。

关于探讨教材教法的几点想法*

听说《课程·教材·教法》创刊，我有几点想法，就说一说。

第一点：经过三四年的努力，各科课本大致齐备了，今后在使用中当然还要修改。至少可以说，各科教材已经初具规模了。按理说，老师对教材的内容应该是熟悉的，问题在怎么运用这些教材把知识和技能教给学生。教和学的关系并不是简单的授给和接受的关系。老师把铅笔分发给学生，只要老师给了，学生就收到了。教课可不是这样，如果不得其法，只照着课本宣讲，学生很可能什么也得不到。所以我想，办这样一种刊物，推动大家来探讨各科教材的教法，交流教学的经验，的确是很有必要的。

第二点：教材即使编得非常详尽，也不过是某一学科的提要，加上一些必要的范例罢了（语文课本几乎全是范例）；因此，教材只能作为教课的依据，要教得好，使学生受到实益，还靠老师的善于运用。我国有一种至今还相当普遍的观念，认为“教”就是老师讲课本给学生听，

* 原载《课程·教材·教法》1981年第1辑（创刊号）。

“学”就是学生听老师讲课本。如果真的照这样做，学生得到的益处就非常有限。学生要学的，不光是课本上的知识，更重要的是在各科的学习中学会自己寻求知识和解决问题的本领。这是他们一辈子的工作和生活的第一需要。要使学生养成自己寻求知识和解决问题的习惯，并不是容易的事，这就更需要探讨各科教材的教法。

第三点：同样的教材，可以有不同的教法，因为教的人不同，学的人也不同。总之，能收到实效的就是好教法。不要因为某种教法曾经受到某某的赞赏，就此“定于一”，不允许再有别的教法。任何一种教法都有优点和缺点，优点要它更优，缺点要它改正，这才能不断改进。轻易否定一种教法是不好的，把一种教法强加于人也是不好的，因为都不利于动员大家创造好的教法。

第四点：学习别人的成功的教法当然很必要，但是不宜生搬硬套，要结合自己的具体情况和学生的具体情况作适当的变通。同一种教法，因为教的人不同，学的人不同，收到的效果可能有很大的不同。就编辑《课程·教材·教法》这个刊物来说，不要代替老师编什么教案，而应该通过探讨教法和交流教学经验，让老师各自编出适合本校本班的教案来。老师对学生要用启发的手段，刊物对读者（就是教各科的老师）也应该用启发的手段。只有这样，才能使教学质量不断提高。

第五点：一位老师往往只教一门功课，一位学生要学的功课却有许多门。这许多门功课并不是各自孤立的，它们相互之间有很密切的联系。以语文课为例，就没有一门功课离得开语文。学生对各门功课的理解，基础之一就是他的语文程度；老师对各门功课的教导，也都会影响到学生的语文程度。所以各科老师要经常通气，互相配合，同心协力把学生教好。如果一位老师能够精通自己教的那门功课，对其他各门功课也都有大致的了解（按理说这并不是过分的希求），那么他教课的时候就能触类旁通，一定会使学生得到更多的益处。在这一方面给老师以帮助，也是《课程·教材·教法》的任务之一。

关于思想品德课*

小学增设思想品德课，当然是好事。

若问为什么要增设这一课，回答当然是要使学生从小就有好思想好品德，打下根基，日后越来越好。

我时常想，好思想和好品德只是两个抽象的名词，而够得上这两个抽象名词的，必然是具体的辨认和行动。譬如说，某个孩子真正懂得苍蝇和蚊子对人们的危害，真正懂得蜜蜂和青蛙对人们的好处，他就随时随地扑灭苍蝇蚊子，保护蜜蜂青蛙；对这个孩子，咱们就说他在这一方面有了好思想和好品德。

我以为抽象的德目如爱劳动、爱祖国，对学生尽可以少在口头上提出，而在具体的引导和训练中却必须看准学生的发展程度和个人特征随时用力，不可丝毫放松。

我又时常想，要有好思想好品德不仅是听人讲讲就够了的事。苍蝇蚊子的危害，蜜蜂青蛙的好处，可以听家长和老师的讲说而知道，也可

* 原载《课程·教材·教法》1982 年第 4 期。

以凭自己的观察和思索而领悟。光靠被动地听讲总是不够的。在听讲的同时还必须自动地动脑筋，把有关的种种关系辨认得一清二楚，这才不仅知道，而且确信；由于确信，就咬定非如此如彼不可，积久而习惯成自然，于是对苍蝇蚊子一定扑灭，对蜜蜂青蛙一定保护，这种好思想好品德成为终身的伙伴了。

我恳切期望家长和老师节约讲说的工夫，能不讲就不讲，必须讲的时候也只画龙点睛似的点几句；腾出工夫来，在引导孩子自己动动脑筋的方面多想办法多花力气。这固然不太容易，要是做得好，却是够孩子一辈子受用的。

我又时常想，要学生有好思想好品德，如果家庭、学校、社会上的各方各面真能通力协作，必然易于见效，因为每个学生都生活在这些群体里。缩小范围来说，在一所学校里，如果全校的老师在思想认识方面，在生活习惯方面，基本上彼此一致，这就是极关重要的通力协作；由于老师通力协作的熏陶，他们对学生的指导和训练就容易产生好影响，收到好效果。

增设了思想品德课，该不会把培养学生好思想好品德的责任全搁在担任该课的老师的肩膀上吧；我想如果这样做是非常不妥当的，我相信一定不会。换句话说，就是虽然增设了思想品德课，还是要全校老师通力协作。

再进一步想，课内的所有知识课和技术课，课外的种种校内校外活动，实际上都有培养好思想好品德的作用。只要老师教得好，引导得好，学生学得好，活动得好，就不必另加“什么思想品德”的尾巴，学生自然而然能在思想品德方面不断长进。所以我常说，思想政治寓于各种功课和各种课外活动之中。我自以为这个“寓于”的观点是不错的，实际上确然如此。细说起来要写许多话，我在他处已经写过几篇，这里不写了。

略谈学生读书*

《北京日报》的编辑同志嘱我作文，谈谈读书。这个题目挺宽，我思力滞钝，视力极差，只能就此刻想到的写一些，以应雅命。

先说各级在校学生读各科的课本。各级学生入学，目的是去受教育，读课本是受教育的一种手段。受教育还有其他手段。看动植矿标本，做理化实验，参观动物园、植物园、博物馆、科技馆等等，还有工艺实习、植物栽培、动物饲养、出外旅行等活动，就是读课本以外的其他手段，也可以说是读不用文字编写的课本。

读课本切忌只听老师讲而自己少动脑筋，只顾死记硬背。自己动脑筋，多想想课本里说的现象、方法和道理为什么是这样，为什么不是那样，想透了，其乐无穷，课本里讲的东西就是你自己的了，而且能够举一反三。要是只顾死记硬背，就会觉得读课本是一件大苦事。好比欠了一笔债，非偿还不可，即使考试时得了一百分，实际上可能五十分也不值。

---

* 原载《北京日报》1983 年 8 月 5 日。

学生读不用文字编写的课本也要注重动脑筋，多想想。多想想不会伤害神经，却能随时得到实益。

现在说学生读课外书。有些学校不要学生读课外书，以为学生学好课本还来不及，哪有工夫读什么课外书。我是赞成让学生读课外书的，我想向那些不要学生读课外书的学校请愿，能不能在改革教学方法的前提下，使学生容易而且善于学好课本？如果办得到，学生就有余暇读课外书了。课外书那么多，学生自己能挑选适于自己的程度和爱好的书来读果然好；老师能给他们帮助，因人而施，分别帮助他们挑选那就更好。我想认真负责的老师一定会乐此不疲的。

学生读课外书要注意养成好习惯。先看序文或作者、编者的前言，知道全书的梗概，是好习惯。把全书估计一下，预定分若干日看完，而且果真能按期看完，是好习惯。有不了解处，不怕查工具书，不怕请教老师或朋友，是好习惯。自觉有所得，随手写简要的笔记，是好习惯。其次说不好的习惯。半途而废，以及眼睛在书上，脑子开小差，都非常不好。

对写作课的建议*

现在许多高等院校的第一学年设置了写作课。为什么要设置呢？听说因为学生经过中学语文课的训练，写作能力大多还没有过关，不能满足学习、工作、生活各方面的需要，有的学生甚至差得很远，所以进了大学还必须补课。

既然高等院校设置写作课是补课的性质，那就应该到中学里去调查一下，为什么学生上了五年或者六年的语文课，写作能力还过不了关。我没有作过这样的调查，不过偶尔跟中学的老师和学生交谈过几次。听他们谈到的情况，我形成这样一个印象：在中学语文课程里，对于为什么要进行写作教学这个问题还没有认识清楚。有的老师（包括学校行政人员）只着眼于应付高考，他们为学生分析历届高考的试题试卷，甚至指引学生猜题押题，总之想尽方法提高学生的所谓“应考得分能力”。他们绝不考虑到写作是学生往后在工作、学习和生活中一辈子需用的技能。有的老师（也有一部分学校行政人员）认为写作就是文学创作，他

---

* 原载《写作》1983 年第 6 期。

们讲题材讲技巧，只管鼓励和引导学生去写散文、诗歌、小说，好像要把所有的学生都培养成为作家，至于学生将来在学习、工作和生活中需要写些什么，他们简直没有想过。也有一些老师是明白的，明白学生从中学毕了业不是全都去进高等院校的，并且知道应付高考绝不是他们学习写作的目的；他们将来要从事各种各样的事业，担负各种各样的工作，他们都事事处处需要写作，因此必须根据他们今后的需要来进行教学，给他们必要的训练。这样的老师目前还比较少（这样的学校行政人员也较少）。他们苦于缺乏现成的教材，教学方法还在摸索之中，因此成绩还不甚显著。

如果上面说的情况跟实际大致相符，道着了中学毕业生的写作能力大多过不了关的主要原因，那么我想，高等院校的写作课既然是补中学毕业生的不足，就不应该再像中学里上语文课那样，让学生读几篇跟他们不大相干的文章，然后随意出个题目，让他们模仿着写。那样的训练，学生在中学里已经受过五年六年了，照老样子再延长一年，难道就会出现惊人的突破？我看是不可能的。所以只有认清了写作是任何人都必须掌握的技能，认清了掌握写作的技能是为了满足学习、工作和生活的需要，然后根据学生今后的需要来编写教材，进行教学和训练，才能真正弥补目前中学语文教学的不足，让学生真正具有必不可少的切实有用的写作能力。

高等院校是分科分系的，学生进了哪一科哪一系，将来从事什么职业，担负什么工作，都大体有个范围了；就写作的技能来说，他们会有各种不同的特殊要求，学化工的将来要写工艺流程说明、产品说明，学法律的将来要写起诉书、判决书，学社会学的将来要写调查报告，学文学的将来要写作品研究或评介……所以高等院校的写作课不能强求一律，教学内容必须符合不同学科的学生的需要，教材必须分系——至少要分科编写，工科有工科的，理科有理科的，医科有医科的，如此等等。至于文学创作，虽然也是写作，决不是高等院校的写作课的内容。阅读文学作品的爱好和能力，有关文化修养，固然是人人必需的；但是文学创作总是少数人的事，所以高等院校并不要求学生当作家，连文学系也是这样。文学系培养的是研究文学的人才，不是作家。

高等院校设置写作课到现在还没有多久，究竟该怎样进行教学，大家还在摸索之中。我只就我所了解的中学语文教学的情况，对高等院校的写作课提这样一点建议。可行不可行，还需要经过实践的检验，可惜我没有这个机会也没有这个精力了。

第四编

教材出版发行

提高出版物质量与今秋教科书的供应情况*

——在新华书店华北总分店第三次分店会议上的讲话

首先祝这次会议成功，做到真正的统一分工。

我讲两点意思：第一点，希望大家用心，提高出版物的质量；第二点，报告一下暑假以后教科书的供应情况。

最近，出版总署将要通过新华书店总管理处，向各地新华分店发一个通知，大意是我们新华书店出版的书籍还不能完全没有错误，希望大家认真检讨，逐步改进质量。编审局首先表白了自己的错误：最近出版的三种有关苏联的书籍，都有些问题。一种是《新华时事丛刊》中的《中苏关系史料》，大家该记得，这本书在发出后即通知停售，待修正后再发售。还有《通俗小文库》中的两种，一种是《苏联》，另一种是《中苏史话》，都是在发出后通知停售的。

《中苏关系史料》中有一篇孙中山与越飞的宣言。这篇宣告当然是有的，但是翻译的文字并不可靠，很有些可以怀疑之处。把来历不明的

* 选自叶圣陶著：《叶圣陶集》（第 17 卷），江苏教育出版社 2004 年版。本文作于 1950 年 5 月 5 日。

材料编进这本史料，就是不够认真。后来把这一篇删去了。《苏联》和《中苏史话》，内容也都有若干问题。编审局看稿不认真，一方面造成了政治上的错误，一方面浪费了印刷和纸张，是应该检讨的。

各地新华分店印的书也有这种情形。有的分店掌握印刷机和纸张，就要重印一些书籍，在选择上随便一些，就把不应当重印的也印出来了。在将要发出的通知上叙述了这些情况，这里不再细说。

认真检查书籍的内容，提高出版物的质量，要集合大伙儿的力量来干。编审方面的同志固然要特别留意，就是发行、会计等方面的工作同志，如果发现我们出的书内容有不当之处，就是一句话一个字，也应当提出来。你不发觉我发觉，我见不到他见到，各方面的同志都能够这么做，我们出的书，质量就可以逐步提高了。

说到教科书的供应，在近两三年内，恐怕还不能从容印造，早期运达各地。从前商务、中华发行教科书，准备秋销的货，早在五六月间已经印好运出了。我们的教科书因为经常要改动，现在还不能做到这样。关于教科书的修改情形，我可以报告一下：

两个月以前，李长彬同志问过我教科书编辑和修改的情形，很希望能提早造货，我无法答复。关于教科书的编辑和修改工作，文委规定，小学各科由教育部初等教育司负责，中学文、史、地三科由编审局负责。我们把小学教科书都送往教育部，最近陆续有送回来的。初小的八册国语，教育部认为不好，需要修改的处所很多。我们认为就原来的架子是修改不好的，就向教育部提出，请他们另起炉灶，重编一部；目前只能把非改不可的地方修改一下，因而有许多页须在原来的纸型上挖改。这工作在北京还能做，其他地区恐怕挖改不来，我们非常担心。初小国语、算术，高小国语、历史、地理，目前都在重排或挖改中。高小自然，教育部和我们都认为不好。讲科学最需要精密，这部高小自然却讲得特别不精密。从新来过，教育部又没有人编，我们编审局也不行，因而委托开明书店的两位编辑担任改编。信在前星期写去了，希望他们五月底完成。今天到五月底只有二十几天了，这四本书能不能改编好，实在不敢保证。

中学教科书方面，高初中的新华国文是普遍采用的。对于新华国文，教师大致有两种相反的态度：一种是迷信新华的，以为新华出版的东西决无问题；一种是看不起这部书的，可是公开不讲，背后讲。这两部国文编得也实在不行。编审局新编的国文将在暑假开学前出版，高初中仅各有三册可以代替，四、五、六册还得用旧的，只删去了一些必须删去的。大家看过《图书评论》第一期对新华初中国文第四册的批评了吧，这篇文章打破了对新华国文不开口不批评的风气。以后我们将继续设法引起教师们的批评。能够批评，勉强用旧本子就没有什么大妨碍了。

到暑假开学前，高初中除了国文各三册外，还有历史三种，各一册，地理三种，各一册。另外还有周副署长编的动物学一册，都准备赶出来。

在编辑方面，我们是一面编写，同时互相传观，反复讨论。初稿定了，油印出来，送给教育部审阅，分发给在北京的有代表性的教师们阅看，请他们来开座谈会商讨。汇集了各方面的意见，再修改一遍，然后付排。跟新华的出版部方面也大体约定了，某种书什么时候发排，什么时候完工，都记了下来。必须编辑、排印、发行三方面大家扣紧，按照预定的时间一点儿也不错过，才可以勉强在八月间出书，至于分发到全国各地，还得设法争取。单是京津一带有书，并不能说就是完成了任务。

话说出来了，心里很惶恐，但是一定要保证做到。这一次会议，诸位要谈到教科书问题，所以我简单地报告一下。这种促迫的情形，料想最近两三年内，每学期都会如此，因为编成的书还得不断地修改，提早造货是不可能的。请大家有个思想准备。

联合起来做好发行工作*

——三联、中华、商务、开明、联营五单位联合干部会议开幕词

今天这个会议是从前所没有的。从前同业与同业之间只有私人的交往，没有开过这样一个会。即使有个集会，也不过谈谈生意。可是今天的会是谈联合，谈工作，谈怎样改进发行工作。所以说是从前所没有的。我预祝这个会顺利进行，得到圆满的结果。

今天开这个会，是因为有这种需要，有这种可能的条件。所谓需要是什么？是出版工作在今天必须走一条新的路，必须改弦更张。所谓可能性是什么？是全国出版会议才开过不久，有了五个决议，给我们这个会造成了很好的条件。

出版工作为什么要改弦更张呢？在我们这五个单位之中，过去有三个单位都是出版教科书的，在今天，这三个单位必须改弦更张。以往教科书的发行情况，确实是浪费，甚至浪费到可笑的程度。例如为了推销

---

* 选自叶圣陶著：《叶圣陶集》（第 17 卷），江苏教育出版社 2004 年版。本文作于 1950 年 11 月 27 日。

教科书，要准备衣料、丝袜子送给男女教员，还要送给学校的庶务先生以优惠的佣金，这完全是不正当的浪费。另一方还要联络教育局、教育厅，希望他们采用自己的教科书。这中间“排他性”非常严重。当然，以前的教科书也要送给教育部审查，但是我们想一想，过去的教育是为什么人服务的呢？只要这么一想，就知道旧有的一套，现在是完全不适用了，我们要走一条新的道路。

按理说，教科书绝对不是商品，而是一种最重要的教育工具，必须与当前的教育方针政策完全符合；这方针政策，是根据全国人民的意志产生出来的。人民政协共同纲领中规定有文化教育政策，也就是我们进行教育的政策。教育政策一定要掌握在人民政府的手里，所以教科书也一定要由国营的出版社来编辑、出版。

教科书既是进行教育最重要的工具而不是商品，至多只能做到保本的地步，甚至还要亏本卖出，亏的部分由政府补贴。这样，出版教科书就谈不到利润了。可是以上所说的三个单位，还是要依靠出版来获得合理的利润的。因此，必须改弦更张，另走新的道路。

至于其他两个单位（其中一个单位包括三家，一个单位包括五十余家），虽然过去不出教科书，可是困难也有很多。例如翻译，同一原著就可能有几种译本，这重复现象也是一种困难。

再如，读者的要求高了，报纸上的批评多了，出版家必须精密谨慎的出版，这也是困难。其他，如资金周转不灵、生产滞缓等，都是困难。所以应该大家商量，来解决困难，同时进一步商量发展出版事业，这就是今天召开这个会议的宗旨。

在全国出版会议中，胡署长做了报告，总的意思是发展人民的出版事业。可知出版会议不是专门为了解除困难，这只是消极方面；积极方面，还是重在发展。因此，出版会议作了五项决议，政务院周总理根据这些决议，又作了明确的指示。我们要了解，这并不是胡署长、周总理一两个人的意见，这是大家看准了新中国的情况，根据了目前与将来文化教育的需要，然后得到的综合意见。

全国出版会议决议的总精神是“统筹兼顾，分工合作”。关于这八个字，我作了解释：“统筹，才不至于偏在某些方面；兼顾，才不至于亏了某些方面；分工，才可以精益求精；合作，才可以相辅相成。”总之，是要把我们的出版工作搞好。这是关系全国人民的利益的。从前书店只讲营利，讲生意，今后我们还是要营合法的利，至于意义不大妥当的“生意”，最好不讲。我们要把编辑、校对、出版、发行各部门的工作都搞得很好。为了要把其中的一项——发行工作搞好，所以召开今天的会议。

说到工作，我个人有一点感想，诸位想亦有同感。就是解放以后，大家对做事比从前认真了。这不是说从前不认真，而是说现在更认真了；如果从前的认真是三四分，现在就有七八分。什么原因呢？因为今天我们人民取得了政权。政权固然是抽象的，无形的，但是也可以看得见。现在各种公众的事情，我们都可以过问了。各级的人民代表会议，谁都有表示意见的机会。个人的意见可以融合在大家的意见之中，共同把事情办好。这办好的事情是看得见的。这样，公众的事情就和个人的事情联系在一起。如果公众的事情搞不好，个人在公众之中，个人也要吃亏。所以现在大家都很认真，很热心，要把工作搞好。这种精神，就是新中国发展和繁荣的最牢靠的基础。

在统筹兼顾的原则之下，私营资本和国家资本并不冲突。因为私营资本是中国人民的，国家资本虽然由政府管理，也同样是属于中国人民的。所以新华书店和五联没有冲突，而五联也要照顾各地的贩卖同业。只有相辅相成，没有什么排斥和倾轧。

至于分工，目的在求精，所以要成立各种专业的出版社。例如人民出版社专出政治、理论和时事的书籍，人民教育出版社专出教科书，还有人民美术出版社，正在筹商的人民文学出版社等。在出版方面，已经初步走上了分工的道路。

五单位的发行机构今天来商量合作，在合作之中，也可以分工。该怎样分工，大家可以仔细研究，首先要了解。各单位的当局对于联合发行的事一致赞同，踊跃推进，是因为他们已经认清联合管理、联合发行是目前最好最有利的办法，前途有光明的远景。绝不是他们想丢掉发行机构的包袱，从此推出去不管的意思。如果他们要我代表说明，我要说的就是这一点。

所谓发行，也须辨一辨。要把书送到读者手里，才叫发行。过去，出版家印出了书，发给贩卖家，大贩卖家再发给小贩卖家。在出版家，虽然已经将书发出，可是大部分都存在贩卖家的手里，这不算达到发行的目的。今天联合发行以后，就可以尽量广销了，同时也可以照顾到其他的贩卖同业。例如某地没有三联，贩卖同业想添三联的书就很困难。现在有了联合发行机构，无论添谁家的书，都很方便。这样，既可以免去货物滞积，又可以节省时间、精力、费用。五个单位如果能够计议各种方式的分工，例如有的专营批发，有的专卖杂志，有的专门做函购，也许可以收到更好的效果。

总之，发行工作最重要的一点，要使读者满意，要在读者群中尽力推销。不要坐在那里等待读者上门，要把书刊送到读者手中去。要尽量扩大读者群，使不读书的读书，少读书的多读书。这是发行工作者最主要的目标。一切技术和方法，都要环绕着这个最主要的目标。

其次，我们既然要注重工作，就要把眼光放大放远一点，不要只看到自己的利益。自己的利益和全体是分不开的。我们应该把自己放在全局中间去考虑，放在群众中间去考虑。不把自己从全体中间分离出来，个人是不会吃亏的。

再说一说前途的好景。过去，工人农民和我们的关系很少，现在却逐渐密切逐渐扩大起来了。翻身的工人，土改后的农民，都迫切地需要文化知识。学校和图书馆的增加，也是必然的事。所谓文化高潮是确实要来的，不是随便说说的。这是出版业光明的远景。

不过联合起来也有很多困难。例如栈房，就需要特别扩大，管理如不能科学化，便要混乱无序。例如账目，也不容易搞好。怎么样着手呢？须由大家来仔细研究，拟定具体的办法，认真地执行。只要大家交流经验，互相学习，事情虽然不容易，也一定能够搞好。

谈到学习，现在有许多人怕“学习”，以为自己年纪已经大了，懂得的已经多了，为什么还要学习呢？仿佛一经学习，就失了自尊心似的。其实学习也就是研究的意思，说“研究”就不损伤自尊心了。而且学习正需要用研究的态度，并不是只须被动的接受。什么事情经过研究以后，自己的知识能力就可以提高一步。这有什么可怕呢？

还有些工作干部，顾虑挤在许多陌生人中间工作，不大习惯。这也是不必要的。在共同工作和共同生活中，即使是陌生人，慢慢就会熟悉起来的。要知道人大都是差不多的，每个人有长处，也有短处，只要发展长处，去掉短处，认认真真工作，谁都可以把工作搞好。我和陌生人既然差不多，既然彼此都有所为，还有什么可以顾虑的呢？至于“批评”，大家也不用怕。因为批评是建筑在与人为善的基础上的。既然都是同志，看见对方有毛病，不期而然地要加以劝告，劝告就是批评。被批评者只要想这是刮垢磨光，就会欣然地虚心接受。

说到联合，想起化学书上说的混合和化合。例如把大米小米盛在一个碗里，把它搅和一下，这是混合。混合了还是分得开的，只要不怕麻烦，仔细检出，大米小米可以分别盛在两个碗里。化合可完全不一样。化合是两种东西融合在一起，起了化学作用，成为一种新的东西了。例如碱和脂肪化合，成为肥皂，肥皂不再是脂肪和碱了，是新的东西了。我希望今天五单位的联合是化合，而不是混合！彼此化合以后，共同凭新的精神新的经验来提高发行工作。于是，在新中国的文化发展史上，必须记上诸位的功绩，因为诸位做好了书刊的发行工作。

人民教育出版社成立大会讲话*

今天人民教育出版社开成立大会。实际上是十二月一日就成立了，因为种种牵制，成立大会到今天才举行。人民教育出版社已经筹备了几个月。为的第一届全国出版会议决议要分工专业，而教科书关系最大，供应数量最多，尤其有成立专业出版社的必要。以前出版总署编审局担任编一部分中学文史地教科书。负责供应的，在北京有华北联合出版社，在上海有上海联合出版社。这两个出版社只负责供应华北、华东两区。对于别的地区只供给纸型，由新华书店组织同业印造，办法很不一致。为使编印统一，供应良好，所以要成立人民教育出版社。经过教育部与出版总署多次的协商，决定共同组织，共同领导。虽然在筹备期间，工作并没有停顿，编审局继续编他们的教科书。“华联”和“上联”一面结束，一面继续生产，印造明年春季的供应品。这是筹备的大概情形。

---

* 选自叶圣陶著：《叶圣陶集》（第 17 卷），江苏教育出版社 2004 年版。原载人民教育出版社内部刊物《出版情况》第 1 期，1950 年。本文是作者 1950 年 12 月 11 日在人民教育出版社成立大会上的讲话稿。

本社的组织有社长、副社长和社务委员会，下面有秘书长、编审部和经理部。编审部分语文、历史、地理、自然、教育五组，还有个总编室。经理部分生产处和经理室。另外有三个单位附在本社，就是人民教育社、新华地图社、新华辞书社。以上各部门负责人经教育部、出版总署磋商决定，需要呈报的已经呈报。社长由本人兼任，副社长由柳湜同志兼任，社务委员除本人和柳湜同志外，有刘皑风、宋云彬、朱文叔、金灿然、吉少甫、曾世英、魏建功七位同志。秘书长由金灿然同志兼任。编审部的总编辑由本人兼任，副总编辑是柳湜、宋云彬、刘薰宇、朱智贤、金灿然五位同志。下面五个组：语文组组长由宋云彬同志兼任，历史组组长是丁晓先同志，地理组组长是田世英同志，自然组组长是陈同新同志，教育组组长由朱智贤同志兼任。总编室主任是蒋仲仁同志。经理部主任由吉少甫同志兼任，副主任是卢芷芬同志。下面的生产处主任由卢芷芬同志兼任，副主任是张景勋、何光两位同志。经理室主任由吉少甫同志兼任，副主任是杨定远、凌伶两位同志。另外有个上海办事处，由副主任赵景源同志暂行负责。

本社工作分为编辑、出版两大部门。编辑以中小学教科书为主。目前还不能另起炉灶，只能修修补补。已经编成的，当它是最初的草稿，听取专家、教师、同学的意见，逐步地加以修改。急于要用可是没有编成的，赶紧把它编成。这样的工作也许要经过两三年。同时，在编辑工作中进行研究，研究教科书该怎么样编才合适，才可以完全贯彻教育的方针政策。一方面吸取苏联专家的经验，学习他们的理论和方法，经常邀请苏联专家报告或座谈。我们的研究不仅限于社内同人，还想请社外与教育有关的同志以及优良教师一块儿来研究，多多给我们帮助。

在出版方面，1951 年春季还只能供应华北、华东，对其他地区仍旧供给纸型，让它们各自印造。以后要逐步开展，希望尽早做到供应全国。检讨过去的几期，没有做到供应及时。今后供应的范围扩大了，必须加强调查研究和计划，才可以做到供应及时。以往排版印刷也嫌草率，今后要逐步求其精良。单说校对吧，总望做到一个标点也不错。同时，还必须做到以最便宜的价钱卖给学生。

现在全社——编审部、经理部和上海办事处工作人员有 123 人。编审部工作人员有从教育部来的，有从编审局来的，经理部工作人员有从“华联”来的，有从“上联”来的，上海办事处的工作人员原是“上联”的同人。这么许多来源不同的人聚在一块儿，共同来做人民教育出版社这一件大工作。我们大家知道，化学书上有“混合”“化合”两个词儿。譬如一碗大米，一碗小米，可以倒在一个大碗里，把它搅和，这是混合。混合的东西不变原样儿，你有耐性细细地分别地捡，还是一碗大米，一碗小米。化合可不同了。譬如脂肪和碱起了化学作用，成为肥皂，无论它结成块儿，溶成液体，总之是肥皂了，不再是脂肪和碱了。肥皂是两种物质化合之后的新东西，希望来源不同的工作同志聚在一块儿，是化合，不是混合。由于化合，大家成为更进步的新人，为编好、印好、供应好教科书而努力。

教科书的出版工作*

今天为了一件非常重大的事情——教科书的出版工作，要花上一星期的时间，开一个会来解决各个方面的问题。

首先，我把人民教育出版社的成立经过介绍一下。

这应当回溯到 1949 年的春季。那时中央人民政府还未成立，华北人民政府对教科书很重视，邀请了一些人来北京，于 1949 年 4 月 25 日成立了教科书编审委员会，在华北人民政府教育部的领导下，就旧有的版本，做了些审订修改工作。

1949 年暑假以前，在北京成立了华北联合出版社。这是一个公私合营的出版社，负责教科书的印刷和发行。与此同时，在上海也成立了同“华联”一样性质的上海联合出版社。当时上海印行的课本，是由教育当局组织的临时课本编审委员会编辑的。这是 1949 年秋季教科书供应的情形。

到 1949 年 11 月出版总署成立，其所属编审局之第一处实际上即为

* 选自叶圣陶著：《叶圣陶集》（第 17 卷），江苏教育出版社 2004 年版。原载人民教育出版社内部刊物《出版情况》第 5 期，1951 年。

"华联"之编辑部。

1950 年 9 月，总署召开第一届全国出版会议，决定了出版、印刷、发行的分工专业化（出版有广义、狭义之分，这里所指的是狭义的出版）。

教科书出版与发行分工后，教育部与出版总署在 1950 年 10 月、11 月共同筹组人民教育出版社，以总署编审局的一部分以及"华联""上联"三方面合并而成，专业教科书之出版；发行工作归新华书店负责。

人民教育出版社于 1950 年 12 月 1 日正式成立。组织方面设社长、副社长、秘书长及社务委员会；下设编审、经理两部，另在上海设办事处。现有工作人员共约 130 人。供应之书（按今年秋季计）小学方面 9 种共 58 册，初中方面 15 种共 27 册，高中方面 9 种共 16 册。供应地区，今春与今秋为华北、华东（山东不在内），占供应总数三分之二。其三分之一供应华南、西北、中南之不足数。现在纸型已供应全国。预期明年安排就绪，1953 年春季造货能供应全国（东北、新疆除外）。

教科书的生产量，1949 年，"上联""华联"共印书约 1 217 万册，用纸约 21 000 多令；今春印书 1.2 亿册（统计到 3 月 15 日止，为 1.04 亿册）。人民教育出版社印 5 200 万册，用纸 9 万余令，这是第一季和第四季完成任务的数字。

以人力来说，由 130 人担负如此重大任务是不够的；以资金来说，有"华联"、"上联"、公股 66 亿元，政府投资 147 亿元，共计 213 亿元（内 63 亿元尚未领到），要办如此大的企业，也相差太远了。虽然可以向银行贷款，但贷款须付利息，付息而欲保本，就需要提高书价，而书价是不宜提得太高的。故人力、资力必须请教育部和出版总署妥为筹划。

这次会议是解决出版工作中的问题，最主要的是决定今秋的出版工作。因为以前四季供应不好，对教育有妨碍。在过渡时期，混乱是难免的。我社成立开始，供应只有今春一季，混乱现象已不少。为了消灭这些混乱现象，期其及早改善，所以召开这个会议。

这里我大略谈一谈今春的供应情况。

整个地说是供应不及时，学校开学后，还没有买到书，如云南课本现在还在昆明印，僻远地区是否能在五一节买到书，很成问题。内容另外说，书本印订的质量方面因印数大，时间局促，也不能比上季好。

华北方面：（1）小学算术课本，部、署决定逐步改用大东书局版（俞子夷先生编），这样，新华、大东版同时行销，数字掌握就比较困难了。（2）华北的政治课本，当时估计了学生数字造的，后来北京市不用了，损失了 11 万本。（3）学校春秋季始业不一致，如绥远、唐山等地，有些学校突然改秋季始业，影响了供应。

华东方面：据浙江、皖北学校反映，说我们只会吹牛，事前保证能及时供应，实际上做不到，课本到得迟，学校无法上课，影响教学进度。上海供应手续太繁，小学书跑了三四次才买齐，读者不满意，在《解放日报》上反映了这种意见。

华南方面：（1）今春一部分由京、沪造货，但估计太不准确了。小学印了 740 多万册，多了 176.9 万册；中学印了 96 万册，多了 54.55 万册。（2）广州文教厅决定用《革命故事读本》，上、下册共印了 8 万册，《思想方法和工作方法》印了 10 万册，印好了临时宣布不用，损失很大。主要是学生参军，农村变化很大，数字无法掌握。工作人员没有经验，也是很重要的原因。发行办法还得改善。其他如交通困难是一般地区的困难，特别是西南、西北地区、福建省等。

造成混乱的因素：(1) 过去编修费时，因此影响付印时间。修改是讲好坏，其实急要问题还在于有无，现在某些僻远地区还在用国民党时期编的反动课本呢！今后编修时当然要顾到好坏，但要兼顾到有无。(2) 有些地区的教育发展情况，实在无法掌握，由于估计不足，造成了追加次数的频繁。(3) 教育部今春提早开学两星期，也是使我们手忙脚乱的因素。(4) 有些地区印刷力已超过饱和点，集中在短期内造货就发生困难。(5) 工作同志经验、业务技术和水准都不够。

解决的办法：(1) 编的方面，修改还是需要修改的，但须提早截稿(今秋课本 3 月底截稿)，截稿后不再修改，或用不改本。(2) 希望部、署从早发布教科用书目录，解决版本问题。(3) 希望教育行政当局调查学生人数，领导各造货地区切实注意此事。各地造货单位、各地书店，都要密切联系，共同搞好这一工作。(4) 希望新闻出版机构对印刷、纸张大力帮助，希望新华书店确定的印数能接近正确，使添印数不致太多。(5) 造货工作人员提高业务水平，培养出版方面人才，课本的品质才会提高，不致粗制滥造。

关于出版方面的详细情况，胡署长另有报告。

这次会议的目的要做到“调整生产，准时出版，及时供应”。如果今秋能够真正做到这十二个字，今天的会才不是白开的。

在第二届全国教科书出版会议上的开幕词*

诸位代表，诸位同志：

第二届全国教科书出版会议现在开幕了。我们要花十天的工夫来详细讨论关于教科书出版的重要问题。第一届会议是去年 3 月 26 日开的，也花了十天工夫。那次会议初步总结了 1951 年春季教科书的出版工作，制定了 1951 年秋季中小学教科书的生产计划，又做了几点原则性的结论，都是很重要的。第一是布置并调整各造货据点。第二是地方人民出版社印制教科书的任务，也就是人教社委托地方出版社造货问题。第三是分区出版与发行配合问题。第四是造货单位与发行单位订立产销合同的原则。提出那次会议的目标，是三句话十二个大字：1. 调整生产，2. 准时出版，3. 及时供应。那次会议之后，经过去年秋季到现在是第四季，大体上能够做到那十二个字。在此期间也创造了一些条件。如中小学教科书的版本，现在除东北及山东一小部分初小教科书用不同的版本外，其他各区都用了人民教育出版社的版本。其次是定价，过去有些

* 选自《中华人民共和国出版史料：1952 年卷》，中国书籍出版社 1998 年版。本文作于 1952 年 7 月 21 日。

地区定价较高，如西北、西南、江西等，现在除新疆外，各地区已做到真正的统一定价。各地造货因生产费用不够，要向银行贷款，经出版总署和人民银行协商，做到统一接洽，分区贷款。又做到了统一计算盈亏，由人教社统一调剂。用纸方面，除西南、东北两区用国产纸之外，也由人民教育出版社通过总暑统一筹划。书的规格质量也逐步近于统一的标准。以上种种表明一年以来由分散逐步走向集中，由混乱逐步走向统一。这些都是好的条件，为将来走向计划化打下了基础。

但是教科书供应有很大的缺点。如少数课本因稿子写好又修改，定稿较迟，有的非常迟，以致影响了教科书的出版、发行工作。但大部分还是能按时供应的。发行方面虽说基本上能满足各地学校和学生的需要，但还不能够完全满足需要，还不能做到充分供应。有极少数地区甚至不能满足读者要求。课本内容方面距离理想很远，政治思想性还差，对于学习苏联经验缺乏足够的认识。到最近才明确了学习苏联的重要，要写要编，必须先研究苏联课本，学习它的原则和方法，吸收它的精神。还经常有些错误，往往由于编辑、出版匆忙，临时发觉，弄得手忙脚乱。在印刷、装订方面，也经常发生事故。如印刷走版、装订挂空、脱线这些毛病也不少。总之，错误和缺点不少，有大有小，有重有轻。不管大小轻重，总之都是错误、缺点，都损害了读者的利益，也就是我们对于为学生服务认识得不够，对推行国家文教政策努力得不够。

在发行方面，过去也算有计划，但计划数字往往不符合于实际，不能做到“以销定产”。其实要做到计划化，就得真正做到“以销定产”。各地区教育行政方面须详细调查研究，掌握教育发展情况。新华书店根据教育行政方面的计划订出发行计划，然后出版社根据这些订出生产计划。过去做是做了，但未做好，毛病在于缺乏调查研究，书的调查过于笼统。如教育行政方面的学生人数只有个总数，没有分清年级，对于小学生，又没有分清，春秋季始末各多少，因此影响了出版发行。这是几个部门（教育行政，出版行政、出版社、发行机构）都应该负责的，都是对教科书供应工作认识不够，都对调查研究的工作做得差。

出版总署 1952 年下半年出版工作计划大纲中的出版方针是："加强马克思列宁主义和毛泽东思想的宣传，励行增产节约，逐步推行计划化的精神。"标明计划化是其中的一项，又第五项任务是"准备从 1953 年起实行出版、印刷、发行逐步计划化的工作"。根据这两条。可以知道以后教科书的出版、发行方面一定要做到计划化。除了加强内容的思想性政治性之外，加强出版、发行的计划化也很重要。

中小学课本的产量占全国出版物的产量一半以上，因此教科书需用的纸张、印刷力、印刷设备都很大。照今年春季教科书的生产量来计算，我们供应了小学生 46 430 000 人，中学生 1 580 000 人的用书。此外我们也附带造了些农民用的课本。我们如果能够做到计划出版、计划发行，就是对 4 800 万有组织的学生服务得好了。另一方面做到了计划化，也就是合理的运用了国家的资金，合理的利用了国家的物资，并且发展了印刷工业。服务得好与计划化是一件事的两面，我们要争取两面都做到家。

我们在二届会议上，在上级指示和领导之下，希望大家总结一下去年一届会议之后的工作，研究怎样来抓住出版、发行的规律。学生的发展，如各年级的增减，小学升中学都有规律，不能单靠呆板的"顶定制"。所谓抓住规律，可以打个比喻。教育部的食堂有很多工作人员吃饭，每人决不预先把自己要吃多少要吃什么告诉厨房，但厨房根据经验掌握了规律来准备各色饭菜，不致使有人吃不到饭，也不致有多余浪费。这是饭厅工作人员掌握了规律的缘故。我们规定发行数字也应掌握这样的规律，应根据种种条件去发现规律，制订计划。否则如最初定货很少，后来追加数字很大，出版方面来不及供应，结果是学生吃亏。因此掌握规律是很要紧的。在会议上，请大家根据自己所了解的，所熟悉的各地区情况，来共同讨论，制订 1953 年的计划（如贷款、纸张、分区造货计划）。

工农课本方面，根据 1949 年下半年到 1951 年上半年不完全的统计，全国 6 大行政区共印了工人农民课本 28 269 417 本，用纸 57 000 余令，所占全国印刷力不大（4%弱），1951 年冬农民用课本虽有增加，但也不致对印刷力有多大影响。最近因为祁建华速成识字法的推行，引起了各地的扫除文盲的热烈情绪，大家觉得与其慢慢地扫，不如赶快地扫。用书有农民识字课本四册，现在并成两册（即一、二册合并，三、四册合并），内容一样，只去掉了插图和练习。还有速成识字法补充教材也并到这两册里去。还有高级班用农民语文课本四册，工农算术四册，速成算术四册（编好之后，工农算术就不要了），还有速成识字教师手册。以上都是教育部工农业余教育司编的。此外人民教育出版社要编一本《常用字用法举例》。以上版本都由人民教育出版社供应。扫盲是一个群众性的大运动，各地都要展开。怎么订计划，怎么解决师资，怎么供应书本，各地都得通盘筹划。这方面的出版发行工作是完全新的课题，我们以为不能与教科书一概而论。我们认为由各地分别负责比较适当，因为各地能切实掌握本地的实际情况。

不管扫盲课本的任务如何分配，我们的印刷力是有限的，不能因此而妨碍中小学教科书的生产，这是必须注意的。一方面要为扫盲运动服务，一方面要不妨碍中小学教科书的生产。

此次除制订几个计划之外，还要讨论教科书的定价标准问题。据初步估计，书价是可以降低的，因为现在有了降低书价的一些条件。一方面降低书价，一方面还要提高质量。加强思想政治性，学习苏联经验，这是编辑方面的事。现在教科书的规格、印刷、装订与理想相差还远，今后希望对 100 页以下的用缝纫机钉，100 页以上的中学书是穿线钉，用硬面布脊。希望各地根据条件来研究逐步提高。还要讨论产销合同的原则，在这次会议上谈好了，各地可根据原则分别去订。最后要说的，教育行政、出版行政、出版社、书店四方面要很好地配合，才可以解决问题。人民教育出版社是受中央教育部及出版总署领导的，配合新华书店总店这就是上面所说的四个方面，各地方都一样，四个方面都要配合起来。去年一届会议时有些地区认识到这一点，四方面配合得好，工作就做得好，另外一些地区配合得不好，工作就做得差。希望今次会议之后，各地区的四方面都很好地配合。至于以谁为主，我们以为应以教育方面为主，因为教科书是教育的重要工具。

总之，此次会议目的是一句话：在于做到“教科书出版的计划化和提高质量”。我的话到此为止，请诸位批评修正。

在第二届全国教科书出版会议上的闭幕词*

诸位同志：

十天的会议，大家很辛苦，现在闭幕了。

这次会议决定了一些文件：有的是会议向教育部和出版总署建议的，有的是代教育部、出版总署草拟的决定，经过了部、署批准就要发布的。这次会议的成绩，有如下几点可说：

第一，确定了一年半的中小学教科书和农民课本的计划生产数字：正文用纸约需 210 万令，这是三季教科书一年半农民课本出版工作的目标，其中中小学教科书的估计数字，按照我们的经验和现有材料，大致是有把握的，即有相差也不会多，农民课本的数字是根据各代表所提综合起来的，可能有出入，但目前只能根据这个不一定可靠的数字来订计划。至于纸张问题，由于大家的讨论和要求，原来准备分散由地方负责的，现经向出版总署建议，请中央负责计划数字之内的用纸。同时出版总署同意大家所提出的统一定价标准。这样一来，大家的工作就有了必

---

* 选自《中华人民共和国出版史料：1952 年卷》，中国书籍出版社 1998 年版。本文作于 1952 年 7 月 31 日。

要的条件和准备的依据。但是有一点很需要注意的，现在各地都在酝酿扫盲，运动一搞起来，超出计划数字是很可能的。希望大家及时向地方当局反映，从早做准备。以免临时纸张不够，搞得手忙脚乱。还有农民课本是要大量生产的，并且有可能超过计划，希望不要因为印造农民课本而影响了中小学课本的及时出版。

这不过是“计划化”的开始——出版总署现在很注意“计划化”。现在定下来的这些数字不一定完全符合于实行情况，应该定期加以修正和核对。会议建议成立教科书出版、发行委员会，如果能得到教育部、出版总署的同意，计划的修正和核对就应该由这个委员会来负责。我们大家要加强调查研究工作，掌握客观发展规律，真正做到“计划化”。

第二，总结了1951年春至1952年春的出版工作。这一年中我们的工作，是有大的成就的：出版册数和用纸数量，一季比一季多。如果回溯到1949年秋季，将华北、上海两个联合出版社的供应数字作为100的话，则今秋可以增加到2 400%以上。再说得具体一点，今年秋季生产课本可供应5 000万以上的中小学学生用，农民课本可供应7 000万农民用。这些成绩都和我们所有出版工作者的努力分不开的。这次会议总结了主要的经验和教训，今后假如能很好地掌握出版、供应的规律，并能运用有利的条件（如教育行政、出版行政加强领导，充分运用印刷力量，新华书店加强发行工作，这都是有利条件），就能使我们的工作逐步走向计划化。我们必须做到计划化，才能充分满足读者的要求。

第三，我们向上级建议今后的经营原则是：“统一计划、分区经营、分区生产、统一定价、分区负责结算盈亏”。分开来说：“统一计划、统一定价”是符合于国家文化建设的要求的，这使中央的教科书政策可以贯彻，也可以配合国家的经济建设。“分区经营”和“分区生产”可以发挥各地方的积极性。使经营走向企业化，精打细算，降低成本，积累资金，并且可以充分发挥地方的生产力。“分区结算盈亏”一方面可有助于单位企业化的经营，一方面可以纠正过去“统一计算盈亏”有违三级财政制度的错误。总之，对教科书出版工作的看法，现在应有所转变。今后各区教科书的出版是本区的任务，是各地方出版社应尽的责任，因而人教社和各地方出版社的联系也应有所改变。这次代部、署提出的关于业务关系的决定，明确了双方的关系是“业务指导关系”。同时也明确了双方应负责的事项。这个决定如经部、署批准，那么就可以照着执行了，在人教社的立场来讲，各地出版社在出版教科书工作中有什么困难，人教社还应当协助办理。这就是说，这次会议确定了教科书经营的原则。从而也明确了人教社与地方出版社的关系。

第四，关于提高质量方面。书的内容，提高质量很重要。本来我们编辑工作人员的认真程度也还不差，“三反”之后认真的态度又提高了一些，对教科书编辑工作的认识更明确了，大家知道编教科书不同于随便写写的东西。过去我们的教科书编辑工作，经常是在赶时间，为了赶就不免发生错误。又因为水平不够高，往往有些思想政治方面的错误。经过“三反”之后编辑人员的工作都更认真了，但还只能说逐步提高，要一跳提高几级，一时也怕做不到。现在我们已成立了检查科，一切书稿都要经过检查。据人民日报和新华社的经验，这样做的确可以减少错误。

印刷方面这次印了一个小本子，里面有关于印刷和装订的规格。可惜因时间关系，没有能加以讨论，希望做出版工作的同志，在这方面多加努力。提高质量除了在印刷用纸和装订条件方面加以改进外，主要的还要我们工作同志在思想上加以重视。不能说有了纸张，印出来就算了。印教科书不能抱“完成任务”观点，如果这样就是“出门不认货”，我们必须出门认货。

单是出版工作同志注意还不够，这应通过工会团结教育印订工人，为消灭印订事故而努力。本来去年新闻出版印刷工会搞了一次消灭错误的运动，后因三反而暂时停顿，但这是经常的工作，工会应当特别注意。降低定价在原则上是大家同意了的，出版方面除在纸价、印工价、利息方面争取降低单纯成本外，在租型费、管理费、计划利润等方面也可以减少2％上下。发行方面，新华总店还在研究，没有做最后决定。据初步表示，农民课本可以降低5％，如出版方面负责存货损失，定价内可减去5％，出版费用方面再降低2.5％，总的百分比大概可以降低12.5％，而实际书价因百分比发生变化，可以降低17％，这是一件绝大的喜事。

第五，为接受过去的经验教训要把教科书工作做好，文教行政、出版行政、出版社、书店四方面一定要密切联系，经常协商来解决有关教科书的各种问题。这次会议向部、署作了建议，以文教为主，组织“教科书出版、发行委员会”。这是很好的，希望这个组织今后能推动各地教科书工作，比以前做得更好。

第六，这次会议拟定了产销合同的原则，各地方以后可根据这个原则订立具体的合同。出版和发行是兄弟的关系，今后考虑问题、处理问题双方兼顾也要时时为对方着想，我们不妨抱“亲兄弟，明算账”的态度，但如今只顾到本位，就会影响到对方。出版工作做不好，发行工作就不能完成任务，发行工作做不好，出版工作就失去了意义，出版、发行两方面的利益，都应当服从读者群众的利益。

我就说这几点，请大家看看有无夸张和不妥当处。在此次会议中，诸位代表提出人教社工作不大能叫人满意，如纸型不能及时供应，用书表不早发表，而且这一季更慢。纸型不能早发自然是编辑部工作不好，但不能怪某一个人。因为三反之后大家更认真了，一本稿子要一再征求意见，一改再改，如今年秋季的末了一本稿子——高中外国经济地理是7月20日才排成的，认真的程度越高，大家越感到不放心。本来手工业的工作方法，想改变成计划的方法，也不是一天就成的，要慢慢地摸索。总希望明年比今年好一些，希望明年春季不比今年秋季更慢。

现在有许多书还是新编的，如五年制的小学语文第二册稿子尚未编，目前还在选稿阶段。定稿之后，还要根据内容的深浅，课文的长短、生字、关联性等来编排，还要绘图，这都是很费时间的。中学书因教育计划有了变动，由于程度的深浅不同，都得编新书。就教科书的工作说，现在还是编辑新书阶段，这是二三年内的事情。我们编成一种新书等于有了草稿。有了草稿到以后修改的阶段，可能就快了。用书表不能早发表，是因为教育部和出版总署考虑的时间较长。人教社只能向部、署提出用书表的草稿，但部、署是否能及时批准，恐怕成问题。代表们希望人教社编辑部工作人员努力，这是当然应该做的，但是怕还是不能使人满意。

我们教育行政、出版行政、出版、发行单位四方面要彼此了解，因为几方面是一件事，希望教科书出版、发行委员会成立起来了，四方面互相了解，有事情大家商量。如果大家都同意则今后希望四方面随时交流意见，做到不隔膜。

代表们希望本社继续出《出版情况》是可以的，这是因为过去有时为了出《出版情况》而出，成了形式主义，所以决定不再出。以后可以再出，今后应当以有关教科书出版、发行工作的材料为重心，要把四方面要知道的事情登在上面，不拿无关重要的东西滥充篇幅。有话则长，无话则短，出版不定期。

这次谈的还是仅限于汉文教科书，至于朝鲜、内蒙古兄弟民族的教科书问题尚未谈，到明天总署准备请他们去谈。这次开会大家耽搁了许多工作，但是为了解大事情这总是好的。

编辑施工计划*

在这一期《编辑工作》里，刊载着我社今年的工作计划。单就编辑工作方面说，今年要修改和拟订教学大纲 38 种，要重编和新编中小学课本 35 种，61 册，要重编和新编工农教材 10 种，13 册，要编写教学参考书 25 册，要对编译的教育书稿审读加工，直到定稿发稿，数量是 100 种，1 200 万字。工作任务是够繁重的。但是这些项目和数字既然经过同志们反复讨论，确定下来，应该是可能完成的，当然，所谓完成不仅完成而已，还包含着保证质量的意思在内。

要保证编辑计划的完成，我们说，必须好好地制订施工计划，而且随时检查施工计划的执行情况，直到工作完成为止。

编辑工作不比修铁路，开矿山，也能制订施工计划吗?

粗略地想一想，好像不能，再仔细地想一想，能，完全能。

提起拿笔杆的事儿，咱们很容易想到什么“灵感”。灵感似乎是来无踪去无影的，它什么时候来，咱们全没把握。要待它来了才动笔，那

---

* 原载人民教育出版社内部刊物《编辑工作》第 6 期，1955 年 3 月 15 日。

还能制订什么计划吗？

可是实际并不然。即使承认有所谓灵感，最需要依傍灵感的该是文艺作品了，可是人家写文艺作品还是要制订计划，怎么样搜集材料，怎么样写定大纲，用多少时间写成全稿，按什么顺序重行修改，一是一，二是二，都给规定下来。也有不这么啰里啰唆的，可是他有“腹稿”。什么叫“腹稿”？不就是完整的计划和定型的作品的合一体吗？没有腹稿的作家决不能振笔疾书，一挥而就。

写文艺作品尚且能制订计划，编写其他著作哪有不能制订计划之理？写文艺作品一般是个人事业，尚且要制订计划，若干人集体编写一种著作，哪有不要制订计划之理？

跟其他出版社比较，我社的工作任务更紧。什么科什么书，现在写在编辑计划里，到每学期开学之初写在用书表里，这就跟全国学校约定了，再也更动不得。那时候全国学校需要那些书，我社非及时供应不可。

我社的书从开始规划到定稿，要经过社内外许多人的斟酌研究，不是责任编辑个人的事情，也不是编辑室内几位同志的事情。这就得有适当的选择和周密的安排，才能以最经济的时间和手续收到最大的效果，才能及时供应质量有保证的书，完成我社的任务。

施工计划无非在适当的选择和周密的安排上下功夫。譬如请人家提意见，请甲乙好，还是请丙丁好，请甲校好，还是请乙校好，这就是选择。关于某一问题需要请教人家，请教张先生可以得到很好的解决，还是请教李先生更好，这也是选择。又譬如规定搜集材料的时候要连带顾到图表的材料，写到第二章的时候第一章就得在编辑室内传观，写到某一段落的时候要送给谁审读，而又确知那人在那时候准可立刻审读，不致拖延，这些就是安排。不再多“譬如”了，这一期《编辑工作》里刊载着《制订编辑施工计划的暂行办法》，说得比较详细。

对于编辑工作的全部情形了解得周遍，施工计划是不难制订的。所有的环节都摆在那里，所有的手续一道也不能省，只要看准缓急先后适当地安排，就是可行的施工计划。当然，时间是有限制的，施工计划只能就有限的时间安排，最后阶段的时期不能超过编辑计划规定的定稿的时期。

施工计划定下来以后，一面执行，一面要随时检查。什么事情都一样，光有计划，没有检查，是不能保证完成计划的。当初设想不周，或者设想不错，可是到中途情形有了变化，都会影响到计划的完成。怎么知道设想周不周？怎么知道到中途情形有没有变化？唯有随时检查才能知道。这是一层。至于检查的目的，并不在知道了设想周不周，到中途情形有没有变化，就此完事。检查下来知道当初设想不周，或者知道中途情形有了变化，看来计划要完不成了，于是立刻修订施工计划，定出有效的办法，保证计划仍旧能够完成：检查的目的就在此。这又是一层。

再说一遍，要保证编辑计划的完成，必须好好地制订施工计划，而且随时检查施工计划的执行情况，直到工作完成为止。

跟上教育体制改革的步伐*

——祝贺人民教育出版社建社三十五周年

离开人民教育出版社快满二十年了。头十年是史无前例的“文化大革命”，教育事业文化事业都遭到了极大的摧残，人教社未能幸免。经过这一场浩劫，人教社差不多等于重建，同志们辛苦经营了将近十年，现在的规模已经超过从前了。这真是值得庆贺的事。回忆二十年前跟同志们互相切磋的日子，我总想再到人教社看看，谁知一再迁延，至今没能如愿。幸好几位老同志常来看我，告诉我社里正在忙些什么，做些什么新的探索。新出版的课本和图书经常送给我的，种类之多，方面之广，的确都超过了以前。

教育体制改革的文件，我是病床上听家里人念的。我一边听一边想，如果我年轻二三十岁，像五十年代六十年代那样，还在人教社跟同志们一起工作，面临这场伟大的改革，咱们应该在哪些方面着力呢？我想，中小学课本恐怕得修订或者重编；从内容讲，要剔去陈旧的材料，

* 选自叶圣陶著：《叶圣陶集》（第 17 卷），江苏教育出版社 2004 年版。本文作于 1985 年 9 月。

补充必要的最新的知识，还要注意各科之间的相互联系和配合，避免重复和累赘；从方法讲，要灵活地运用启发式，避免呆板的注入式；从效果讲，要做到让老师便于教，让学生乐于学。此外，还要为职业中学，为成年人普及普通教育，各编一套切实有用的课本。幼儿教材也得抓紧搞，好让孩子们在进小学之前养成良好的生活习惯和语言习惯、受到培养最基本的观察能力和思维能力的初步训练。

在病床上，我想到的事很多，现在只能拉杂地说这么一些。提高课本的质量，主要经验有三条：一是多调查多研究，要着重效果，分析原因；二是多向老师请教，因为他们是实践者；三是在工作中锻炼，不断地提高编写的能力。希望同志们努力不懈，使自己的工作紧跟上教育体制改革的步伐。